プリント形式のリアル過去問で本番の臨場感！

広島県公立高等学校

2025年春 受験用

集

本書は，実物をなるべくそのままに，プリント形式で年度ごとに収録しています。
問題用紙を教科別に分けて使うことができるので，本番さながらの演習ができます。

■ 収録内容

・解答集（この冊子です）

書籍ＩＤ番号，この問題集の使い方，最新年度実物データ，教科別入試データ解析，
解答例と解説，ご使用にあたってのお願い・ご注意，お問い合わせ

・2024（令和６）年度 ～ 2022（令和４）年度　学力検査問題

・リスニング問題音声《オンラインで聴く》　詳しくは次のページをご覧ください。

○は収録あり	年度	'24	'23	'22			
■ 問題（一般入試）		○	○	○			
■ 解答用紙		○	○	○			
■ 配点		○	○	○			
■ 英語リスニング音声・原稿		○	○	○			

全教科に解説
があります

注）問題文等非掲載：2022年度社会の2と4

資料の非掲載につきまして

著作権上の都合により，本書に収録している過去入試問題の資料の一部を掲載しておりません。ご不便をおかけし，誠に申し訳ございません。

教英出版

■ 書籍ＩＤ番号

リスニング問題の音声は，教英出版ウェブサイトの「ご購入者様のページ」画面で，書籍ＩＤ番号を入力してご利用ください。

入試に役立つダウンロード付録や学校情報なども随時更新して掲載しています。

書籍ＩＤ番号　178332

（有効期限：2025年9月30日まで）

【入試に役立つダウンロード付録】

「ラストチェックテスト（標準／ハイレベル）」

「高校合格への道」

【リスニング問題音声】

オンラインで問題の音声を聴くことができます。

有効期限までは無料で何度でも聴くことができます。

■ この問題集の使い方

年度ごとにプリント形式で収録しています。針を外して教科ごとに分けて使用します。①片側，②中央のどちらかでとじてありますので，下図を参考に，問題用紙と解答用紙に分けて準備をしましょう（解答用紙がない場合もあります）。

針を外すときは，けがをしないように十分注意してください。また，針を外すと紛失しやすくなりますので気をつけましょう。

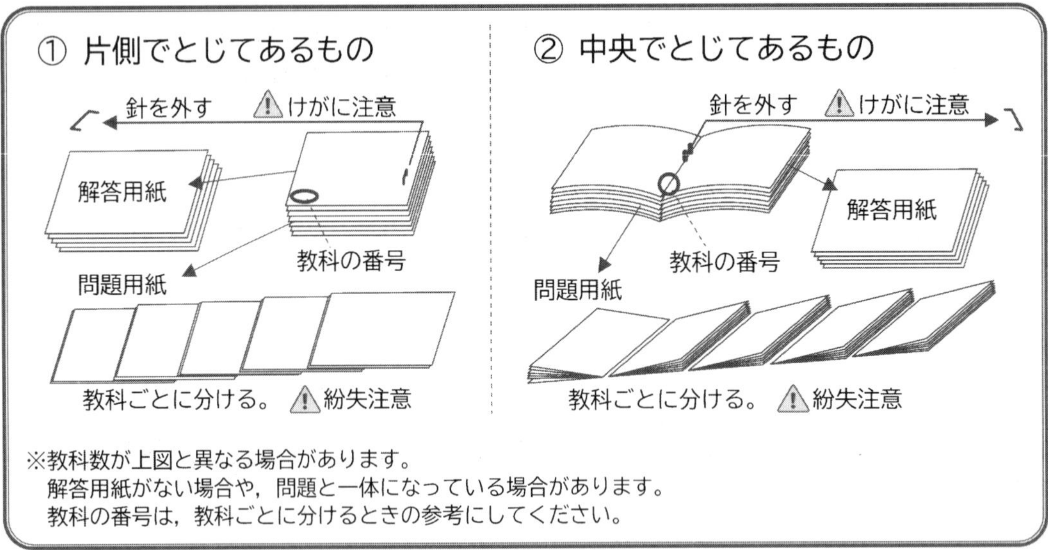

※教科数が上図と異なる場合があります。
解答用紙がない場合や，問題と一体になっている場合があります。
教科の番号は，教科ごとに分けるときの参考にしてください。

■ 最新年度 実物データ

実物をなるべくそのままに編集していますが，収録の都合上，実際の試験問題とは異なる場合があります。実物のサイズ，様式は右表で確認してください。

問題用紙	Ａ４冊子（二つ折り）
解答用紙	Ａ３片面プリント

広島県 公立高校入試データ解析

分野別データ			2024	2023	2022
大問の種類	長文	論説文・説明文・評論	○	○	○
		小説・物語	○	○	○
		随筆・紀行文			
	古文・漢文		○	○	○
	詩・短歌・俳句				
	その他の文章				
	条件・課題作文			○	○
	聞き取り				
漢字・語句	漢字の読み書き		○	○	○
	熟語・熟語の構成				○
	部首・筆順・画数・書体				
	四字熟語・慣用句・ことわざ				
	類義語・対義語				
文法	品詞・用法・活用				
	文節相互の関係・文の組み立て				
	敬語・言葉づかい				
文章の読解	長文	語句の意味・補充	○	○	○
		接続語の用法・補充	○	○	○
		表現技法・表現の特徴			
		段落・文の相互関係			
		文章内容の理解	○	○	○
		人物の心情の理解	○	○	○
	古文・漢文	歴史的仮名遣い	○	○	
		文法・語句の意味・知識	○		○
		動作主			
		文章内容の理解	○	○	○
	詩・短歌・俳句				
	その他の文章				

形式データ	2024	2023	2022
漢字の読み書き	5	6	6
記号選択	6	7	4
抜き出し	3	2	0
記述	6	7	9
作文・短文		1	1
その他	1		

2025年度入試に向けて

文学的文章，説明的文章，古典の大問三題構成。2024年度は，条件作文は出題されなかった。文学的文章では，会話文や行動などから登場人物の心情を読み取り，その理由を答える問題が出された。本文の表現を丁寧に読みながら，話の展開を的確に把握しよう。説明的文章では，接続語の補充から，八十字以内の記述問題，本文に関連する資料と会話文の理解まで，さまざまに読解力を問われている。論の展開を的確に捉え，書かれた内容を整理しながら読み進めよう。2024年度の古典は，漢文が出題された。返り点などの基本事項も復習しておこう。

広島県　公立高校入試データ解析

	分野別データ	2024	2023	2022	形式データ	2024	2023	2022
地理	世界のすがた			○	記号選択	6	3	1
	世界の諸地域（アジア・ヨーロッパ・アフリカ）	○	○		語句記述		1	2
	世界の諸地域（南北アメリカ・オセアニア）	○	○		文章記述	2	3	5
	日本のすがた	○	○	○	作図			
	日本の諸地域（九州・中国・四国・近畿）	○	○	○	計算			
	日本の諸地域（中部・関東・東北・北海道）		○					
	身近な地域の調査	○		○				
歴史	原始・古代の日本	○	○	○	記号選択	4	4	4
	中世の日本	○	○	○	語句記述	2	2	2
	近世の日本	○	○	○	文章記述	1	2	2
	近代の日本	○	○	○	並べ替え			
	現代の日本	○						
	世界史							
公民	わたしたちと現代社会	○		○	記号選択	3	5	3
	基本的人権	○	○		語句記述	1		2
	日本国憲法	○	○		文章記述	3	1	3
	民主政治	○	○	○				
	経済	○	○	○				
	国際社会・国際問題			○				

2025 年度入試に向けて

近年，語句の暗記が必要な問題がほとんどなく，２つ以上の資料をもとに，資料を読み取ったり関連する事例を説明したりする問題が多くなっている。この傾向は今後も続くものと考えられる。そのため，地理や公民では資料の意味をしっかりと理解する学習が必要になってくる。また，歴史では重要事項に関連する項目と歴史の流れをしっかりと理解する学習をしたい。

広島県　公立高校入試データ解析　

分類		2024	2023	2022	問題構成	2024	2023	2022
式と計算	数と計算	○	○	○	小問	[1](1)～(4)計算問題	[1](1)～(5)計算問題 [2](3)9の倍数になる理由の説明 [5](2)連立方程式の文章問題	[1](1)～(4)計算問題 [2](1)1次方程式の文章問題
	文字式	○	○	○				
	平方根	○	○	○				
	因数分解			○				
	1次方程式			○	大問	[6]連続する整数の2乗の和をもとにした規則性		
	連立方程式	○	○					
	2次方程式		○					
統計	データの活用	○	○	○	小問	[1](8)[2](3)箱ひげ図等	[1](8)[2](2)箱ひげ図等	[1](8)[2](3)箱ひげ図等
					大問			
	確率	○	○	○	小問	[2](2)2つのさいころ	[5](1)くじ引き	
					大問			[6]4枚のカード
関数	比例・反比例	○	○	○	小問	[1](5)2乗に比例する関数の式	[1](6)反比例 [2](1)2乗に比例する関数の変域	[1](6)反比例
	1次関数	○	○	○				
	2乗に比例する関数	○	○	○				
	いろいろな関数	○						
	グラフの作成	○		○	大問	[3]座標平面 直線，双曲線 三角形 [5]文章問題 自転車のレンタル料金	[4]座標平面 直線	[3]座標平面 放物線，三角形，正方形 [5]文章問題 1次関数
	座標平面上の図形	○		○				
	動点，重なる図形							
図形	平面図形の性質	○	○	○	小問	[1](6)正多角形と外角 (7)直角三角形の辺の長さ [2](1)円すいの表面積	[1](7)正四角すい	[1](5)三角柱，ねじれの位置 (7)多角形と角度 [2](2)正四角すい，展開図
	空間図形の性質	○	○	○				
	回転体							
	立体の切断							
	円周角	○	○	○				
	相似と比		○	○	大問	[4]平面図形(証明) 円，三角形	[3]平行四辺形，三角形 [6]平面図形 三角形，正方形，ひし形，円	[4]平面図形(証明) 半円，三角形
	三平方の定理	○		○				
	作図							
	証明	○	○	○				

2025 年度入試に向けて

基本的には難易度は高くないものの，問題文が長く，問題数もそこそこあるのが特徴である。したがって，限られた時間の中で自分が解ける問題を見つけ，正確に素早く解くことが必要になる。近年は年度ごとに大問構成が異なるので，どのような構成でも慌てないように準備しておこう。

広島県　公立高校入試データ解析 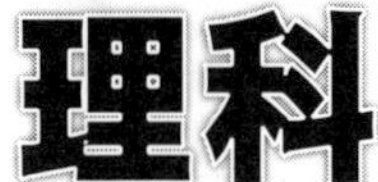

分野別データ		2024	2023	2022
物理	光・音・力による現象		○	○
	電流の性質とその利用	○		
	運動とエネルギー			
化学	物質のすがた			
	化学変化と原子・分子		○	
	化学変化とイオン	○		○
生物	植物の生活と種類	○		
	動物の生活と種類			○
	生命の連続性と食物連鎖		○	
地学	大地の変化		○	
	気象のしくみとその変化			
	地球と宇宙	○		○

形式データ	2024	2023	2022
記号選択	13	16	11
語句記述	8	8	5
文章記述	3	5	10
作図	1	1	2
数値	2	1	3
化学式・化学反応式	1	0	2

2025年度入試に向けて

問題数はそれほど多くないが，文章量や図や表からの情報量が多いため，じっくりと問題文を読み，情報を整理する力が必要である。基本的な語句を答える問題や，教科書の内容を理解しておけば十分に答えを導くことができる問題も多く出題されるので，教科書の練習問題などで基本的な問題を確実に解けるようにした上で過去問に取り組み，時間配分や出題形式に慣れる練習をするとよい。

広島県 公立高校入試データ解析 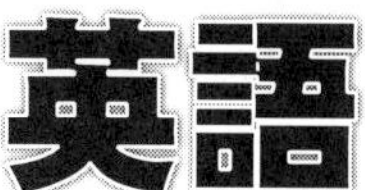

分野別データ		2024	2023	2022
音声	発音・読み方			
	リスニング	○	○	○
文法	適語補充・選択			
	語形変化			
	その他			
英作文	語句の並べかえ	○	○	○
	補充作文	○	○	○
	自由作文	○	○	○
	条件作文			
読解	語句や文の補充	○	○	○
	代名詞などの指示内容	○	○	
	英文の並べかえ			
	日本語での記述			
	英問英答	○	○	○
	絵・表・図を選択			
	内容真偽	○	○	○
	内容の要約	○	○	○
	その他	○	○	○

形式データ			2024	2023	2022
リスニング	記号選択		3	3	3
	英語記述		2	2	2
	日本語記述				
文法・英作文・読解	読解	会話文	1	1	1
		長文	1	1	1
		絵・図・表	1	1	1
	記号選択		10	10	7
	語句記述		2	2	4
	日本語記述				
	英文記述		5	6	6

2025 年度入試に向けて

ここ最近の問題の構成はほぼ同じなので，必ず過去問をやって慣れておくこと。長文・会話文は，グラフや資料を読み取る問題，適語や適文を英語で書く問題，自由英作文を含む問題が出題されている。いずれも英文の読解力とからめた問題なので，ここで点差がつくだろう。内容を正確に読み取り，英語で表現する力が必要である。また，全国的に自分の考えを英語で書く問題は増加傾向。英語が苦手な人は，まずは文法の基礎を固め，じっくりと実力をつけよう。

2024 解答例　広島県公立高等学校

令和６年度

《2024　国語　解答例》

一　1．㋐層　㋑静　㋒とうだん　㋓あこが　㋔とうじょう　2．イ　3．顔なじみ　4．ウ　5．「大人」の都合でとりあえずされるもので、回答者や子どものことを考えていない　6．Ⅲ．近い距離で同じ空間にいることが奇跡のように思えた　Ⅳ．遠い存在だと感じていた尊敬する人が、視線を向けながら、自分たちに向けた言葉を送ってくれた

二　1．性質　2．イ　3．ウ　4．気候変動に伴ってある生物の分布や性質が変化すると、それによりその生物と関係して暮らす他種の生物に、衰退や、時に絶滅を引き起こすほどの影響が及びかねないから。
5．⑴環境の変化に対する生物の反応　⑵イ

三　1．わく　2．エ　3．右漢文　4．賜の行動を手本とすると、魯の国の人が自国の人を金を払って救っても、国からの金を受け取れず、自国の人を救うためには、自ら金を負担しなければならないことになる

見レルニ之ヲ

《2024　社会　解答例》

1　1．⑴B　⑵ア　2．ウ　3．ウ　4．東京都に出荷するためには他の産地より高い輸送費がかかるが，冬期には他の産地より温暖な気候をいかして生産費を安く抑えられるため。

2　1．ウ　2．エ　3．イ　4．浮世絵　5．主要な輸出品だった生糸を，製糸業が盛んだった都市から輸出港のある横浜まで，鉄道で輸送できるようにするため。　6．イ

3　1．⑴エ　⑵ア　⑶ア　2．⑴直接税　⑵グラフⅠから，消費税は，税収が所得税や法人税より安定していることが分かり，国民の生活を支える社会保障の財源としてふさわしいといえるため。

4　1．石油危機〔別解〕第一次石油危機／オイル・ショック　2．い　3．より賃金が高い国に移動して働く　4．エ　5．A．増えてきているのに，配達にかけられる労働力が限られる　B．再配達を減らす

《2024　数学　解答例》

1　⑴1　⑵$-\frac{15}{22}$　⑶$x=-3$，$y=2$　⑷$-\sqrt{6}$　⑸$y=\frac{1}{3}x^2$　⑹9　⑺$\sqrt{33}$　⑻ア

2　⑴$\frac{54}{25}\pi$　⑵$\frac{2}{9}$　⑶イ，エ，オ

3　⑴$y=x+3$　⑵$-\frac{14}{3}$

4　△AEFと△AGFにおいて

AC⊥BGであるから ∠AFE＝∠AFG＝90°…①

共通な辺であるから AF＝AF…②

また，$\overset{\frown}{AB}$に対する円周角は等しいから ∠ACD＝∠AGF…③

△ADCは，∠ADC＝90°の直角三角形であるから ∠EAF＝90°－∠ACD…④

△AFGは，∠AFG＝90°の直角三角形であるから ∠GAF＝90°－∠AGF…⑤

③，④，⑤より，∠EAF＝∠GAF…⑥

①，②，⑥より，１組の辺とその両端の角がそれぞれ等しいから △AEF≡△AGF

5 (1)xの値を決めると，それに対応するyの値がただ１つ決まるから。

(2)グラフ…右グラフ　ア．４　イ．６

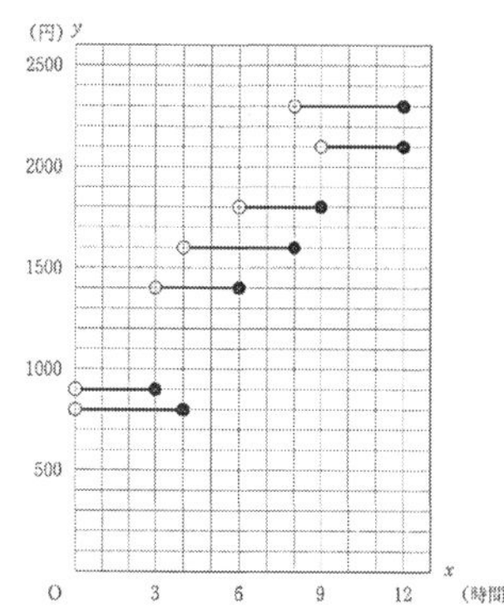

6 (1)連続する３つの整数のそれぞれの２乗の和から２をひいた数は，

$n^2+(n+1)^2+(n+2)^2-2=n^2+n^2+2n+1+n^2+4n+4-2=$

$3n^2+6n+3=3(n^2+2n+1)=3(n+1)^2$

$n+1$は連続する３つの整数の中央の数だから，$3(n+1)^2$は中央の数を２乗して３倍した数である。

(2)ア．⑤　イ．３　(3)③

《2024　理科　解答例》

1 １．(1)エ　(2)右図　(3)記号…イ　正しい語…根　２．(1)栄養生殖　(2)ａ．１　ｂ．単子葉

(3)ｃ．ウ　ｄ．花弁が互いに離れている

2 １．(1)恒星　(2)イ　(3)球形　２．ウ→エ→イ→ア　３．(1)エ　(2)ウ

3 １．(1)誘導電流　(2)ウ　(3)記号…ア　理由…コイルを通過する棒磁石の速さが，Ｂの位置の方が大きくなるため。

２．イ　３．(1)風力　(2)運動エネルギーが電気エネルギーに変換されるため。

4 １．イ　２．(1)ウ　(2)電解質　(3)NaCl　(4)0.80　(5)イ，オ

《2024　英語　解答例》

1 問題Ａ．No.１．ア　No.２．ウ　No.３．イ　問題Ｂ．What movie did you watch?　問題Ｃ．I think you should watch Japanese anime.　You can enjoy listening to Japanese and learn many words Japanese speakers often use.

2 １．エ　２．イ　３．ウ　４．い　５．ａ．ウ　ｂ．エ　ｃ．イ　ｄ．ア

3 １．(1)No, he didn't.　(2)Because only half of the class came.　２．how to make the chorus　３．イ，ウ

４．good　５．イ　６．(1)seen　(2)share the responsibility with the other members

4 （賛成の場合の例文）I agree with the idea for two reasons.　First, we can change the size of words and pictures on e-books. If some pictures are small, we can make them bigger.　Second, e-books are easier to carry around.　For example, ten paper books are usually heavy, but ten e-books are not.

《2024 国語 解説》

一 2 直前に「会場には～集まっていた～その全員が顔を輝かせて花井さんに注目していた。本物の宇宙飛行士に会える」とあることから、関心の高さや憧れが表れた生き生きとした顔つきで花井さんの話を聞こうとしている聴衆の様子が読みとれる。よって、気分が高まることを意味する、イの「高揚感（こうようかん）」が適する。

3 花井さんの「あ、先生。」という反応から、花井さんが綿引先生のことを知っているのだとわかる。後輩が「えっ、花井さん、先生のことを知ってたってことですか？」と驚いたとおりである。花井さんは綿引先生のことを知っていた、つまり「顔なじみ」（――線㋒の７行後）だったということ。

4 後輩たちが「えええええーーー‼」と叫んだのは、花井さんが綿引先生のことを知っていたことに、とても驚いたからである。よって、驚いて目を大きく見開いた様子を表す、ウの「目をまん丸にして」が適する。

5 ――線②の直後の「何かの分野の第一線で活躍している人に対してよく聞かれる『子どもたちに一言』は、大人がとりあえずする質問だ、という気がする。実のところ、そういう質問の答えを求めているのは『大人』の都合で、花井さんのことも、当の子どものこともちゃんと考えていない気がする」が理由である。下線部の内容を、空欄Ⅱの前後に合うようにまとめる。

6Ⅲ 空欄Ⅲの直前に「本当に宇宙に行ったことのある～花井さんと」とあることに着目する。～～線Ⓐの直後の段落の「宇宙に、この人（花井さん）は本当に行ったことがあるんだ、と思ったら、そんな人とこの距離で同じ空間にいることが奇跡のように思えた」より、下線部を用いて答える。「この距離」が「近い距離」であることがわかるように書くこと。　Ⅳ 「あまりにぽーっとなりすぎた」様子は、花井さんが綿引先生の質問に答える直前（――線㋓の直前の２段落）に書かれている。「ステージの上の～花井さんが～亜紗（あさ）たちを見た～『星が好きですか？』～自分たちに向けられた言葉だと思ったら、全身が一瞬で熱くなった。大人の女性の、しかもとても尊敬している人の視線がこちらに向けられているのを感じると、あまりに恐れ多くて、声がうまく出せなかった」より、下線部の内容を、空欄Ⅳの前後に合うようにまとめる。

二 1 ［ a ］のある一文では、その前で述べた「生物は、それぞれの生息・生育環境での暮らしに適した性質をもっています」「おかれた環境のもとで上手（うま）く暮らせる性質をもったものが生き残り」ということをふまえて、「適応」の意味を説明している。よって、「性質」が適する。

2 ［ b ］の直前で取り上げた「エゾエンゴサク～絶滅してしまうかもしれません」という話は、「温暖化のような気候変化は～生物に不利益をもたらすことがあります」ということの例である。一方、［ b ］の直後には「気候変動が常に生物の絶滅をもたらすわけではありません」とある。つまり、不利益（絶滅）をもたらすことがあるが、常に絶滅をもたらすわけではない、というつながりなので、イの「しかし」が適する。

3 ［ c ］には、直前の段落の「気候変動がもたらした進化の例は、多くはありません～進化は～世代時間が短い生物の方が高速に進みます。逆に～世代時間が長い生物は進化の速度が遅いため、気候変動に追随した変化が容易ではありません」から言えることが入る。つまり、気候変動という急速な環境の変化のなかで、進化の速度が速い生物は環境の変化に対応して生き残れるが（そのような例は多くなく）、進化の速度が遅い生物は環境の変化に対応できず絶滅する、ということになる。よって、ウが適する。この内容を受けて、［ c ］の直後で「存続するのは容易ではない」と述べているのである。

4 ――線①のある一文で言っていることは、直前の３段落の内容から言えることである。つまり、直前の３段落の要点が、――線①の理由となる。よって、「気候変動に伴って生物の分布や性質が変化すると、その生物と関係して暮らしていた他種の生物も影響を受けます。それは時には絶滅をもたらすほどの効果をもつこともあります」「気候変動がもたらしうるこれらの変化は、間接的に別の種の衰退をもたらすかもしれません」をまとめる。

5⑴　空欄Ⅰの直前に「分布域の変化、順応、進化という」とあることに着目する。この三つについて、[b]のある段落で「環境の変化に対する生物の反応は主に三つ～分布域の変化～順応～進化～です」と述べている。

⑵　木村さんの発言にあるとおり、ここでは「魚の小型化には、海水温の上昇と乱獲のどちらが影響しているのだろう」ということを明らかにしようとしている。空欄Ⅱの直前に「仮に、海水温の上昇が魚の小型化に影響しているとするならば」とあるから、そのことを裏付けるデータと、「乱獲」とは関係ないことがわかるデータがあるといい、ということになる。よって、イが適する。

三　1　言葉の先頭にない「はひふへほ」は「わいうえお」に直すので、「曰はく」は「曰わく」。

2　救助してくれた子路に牛で謝礼をした人のことなので、エの「溺者」。

3　【書き下し文】の最後の一文に「之を見るに」とある。「之」から「見」に一字返るので、レ点を入れる。

4　空欄Ⅰの直前の「それを踏まえると」の「それ」は、今井さんの発言の「人々の手本となるべき賜の取った行動が、後々に与える影響を考え」ることを指す。国からの金を受け取らなかった賜の行動を手本とすると、他国に捕らわれた自国の人を救うには、自腹を切らなければならなくなる。自分で金を負担しなければならないとなれば、人々は救出に協力しなくなるだろうということ。そのように、人々に良くない影響を与えるので、孔子は「間違っている」と言ったのだ。

【漢文・書き下し文の内容】

孔子が言うことには、「賜のこの対応は間違っている。これ以後、魯の国の人たちは、(他国に捕らわれた自国の)人を救出しなくなるだろう。その金(国から支払われる金)を受け取ったからといって、善行を損なうことにはならない、その金(国から支払われる金)を受け取らないのであれば(自分で金を負担しなければならなくなり)、(人々は)二度と(他国に捕らわれた自国の)人を救出しない。」と。

子路は、溺れた者を救助した。その人(救助された、溺れた者)はそれを謝礼するのに牛を差し出し、子路はそれを受け取った。孔子が言うことには、「魯の国の人たちは必ず溺れた者を救助するだろう。」と。

孔子はこのような出来事をこまやかに見ていて、成り行きを遠くまで見通していた。

《2024　社会　解説》

[1]　1⑴　B　　日本は，兵庫県明石市を通る東経135度の経線を標準時子午線としている。

⑵　ア　　瀬戸内地方は，夏と冬の季節風が四国山地や中国山地にさえぎられるため，1年を通して降水量が少ない。イは④，ウは①，エは②の雨温図である。

2　ウ　　太平洋沿岸に自然災害伝承碑が多いウを選ぶ。アは火山災害，イは土砂災害，エは高潮。

3　ウ　　右図の太線部分が路面電車の軌道である。

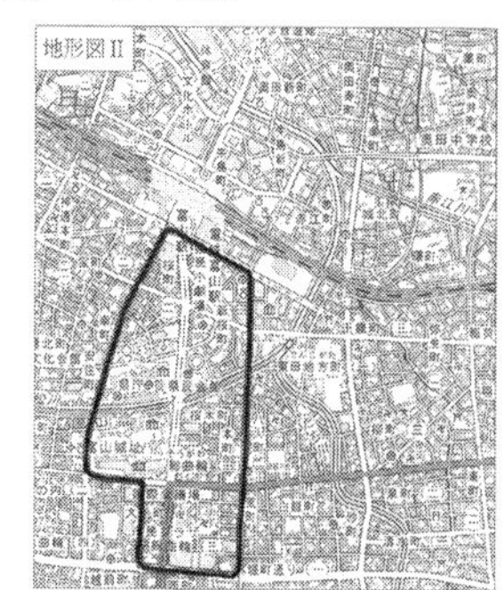

4　菊の栽培は，沖縄県と愛知県が盛んである。電照菊栽培は，愛知県ではビニールハウスで行われるが，温暖な沖縄県では露地栽培が可能である。他地域での冬の菊栽培には多くの光熱費がかかるが，沖縄県では光熱費を低く抑えることができる。

[2]　1　ウ　　8世紀後半，平城京では有力な貴族や僧の勢力争いが起こり，政治が

乱れていた。桓武天皇は，政治を立て直すために784年に都を長岡京に移し，さらに794年に平安京に移した。

2　エ　　ア～エのうち，九州に関係のある元寇を選ぶ。アとウは京都で起きた。イは東北で起きた。

3　イ　　中世までの関所は，警備を目的とした江戸時代のものとは異なり，通行税をとることを主な目的とした。関所を廃止することで，人や物資の往来が自由になり，商工業者による自由な経済活動が可能になった。

4　浮世絵　　江戸時代に成立した，当時の日常生活を描いた絵画を浮世絵という。元禄文化における菱川師宣の『見返り美人図』や，化政文化における歌川広重の『東海道五十三次』や葛飾北斎の『富嶽三十六景』，喜多川歌麿の『ポッピンを吹く女』などが知られる。

5　幕末の開国以降，日本からは主に生糸が輸出され，1865 年頃の日本からの輸出品の約８割が生糸，１割が茶であった。資料Ⅱ中に富岡製糸場がつくられた富岡があることから，生糸の生産地と横浜港を鉄道で結んだと考える。

6　イ　　江戸時代，諸藩の蔵屋敷が並ぶ大阪に年貢米をはじめとする農作物が集まったことから，大阪は「天下の台所」と呼ばれていたことと関連付けよう。

[3]　1(1)　エ　　日本の選挙の原則には，一人一票とする平等選挙，誰が誰に投票したかを明らかにする必要がない秘密選挙，一定の年齢に達したすべての国民に選挙権が与えられる普通選挙，有権者が候補者に対して直接投票する直接選挙がある。

(2)　ア　　内閣不信任の決議権は，衆議院だけがもつ。

三権の均衡と抑制の関係は右図参照。

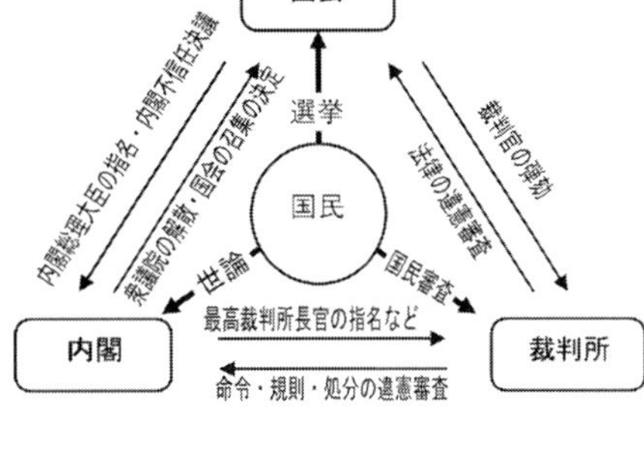

(3)　ア　　現行犯などの場合を除き，裁判官の発行する令状がなければ逮捕されない原則を令状主義という。

2(1)　直接税　　消費税のように，税を納める人と負担する人が異なる税を間接税という。　(2)　消費税は，税率を上げるたびに税収を伸ばしているが，所得税や法人税は景気変動などによって増減があることが読み取れる。社会保障の財源の安定は，社会保障の充実につながると考える。

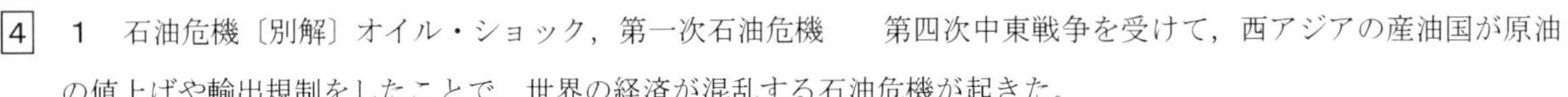

[4]　1　石油危機〔別解〕オイル・ショック，第一次石油危機　　第四次中東戦争を受けて，西アジアの産油国が原油の値上げや輸出規制をしたことで，世界の経済が混乱する石油危機が起きた。

2　い　　アメリカの人口は３億人を超え，面積はカナダに次いで広く，国内総生産は世界一である。**あ**はフランス，**う**はカナダ，**え**は日本。

3　人やモノの移動が自由なため，高い賃金を求めて東ヨーロッパの労働者が西ヨーロッパに多く流入している。また，賃金が安い労働力を求めて西ヨーロッパの生産工場が東ヨーロッパに移動する動きも見られる。

4　エ　　日本では，小麦や大豆の自給率は低く，米の自給率は100％に近い。また，肉類の自給率は60％前後，生鮮品である卵類の自給率は100％に近い。

5　トラックドライバーの時間外労働時間が規制されたことで，宅配に多くの労働力をかけることができなくなり，遅配が起きると考えられている。効率よく配達するために，再配達を減らすこと，置き配を可能にすることなどが考えられる。

《2024　数学　解説》

[1]　(1)　与式＝９－８＝１

(2)　与式$=\frac{5}{11}\times(-\frac{3}{2})=\mathbf{-\frac{15}{22}}$

(3)　$3x+2y=-5$…①，$-x+3y=9$より，$x=3y-9$…②とする。

①に②を代入してxを消去すると，$3(3y-9)+2y=-5$　　$9y-27+2y=-5$　　$11y=22$　　$\mathbf{y=2}$

②に$y=2$を代入して，$\mathbf{x=3\times2-9=-3}$

(4)　与式$=6-\sqrt{6}-6=\mathbf{-\sqrt{6}}$

(5)　yはxの２乗に比例するから，関数の式を$y=ax^2$とおき，$x=6$，$y=12$を代入すると，$12=a\times6^2$より

$a=\frac{1}{3}$となる。よって，求める式は$\mathbf{y=\frac{1}{3}x^2}$

(6)　**【解き方】多角形の外角の和は360°で一定である。**

１つの外角の大きさが40°の正多角形の角の数は，360°÷40°＝９(個)だから，辺の数は**９本**である。

(7)　△ＡＢＣにおいて，三平方の定理より，$AC=\sqrt{7^2-4^2}=\mathbf{\sqrt{33}}$(cm)

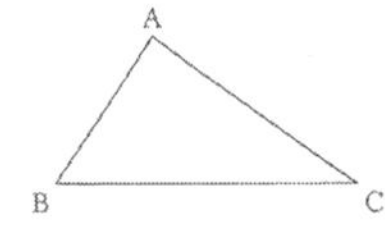

(8)　無作為に35個の玉を取り出したときの黒玉の割合は$\frac{14}{35}=\frac{2}{5}$だから，はじめに袋に入っていた玉の個数の合計の$\frac{2}{5}$が黒玉だと推定できる。よって，はじめに袋に入っていた黒玉は，およそ$450\times\frac{2}{5}=180$(個)だから，**ア**が正しい。

2　(1)　**【解き方】(円すいの表面積)＝(側面のおうぎ形の面積)＋(底面積)で求められる。**

おうぎ形ＯＡＢの面積は，$3^2\pi\times\frac{72}{360}=\frac{9}{5}\pi$(cm²)

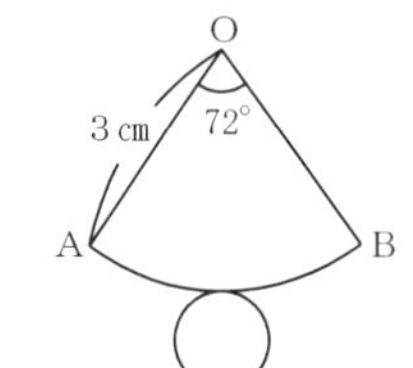

底面の円の半径をｒcmとすると，底面の円周の長さと，側面のおうぎ形の弧の長さが等しいから，$2\pi r=2\pi\times3\times\frac{72}{360}$より，$r=\frac{3}{5}$となる。よって，底面積は$(\frac{3}{5})^2\pi=\frac{9}{25}\pi$(cm²)

したがって，この円すいの表面積は，$\frac{9}{5}\pi+\frac{9}{25}\pi=\mathbf{\frac{54}{25}\pi}$(cm²)

(2)　**【解き方】２つのさいころの目の和の最大値は６＋６＝12だから，移動を終えたときに６段目にいるのは，目の和が６になるときか，８＋２＝10になるときである。**

２つのさいころの目の和が６または10になるのは，右表の○印の８通りあり，目の出方は全部で６×６＝36(通り)あるから，求める確率は，$\frac{8}{36}=\mathbf{\frac{2}{9}}$である。

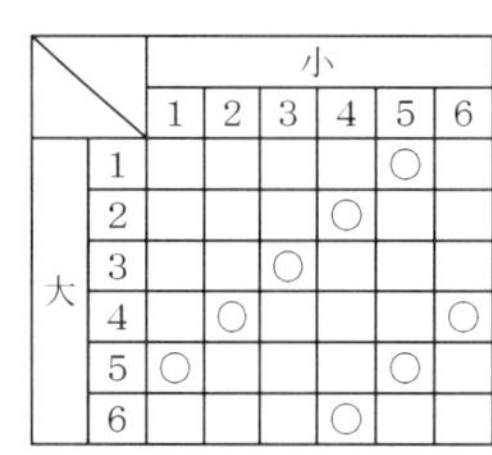

		小					
		1	2	3	4	5	6
大	1					○	
	2				○		
	3			○			
	4		○				○
	5	○				○	
	6				○		

(3)　ア．箱ひげ図から平均値を求めることはできないので，正しいとはいえない。

イ．Ｂ班の第１四分位数は16ｍである。データの個数は23個だから，第１四分位数は，23÷２＝11.5，11÷２＝5.5より，小さい方から６番目の値なので，記録が16ｍの人が少なくとも１人はいる。よって，正しい。

ウ．記録の範囲は箱ひげ図全体の長さだから，Ａ班の方がＢ班より大きい。よって，正しくない。

エ．記録の四分位範囲は箱ひげ図の箱の長さだから，Ｂ班の方がＡ班より大きい。よって，正しい。

オ．Ａ班では，第３四分位数が20ｍ，最大値が32ｍだから，記録が22ｍ以上の可能性があるのは大きい方から５番目以内，つまり５人以下である。Ｂ班では，中央値が22ｍだから，少なくとも大きい方から12番目までは22ｍ以上である。よって，Ｂ班で22ｍ以上の人はＡ班の12÷５＝2.4(倍)以上いることになるので，正しい。

以上より，正しいものは**イ，エ，オ**である。

3　(1)　**【解き方】直線ＣＤの式を$y=ax+b$とおき，Ｃ，Ｄの座標をそれぞれ代入して連立方程式を立てる。**

Ａ，Ｂはそれぞれ曲線$y=\frac{18}{x}$上の点だから，曲線の式にＡのy座標の９を代入すると，$9=\frac{18}{x}$より，$x=2$となるので，Ａ(２，９)，曲線の式にＢのx座標の６を代入すると，$y=\frac{18}{6}=3$となるので，Ｂ(６，３)である。

Ｄは直線$y=9$と直線$x=3$の交点だから，Ｄ(６，９)である。

Ｃは曲線$y=\frac{18}{x}$上の点で，ＢとＣのx座標は符号を逆にしただけだから，ＣはＯについてＢと点対称であり，Ｃ(－６，－３)である。$y=ax+b$にＣ，Ｄの座標をそれぞれ代入すると，$-3=-6a+b$，$9=6a+b$と

なる。これらを連立方程式として解くと，$a=1$，$b=3$だから，直線CDの式は$\boldsymbol{y=x+3}$である。

(2) **【解き方】Cのx座標をpとおき，△BCEの面積についてpの方程式を立てる。**

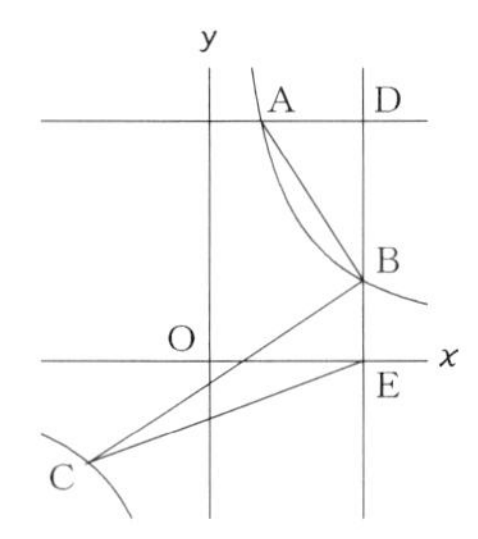

AD＝(Dのx座標)－(Aのx座標)＝6－2＝4，DB＝(Dのy座標)－(Bのy座標)＝9－3＝6だから，△ABD＝$\frac{1}{2}\times 4\times 6=12$

△ABD：△BCE＝3：4なので，△BCE＝$\frac{4}{3}$△ABD＝$\frac{4}{3}\times 12=16$

BE＝(Bのy座標)－(Eのy座標)＝3－0＝3だから，

△BCE＝$\frac{1}{2}$×BE×(BとCのx座標の差)＝$\frac{1}{2}\times 3\times(6-t)=\frac{3}{2}(6-t)$

よって，△BCEの面積について，$\frac{3}{2}(6-t)=16$を解くと，$t=-\frac{14}{3}$となるので，

Cのx座標は$\boldsymbol{-\frac{14}{3}}$である。

4 まず，問題文の仮定を図にかきこんで，証明のために必要な条件を探そう。条件が足りない場合は，問題の内容に応じて，図形の性質，平行線の同位角・錯角，円周角の定理などからわかることもかきこんでみよう。

5 (1) グラフが直線や双曲線，放物線でなくとも，xの値が決まればyの値も1つに決まるので，yはxの関数といえる。

(2) B店におけるxとyの関係を示すグラフは，解答例のように，$0<x\leqq 4$のとき$y=800$，$4<x\leqq 8$のとき$y=1600$，$8<x\leqq 12$のとき$y=2300$となるようにそれぞれ直線を引く。xの変域において，不等号の「＜」には○を，「≦」には●を，直線の両端に付けるのを忘れないようにすること。

グラフより，4時間より長く6時間以内のとき，A店の料金が1400円，B店の料金が1600円となる。また，8時間より長く12時間以内のとき，B店の料金が2300円となり，A店の方が安くなる。

6 (1) 計算結果が真ん中の数を2乗した数の3倍，つまり，$3(n+1)^2$となるように式を変形する。

(2) **【解き方】(1)と同様に，計算結果を文字式で表す。**

mを整数として，連続する3つの整数をm，m＋1，m＋2とする。連続する3つの整数のそれぞれの2乗の和から5を引くと，$m^2+(m+1)^2+(m+2)^2-5=3m^2+6m=3m(m+2)$となる。mは最も小さい数，m＋2は最も大きい数だから，**最も小さい数と最も大きい数の積**を3倍した数と等しくなる。

(3) **【解き方】(1)(2)と同様に，計算結果を文字式で表す。計算結果が問題の条件に合わないように見えても，変形することで条件に合わないかを考える。**

kを整数として，連続する4つの整数をk，k＋1，k＋2，k＋3とする。連続する4つの整数のそれぞれの2乗の和から5を引くと，$k^2+(k+1)^2+(k+2)^2+(k+3)^2-5=3k^2+6k+(k^2+6k+9)=4k^2+12k+9=(2k)^2+2\times 2k\times 3+3^2=(2k+3)^2=\{(k+1)+(k+2)\}^2$となる。k＋1は小さい方から2番目の数，k＋2は大きい方から2番目の数だから，**小さい方から2番目の数と大きい方から2番目の数の和**を2乗した数と等しくなる。

《2024　理科　解説》

1 1(1) 手に持って観察できるものはエのようにし，手に持って観察できないものはウのようにする。　(2) マツの雌花には子房がなく，胚珠がむき出しになっている(裸子植物)。　(3) シダ植物には維管束があり，葉，茎，根の区別がある。仮根があるのはコケ植物で，コケ植物には維管束がなく，葉，茎，根の区別がない。仮根のはたらきは主に体を地面などに固定することである。

2(2) たくさんの細い根はひげ根である。ひげ根や平行脈などの特徴から，トウモロコシは子葉が1枚の単子葉類だと考えられる。　(3) ジャガイモ，ダイコン，ナス，キャベツは双子葉類である。この4つについて，アはジャガイモだけが異なり，イはすべて同じで，エはすべて異なる。よって，この4つを「ダイコン，キャベツ」のグループと「ジャガイモ，ナス」のグループに分類するときにはウに着目すればよい。ダイコンとキャベツはアブラナ科の植物であり，その花はアブラナと同じように離弁花である。ブロッコリーもアブラナ科の植物である。

2 1(2) 円から太陽の像がずれるのは地球の自転によるものである。アは地軸が傾いていることで起こる現象，ウは月が地球と太陽の間を通ることで起こる現象，エは地球の公転によって起こる現象である。 (3) 太陽が自転していることは黒点が移動していることからわかる。黒点が周辺部へ移動するとだ円形に見えることから，太陽が球形であることがわかる。

2 太陽系の惑星を太陽からの距離が近い順に並べると，水星→金星→地球→火星→木星→土星→天王星→海王星となる。平均密度が1 g/cm³よりも小さいアは土星である(土星は水に浮く)。質量がアの土星よりも大きいイは木星である(木星は半径と質量が最も大きい)。大気がほとんどないウは水星である。エは平均密度が比較的大きいから，地球型惑星の金星か火星のどちらかである。よって，ウ→エ→イ→アとなる。なお，エは質量が地球と比べて非常に小さいことから火星と判断できる(金星の質量は地球より少し小さい)。

3(1) 8月と12月で地球から金星までの距離を比べると，12月の方が地球から金星までの距離が遠くなっていることがわかる。地球から金星までの距離が遠くなるほど，見かけの大きさは小さく，欠け方は小さくなる。

(2) 図5のような模式図では，地球から見て金星が太陽の左側にあるときには夕方の西の空に見え(よいの明星)，金星が太陽の右側にあるときには明け方の東の空に見える(明けの明星)。1年後，地球が同じ位置に戻ってくるのに対し，金星は0.62年で360度公転するから，1年では$360\times\frac{1}{0.62}=580.6\cdots$→約580度→1周と220度公転する。つまり，1年後の金星は，図5の12月の金星の位置から反時計回りに約220度公転した位置(図5の9月の金星の位置の近く)にある。よって，1年後の金星は地球から見て太陽の左側にあるので，夕方の西の空に見える。

3 1(1) コイルの中の磁界が変化することによってコイルに電圧が生じる現象を電磁誘導，このとき流れる電流を誘導電流という。 (2) 「コイルの上側か下側か」,「棒磁石のN極かS極か」,「棒磁石が近づくか遠ざかるか」の3つの条件に着目し，3つのうち1つか3つが逆になると誘導電流の向きは逆になり，2つが逆になると誘導電流の向きは変わらないと考える。実験1で,「上側からN極が近づく」と検流計の針が左にふれたことを基準とすると，実験2では,「上側からS極が近づく」ときには右にふれ,「下側からN極が遠ざかる」ときには左にふれる。

(3) 棒磁石を動かす速さを速くする，磁力が強い棒磁石を用いる，コイルの巻き数を多くするなどして，コイルの中の磁界の変化が大きくなると，誘導電流の大きさが大きくなる。

2 はじめにCに電流を流したとき，方位磁針のN極が東を指したから，Cの左側がS極，右側がN極になったことがわかる。よって，Dにとっては左側からN極が近づいてきたことになり，このときZの向きに誘導電流が流れた。Cに流れる電流の向きを逆にすると，Cの右側がS極になり，Dにとっては左側からS極が近づいてきたことになるので，誘導電流の向きは逆(Yの向き)になる。また，Dに流れる誘導電流の向きが逆になったということは，Dの極も逆になったということだから，Cに流れる電流の向きを逆にする前と同様に，CとDはしりぞけ合う。

3(1) モーターは電流を流すことで電気エネルギーを運動エネルギーに変換する装置だが，軸を回転させることによって電流を発生させること(運動エネルギーを電気エネルギーに変換すること)もできる。ここでは送風機でプロペラ付きモーターの軸を回転させることで発電しているので，風力発電である。 (2) スイッチを入れると電磁誘導が起こって電流が流れる。このとき運動エネルギーが電気エネルギーに変換されるので，電気エネルギーに変換されていない(スイッチを入れていない)ときよりも運動エネルギーは小さくなり，プロペラの回転する速さが小さくなる。

4 1 アとエはアルカリ性の水溶液の性質である。また，ウについて，pHは7のときが中性で，値が7より小さくなるほど酸性が強く，値が7より大きくなるほどアルカリ性が強くなる。

2(1) メスシリンダーの目盛りは，液面付近を真横から水平に見て，最小目盛りの10分の1まで読み取る。図3の状態では約25.5cm³だから，50cm³測りとるには，さらに50－25.5＝24.5(cm³)加えればよい。　(2)　硝酸カリウムは電解質(電離する物質)だから，その水溶液に電流が流れる。なお，図２のように，リトマス紙による色の変化を確認するので，ろ紙に湿らせる水溶液は中性が適する。中性で電解質の水溶液として塩化ナトリウム水溶液(食塩水)もあるが，塩化ナトリウム水溶液は塩酸中や水酸化ナトリウム水溶液中に存在する塩化物イオンやナトリウムイオンを含むため，これらのイオンを含まない硝酸カリウム水溶液の方がより適する。　(3)　酸性の塩酸とアルカリ性の水酸化ナトリウム水溶液を混ぜ合わせると，互いの性質を打ち消し合う反応(中和)が起こり，過不足なく反応すると塩化ナトリウム水溶液になる〔$HCl+NaOH \rightarrow NaCl+H_2O$〕。結果より，Ｂでは青色リトマス紙の陰極側が赤色に変化し，赤色リトマス紙は色が変化しなかったから，水酸化ナトリウム水溶液はすべて反応し，塩酸が残っていることがわかる。よって，Ｂの水溶液から水を蒸発させると，水酸化ナトリウムの固体は得られず，中和によってできた塩化ナトリウム〔NaCl〕の固体だけが得られる。　(4)　酸性を示すイオンが水素イオン〔H^+〕，アルカリ性を示すイオンが水酸化物イオン〔OH^-〕である。〔$H^+ + OH^- \rightarrow H_2O$〕より，水素イオンと水酸化物イオンは数の比１：１で結びついて水になるから，Ｃでどちらのリトマス紙も色が変化しなかった(中性になった)ということは，10cm³の塩酸と8.0cm³の水酸化ナトリウム水溶液に含まれる水素イオンと水酸化物イオンの数が等しいということである。よって，このときのそれぞれのイオンの数をx個とし，同じ１cm³中の数で比べると，$\frac{x}{10} \div \frac{x}{8.0} = 0.80$(倍)となる。　(5)　塩酸中には水素イオンと塩化物イオンが数の比１：１で存在する〔$HCl \rightarrow H^+ + Cl^-$〕。水酸化ナトリウム水溶液中にはナトリウムイオンと水酸化物イオンが数の比１：１で存在する〔$NaOH \rightarrow Na^+ + OH^-$〕。
ア×…Ａは塩酸だから，陽イオン(水素イオン)と陰イオン(塩化物イオン)の数は等しい。　イ○…(2)解説より，Ｂでは塩酸が残っているから，水素イオンが残っている。　ウ×…Ｃは中性だから，水素イオンと水酸化物イオンは過不足なく反応しているが，塩化物イオンとナトリウムイオンは水溶液中では結びつかないので，これらのイオンが数の比１：１で存在する。　エ×…水酸化ナトリウム水溶液を加えたＢ～Ｅではすべて中和が起こっているので，中和によって生成した水が含まれている。　オ○…塩酸に水酸化ナトリウム水溶液を加えていくとき，水素イオンが０になるまでは，減少した水素イオンの数と同じ数のナトリウムイオンが増加していくので，イオンの総数は変化しない。つまり，Ａ～Ｃではイオンの総数が等しい。水酸化ナトリウム水溶液が残るときには，残った水酸化ナトリウム水溶液中のナトリウムイオンと水酸化物イオンの分だけイオンの総数が増加するので，加えた水酸化ナトリウム水溶液の体積が最も大きいＥで，水溶液に存在しているイオンの総数が最も多い。

《2024　英語　解説》

1　**問題Ａ**　No. 1　質問「ジャックと母親は夕食に何を食べますか？」…Ｂの３回目の発言「それならお寿司屋さんに行きましょう」とそれに対するＡの返答「いいアイデアだね！」より，アが適切。　No. 2　質問「ユウタとグリーン先生が見ているのはどのグラフですか？」…Ａの２回目の発言「生徒たちは８月と１月の両方の月に 300 冊以上読んだのね」と３回目の発言「６月には約 100 冊しか読まなかったのね」より，ウが適切。
No. 3　質問「何人の人がクリスマスパーティーに参加する予定ですか？」…Ａの２回目の発言「５人だよ。あなた，ケンタ，エミリー，ノゾミ，そして私だよ」とそれに対するＢの発言「エミリーが，ノゾミは体調が悪いから来ないと言ってたよ」より，イ「４人」が適切。
問題Ｂ　信一「やあ，カレン。いい週末を過ごした？」→カレン「うん。家族と映画を見たよ」→信一「見たがってた新作映画を見たの？」→カレン「いいえ。別のを見たよ」の流れより，信一は「何の映画を見たの？」などの質問をすると考えられる。　「何の～？」＝What ~?
問題Ｃ　ルーシーの質問「私は３か月前に日本に来てからずっと日本語を勉強しているよ。日本語を読むのは上手になったけど，聞き取るのはまだ苦手だよ。もっと上手に日本語を聞き取って理解できるようになりたいよ。何をしたらいいかな？」に対して，理由を含めて答える。（例文の訳）「日本のアニメを見るといいと思うよ。日本語を聞いて楽しめるし，日本語を話す人がよく使う言葉をたくさん学ぶことができるよ」

2 【本文の要約】参照。

1　グラフから，ごみとして廃棄された服の割合を読み取る。エが適切。

2　代名詞などの指示語が指す内容は直前にあることが多い。ここでは下線部①の直前の文全体を指す。直前の文と同じ内容のイ「太郎と春花は彼らの学校の生徒から寄付された古着から一部の服を取り除き，残りを NPO に送らなければならなかった」が適切。

3　[B]の直前はジョンが直面した問題について，直後はそれに対してジョンが行った対策がかかれているから，ウ「あなたは何をしたの」が適切。

4　「１つ問題があった」という内容の文が入るのは，太郎が具体的な問題の内容を説明する直前の[い]が適切。

5　【タロウがジョンに送ったメールの要約】参照。 a　・share＋もの／こと＋with＋人「(人)と(もの／こと)を共有する」　b　文中に疑問詞を含む間接疑問文。we should understand のあとが what they need の語順になって「彼らに何が必要かを理解すべき」という意味になる。　c　・look for ～「～を探す」　d　・give＋人＋もの「(人)に(もの)をあげる」

【本文の要約】

春花　：私たちの学校は去年古着を寄付したから，今日はそのことについて話したいわ。

ジョン：いいよ。僕たちの学校も以前，数回食べ物や他の物を寄付したことがあるから，その体験を君たちと共有できるよ。

太郎　：いいね！まず，なぜ古着を寄付することに決めたのか説明するよ。社会の授業で先生がこのグラフを見せて，日本では人々がどのように古着を手放しているかを僕たちに教えてくれたんだ。そのグラフによると，[Aエ68]%の服が廃棄されていて，譲渡や寄付された服はたった３%だったよ。先生は，人々は再利用やリサイクルできる服を廃棄しているとも言っていたよ。僕たちは，古着を寄付すれば廃棄する服の量が減らせると思ったよ。

春花　：古着を寄付することに決めた後，アジアの国の人々に古着を寄付しているＮＰＯ(非営利団体)を見つけたの。その後，学校で生徒から古着を集めたよ。

ジョン：なるほど。それで，すべて順調だった？

太郎　：いや。[[い]ひとつ問題があったんだ。]多くの種類の古着を集めた後で，そのＮＰＯが冬服は受け入れないということがわかったんだ。彼らはアジアの暑い地域に住んでいる人々のみに服を送っているんだよ。2イだから僕たちは生徒たちからもらった古着から冬服を取り除き，残りの古着をそのＮＰＯに送らなければならなかったよ。これは，人々が本当に必要としているものについて僕たちが考えなかったために起こったよ。

春花　：私たちは古着を受け取る人について，もっと知る努力をしなければいけないね。その人たちのことをもっと理解すれば，彼らが必要なものがわかるよ。それじゃあ，あなたの学校の活動について話してくれる？

ジョン：僕たちも君たちと似たような体験をしたよ。僕たちの学校が初めて寄付をした時，僕たちは自分たちの使わないものを集めたんだ。それを町の困っている家庭にあげようとしたけれど，一部の家族には受け取るのを断られてしまったよ。

春花　：それで，[Bウあなたは何をしたの(＝What did you do)]？

ジョン：彼らに何が必要か尋ねたんだ。彼らは食料が必要だと教えてくれた。僕たちは生徒から集めたものを売ることにしたよ。それらのものを売ることでお金を得て，そのお金で食べ物を買い，家庭に配ったよ。

太郎　：なるほど。集めたあとでそれを売るというのはいい考えだと思うよ。

ジョン：人助けにはいろいろな方法があるね。結局，人を助けたいと思ったら，その人たちと彼らの必要なものを理解することが大切だね。

【タロウがジョンに送ったメールの要約】

ジョンへ　先週は僕たちの学校に来てくれてありがとう。君と経験[aウを共有(＝share)]できてうれしかったよ。話し合ったように，他の人を助けるには，[bエその人たちに何が必要か(＝what they need)]を理解するべきだね。だから次回は古着を寄付する前に，その服を受け取る人たちについてもっと情報[cイを探す(＝look for)]ようにするよ。その人たちのことと彼らの生活についてもっとわかれば，彼らにとって役に立つ服[dアを寄付する(＝give)]ことができると思うよ。　またすぐに話そう！太郎

[3]【本文の要約】参照。

1(1)　質問「健一は中学校で雁のＶ字型の隊形について学びましたか？」…第１段落１～２行目より，高校で学んだので No, he didn't.と答える。

(2)　質問「なぜ健一は怒って『今日は練習できない』と言ったのですか？」…理由が書かれた第４段落２～３行目を引用して，Because only half of the class came.「集まったのがクラスの半分だけだったから」と答えればよい。

2　・how to＋動詞の原形「～する方法」　・make＋もの＋状態「(もの)を(状態)にする」

3　ア×「健一はクラスメートに笑顔で大きな声で歌うように言おうと決めた」　イ○「健一はキョウカに，自分とキョウカがリーダーになるべきだと言おうと決めた」　ウ○「健一は，合唱について自分たちが思っていることをクラスのみんなと共有するようクラスメートに頼もうと決めた」　エ×「健一は合唱コンテストの歌を練習するのをやめようと決めた」

4　第４段落の最後の２行参照。キョウカはクラスのみんなに向けて That's perfect!や Our chorus is getting better! We can win the first prize!と，合唱の良いところ(＝good things)を言っている。第３段落の最後の１文の I always told my classmates what was bad about our chorus.「僕(＝健一)はいつもクラスメートに合唱で何が悪かった(＝bad)かを言いました」という文との対比となっている。

5　ア「雁がＶ字型の隊形で飛ぶ時，先導の雁は×まったく疲れを感じない」　イ○「健一のクラスは５月に合唱コンテストに向けて歌を練習し始めた」　ウ「キョウカは健一のことをいい×リーダーだと思っていなかった」　エ「健一のクラスは合唱コンテストで×優勝した」

6【健一と広子の対話の要約】参照。(1)　「～したことがありますか？」と，経験を尋ねる現在完了の疑問文。直後に健一が see を使った文で答えているから，see の過去分詞の seen が適切。　(2)　健一がチームのパフォーマンスを上げることについて述べた，本文の最終段落の最後の文を引用して答える。[b]は it is … for＋人＋to＋動詞の原形「(人)にとって～することは…だ」の形だから，shares を原形の share にする。

【本文の要約】

1(1)みなさんは雁がＶ字型の隊形で飛ぶということを知っていましたか？僕は初めて高校の授業でこの隊列について聞き，雁はそうすることで遠くまで飛べるのだと学びました。雁はＶ字型の隊形で飛んでいる間，交代で先導します。先頭の雁は疲れると後ろへ行き，別の雁が先頭に来ます。こうすることで彼らは負担を均等にし，より遠くまで飛ぶことができるのです。

僕はこの話を聞いた時，中学生の時の合唱コンテストを思い出しました。そのコンテストで僕はクラスのリーダーになりました。吹奏楽部に入っていて，自分は合唱をよりよいものにする方法を知っていると思っていたからです。

5イ5月，僕たちはコンテストの歌を歌う練習を始めました。僕はクラスメートに「一生懸命練習して優勝しよう！」と言いました。僕たちは毎日歌の練習をしましたが，うまくなっているようには思いませんでした。僕はいつもクラスメートに合唱で何が悪かったかを言いました。

コンテストまで２週間というある日，僕たちは音楽室で歌う練習をしようとして，僕はみんなに集まるように言いました。1(2)しかし，集まったのはクラスの半分だけでした。僕は怒って「今日は練習できない」と言いました。すると，

クラスメートの１人が，「え？私たちは練習するためにここに来たのに！」と言いました。僕は何も言いませんでした。すると別のクラスメートのキョウカが「健一はいつも私たちの合唱のことを考えてくれているから，疲れているんだよ。助けてあげようよ」と言いました。彼女は前に出て「今日は何を練習したい？」と言いました。何人かの生徒が，歌の最初の部分を練習したいと言いました。彼女が「うん。その部分を練習しよう。健一，いい？」と言いました。僕は「うん…」と言いました。4「みんな，笑顔で！そうだよ！完璧だね！」とキョウカが言うと，みんな笑顔になって大きな声で歌いました。彼女は4「私たちの合唱よくなっているね！優勝できるかも！」と言いました。

練習の後，僕は彼女のところに行って言いました。「助けてくれてありがとう」キョウカはただ微笑んだだけでした。僕は「僕なんかより君がリーダーをやるべきだよ。彼らのことがわかっているから」と言うと彼女は「私は，あなたがいいリーダーだと思うよ。だって，強い情熱を持っているでしょ。コンテストまでまだ２週間あるよ。私たちは優勝できるよ！」と言いました。僕はキョウカと話した後，クラスにとって一番いいことについてあれこれ考え，そしていくつかの決断をしました。

3イ翌日，僕はキョウカに交替でリーダーをしようと頼みました。僕は彼女に「君は歌の練習をする時，クラスメートにいい(＝good)ところを言ってあげられるね。もし僕たちふたりがリーダーなら合唱はもっとよくなるよ」と言いました。キョウカは数分間考えて，引き受けてくれました。キョウカと僕は，交替でクラスのみんなに合唱について話しました。

3ウまた，僕は他のクラスメートに，合唱について自分たちが思っていることをクラスのみんなに言うように頼みました。多くのクラスメートがそうしてくれ，中にはクラスのみんなを応援してくれる人もいました。そのことで合唱はより良いものになりました。

僕たちは合唱コンテストで最善を尽くし，合唱は素晴らしいものになりました。優勝はできませんでしたが，クラスの全員がこの合唱コンテストはいい思い出だと言ってくれました。

この経験から僕は，ひとりのメンバーだけでチームのパフォーマンスをよくするのは難しいということがわかりました。6bメンバーひとりひとりが他のメンバーと責任を共有した時にこそ，そのチームはよりよい結果を出すことができるのです。

【健一と広子の対話の要約】

広子：あなたの作文はとてもよかったよ！

健一：ありがとう。

広子：書き出しが気に入ったな。私は雁のＶ字型隊形について知らなかったよ。aあなたはＶ字型隊形の雁を見たことがある？(＝Have you ever seen geese in a V-formation?)

健一：ううん，でもいつか見てみたいな。

広子：それから，あなたの，チームのパフォーマンスをよくするためのアイデアも好きだな。私はバレー部のキャプテンだけど，チームをもっと強くしたいと思っているの。あなたの作文を読んで，メンバーひとりひとりがb他のメンバーと責任感を共有する(＝share the responsibility with the other members)ことが大事なんだとわかったよ。もしそれができれば，私たちのチームのパフォーマンスはもっとよくなるってことだよね？

健一：うん，メンバーひとりひとりがそうすることが大事だと思うよ。

4 賛成の場合は I agree や I think so，反対の場合は I don't agree や I don't think so などで書き始める。理由を２つ挙げ，30 語以上 50 語以内でまとめる。無理に難しい内容にしなくてもよいので，ミスの無い文にする。

（例文の訳）「私は２つの理由から，その考えに賛成です。まず，私たちは電子書籍の単語や写真の大きさを変えることができます。もしも写真が小さければ拡大することができます。次に電子書籍は持ち運びやすいです。例えば，ふつう，紙の書籍 10 冊は重いですが，電子書籍 10 冊は重くありません」

2023 解答例 令和5年度 広島県公立高等学校

《2023 国語 解答例》

一 1. ㋐こ ㋑ほこ ㋒くちょう　2. ウ　3. Ⅰ. いまの自分とはかけ離れた　Ⅱ. いまの自分の気持ちや、体験を盛るための器　4. ひらがなで書くことによって、雪のつぶのやわらかさを表現したかった
5. この学校に　6. (1)「そら」の部分に、かけがえのない友人であるソラの名前が掛けられた、ハセオからソラへの挨拶である　(2)限られた文字数の中で表現する俳句を通した仲間であり、全てを言葉にして伝えなくても、たがいへの思いはじゅうぶんにわかる

二 1. ㋐負荷 ㋑暮 ㋒情熱　2. エ　3. Ⓐア Ⓑイ Ⓒア Ⓓア　4. 海洋保護区を設置し、生物多様性を守ることによって魚を増やし、持続的に漁業で利益を得られる仕組み。　5. 無秩序な観光の促進を行ってしまうと、海洋の環境が劣化し、保護区の美しい景観が損なわれる

三 1. ア　2. いわるる
3. (例文)
有名な画家が描いた絵であれば、大したことがなかったとしても優れた絵だと判断し、無名な画家が描いた絵であれば、優れていたとしても大したことのない絵だと判断することが、例として挙げられる。
私は、作者が有名か無名かによって、作品の価値を判断することに反対だ。このような判断は、作品を評価しているとは言えない。大切なことは、自分自身で作品自体をしっかりと見て、価値を判断することだと考える。

《2023 社会 解答例》

1 1. (1)う (2)ア　2. (1)オーストラリア (2)エ　3. 発達した産業の活動によってバイオマス資源が排出

2 1. イ　2. ウ　3. 城下町　4. 従わない大名を処罰する　5. グラフⅠから米価が安定していないことが分かり，米を税として納めさせる方法よりも，現金を納めさせる方法の方が，税収が安定するため。
6. イ

3 1. ウ　2. エ　3. ア　4. ウ　5. 労働契約は労働者と会社との合意で決めるのが基本だが，労働者一人一人は，会社に対して弱い立場にあり，労働条件が不利になる可能性があるので，労働者が団結することで対等な立場で交渉できるようにするため。

4 1. イ　2. 両替　3. イ　4. (1)材料となる木材が豊富で，木材の加工に使う刃物の産地であった地域であり，伝わってきたそろばん生産の技術が生かせる環境であったため。　(2)問題点…Y　取り組み…複数の工程の作業が同じところでできるように新しい作業場を設け，若手の職人には複数の工程に習熟してもらうことで，確実に次の世代に伝統的な技術を受け継ぐことができるようにする。

《2023 数学 解答例》

1 (1)-3　(2)$4x$　(3)$2\sqrt{2}$　(4)$x^2-12xy+36y^2$　(5)$x=\dfrac{-3\pm\sqrt{29}}{2}$　(6)10　(7)16　(8)ウ

2 (1)$0\leqq y\leqq 20$　(2)150　(3)十の位の数がa，一の位の数がbの2桁の自然数は $10a+b$，十の位の数と一の位の数を入れかえた自然数は $10b+a$ と表すことができる。もとの自然数を4倍した数と，入れかえた自然数を5倍した数の和は，$4(10a+b)+5(10b+a)=45a+54b=9(5a+6b)$　$5a+6b$ は整数だから，$9(5a+6b)$ は9の倍数である。したがって，もとの自然数を4倍した数と，入れかえた自然数を5倍した数の和は，9の倍数になる。

3 (1)40　(2)10

4 (1)9　(2)$-\frac{1}{3}$

5 (1)$\frac{2}{5}$　※(2)ア 1分48秒　イ 3分12秒〔別解〕ア 108秒　イ 192秒

6 (1)四角形ＡＢＣＤは正方形であるから　ＣＤ＝ＣＢ…①

四角形ＣＥＦＧは正方形であるから　ＣＥ＝ＣＧ…②

∠ＥＣＧ＝90°であるから　∠ＤＣＥ＝90°－∠ＤＣＧ…③

∠ＢＣＤ＝90°であるから　∠ＢＣＧ＝90°－∠ＤＣＧ…④

③，④より，∠ＤＣＥ＝∠ＢＣＧ…⑤

①，②，⑤より，２組の辺とその間の角がそれぞれ等しいから　△ＣＥＤ≡△ＣＧＢ

(2)イ，ウ，オ

※の求める過程は解説を参照してください。

《2023　理科　解答例》

1 １．(1)石灰水が逆流して，試験管Ａ内に入ること。　(2)(金属)光沢

(3)ａ．発生した気体の質量　ｂ．イ　２．(1)還元　(2)右図　３．イ，ウ，オ

Mg O

Mg O

2 １．(1)ＤＮＡ〔別解〕デオキシリボ核酸　(2)ａ．ア　ｂ．ウ

２．(1)はたらき…光合成　気体…酸素　(2)エ　３．(1)デンプンが含まれていなかった　(2)イ

3 １．地熱発電　２．(1)エ　(2)ア　３．ａ．マグマのねばりけが強い　記号…ウ

４．(1)エ　(2)ｄ．オ　ｅ．イ　ｆ．南

4 １．エ　２．(1)ウ　(2)0.10　(3)イ　３．ｃ．体積が大きく，また，２つの物体の質量が同じであることから，密度が小さい　ｄ．亜鉛　４．ア，エ

《2023　英語　解答例》

1 問題Ａ．No.１．エ　No.２．ウ　No.３．エ　問題Ｂ．Why did you take a bus today?　問題Ｃ．I agree.　They can learn how to work with other students when they clean their school.

2 １．ウ　２．イ　３．エ　４．い　５．ａ．イ　ｂ．ア　ｃ．エ　ｄ．ウ

3 １．(1)Yes, he did.　(2)His father did.　２．ウ　３．eat　４．would be fun if I　５．ア，イ　６．I liked your speech very much.　It's important to be interested in something.　I hope I can find my dream like you.

4 問題Ａ．ア．I want to watch the dance performances　イ．Let's watch the shamisen performance and the dance performance in the afternoon　問題Ｂ．We should send e-mails in Japanese because you can practice Japanese and I can help you.

《2023　国語　解説》

一　2　2〜3行前に「気持ちはうれしいけど、こういうのをもらって、喜ぶ子はいるんだろうか……」とあり、ユミは、校長先生からの「豪華景品」をもらってもうれしくなく、むしろ期待を裏切られて不満であることがわかる。よって、ウが適する。

3　ハセオは俳句について、「いまの自分の気持ちや、体験を盛るための器として、自分は俳句をやっている」と言っている。よって、空欄Ⅱには、下線部が入る。このことをもとに「祠(ほこら)の中の神様みたい」という表現の意味を考える。「祠の中の神様」は、大事にされているかもしれないが、日用品のように気軽に毎日のように利用するものとは違い、特別で簡単には触れられない存在である。つまり、ハセオの言う「祠の中の神様みたいになる」とは、「いまの自分」とはつながっていない特別なものになってしまうといった意味だと考えられる。

4　校長先生の「鑑賞の弁」の中に「ふつうは『空の言葉』と書くところ、ひらがなにしているのはきっと、そのことで、雪のつぶのやわらかさを表現したかったんだと、私は思う」とある。

5　同じ段落に「この学校に〜うれしくて、最終的にこの句を選んだのだった」とある。

6(1)　ハセオの句について、ユミが、ソラとハセオは「知らないままでいい」と思っている内容が入る。傍線部④の少し前に「これは挨拶なんだ。ハセオから、ソラへの。『そら』には、かけがえのない友人の名前を、掛けてあるのだ〜あのふたり。たぶん、たがいにそのことを知らない」とある。　(2)　直後の「私たちは、句友だ。たがいへの思いは、だらだらと語らなくても、じゅうぶんにわかっている」とある。俳句は、非常に少ない字数で思いや伝えたいことなどを表現するという特徴がある。こうした俳句の特徴をふまえたユミの思いが、「だらだらと語らなくても、じゅうぶんにわかっている」という部分に表れている。

二　2　前に書かれていることとは相反する内容が後に書かれているので、エの「だが」が適する。

3Ⓐ　結果について書いているので、事実である。　Ⓑ　アラナノ氏の考えが書かれているので、意見である。　Ⓒ　アラナノ氏の経験について書いているので、事実である。　Ⓓ　現在の状況について書いているので、事実である。

4　アンヘル・アルカラ氏が始めた取り組みについては、【文章２】の最初の４段落に書かれている。海洋保護区を設置したことや、その結果生物量が増え、保護区の外側で魚を獲る漁師が恩恵を受けたことが書かれている。

5　【文章１】に、「無秩序な観光の促進によって自然環境が劣化する事例が散見されています」とある。自然環境が劣化すれば、観光客を呼び込むために必要な美しい景観が損なわれるおそれがある。

三　1　この文章は、歌の良し悪しの判断について述べているので、見分けるのは「歌」である。よって、［a］には「歌」が入る。この時点で、答えはアかエにしぼられる。「故」は、理由、原因といった意味で、「主」は、ここでは作者という意味である。［b］の後には、どの人も歌の内容ではなく作者が誰であるかによって歌の良し悪しを判断するということが書かれている。このことは、［b］の前にある「人毎に推量ばかりにてぞ侍ると見えて候（＝どの人も推量ばかりであるように見えます）」の理由にあたる。よって、［b］には「故」が入る。

2　古文で言葉の先頭にない「はひふへほ」は、「わいうえお」に直す。

3　「主」によって「善悪をわかつ」とは、作者によって良し悪しを判断するという意味。

【古文の内容】

およそ歌を見分けて良し悪しを決めることは、とても大事なことです。ただどの人も推量ばかりであるように見えます。その理由は、上手といわれる人の歌は大したこともないのにほめ合い、あまり世間で認められないような人の詠んだ作品は、抜群の(すばらしい)歌であっても、かえって欠点までも指摘して非難するようです。ただ作者によって歌の良し悪しを判断する人ばかりおりますようです。本当にあきれたことと思います。これは、ひとえに自分の主体的な評価に迷いがあるからにちがいない。おそらくは、寛平以降のすぐれた歌人の歌であっても良し悪しを考えて判断しようとする人こそ歌の価値が分かる人でございましょう。

《2023　社会　解説》

1　1(1)　う　　ブラジルは水力発電の割合が高い国である。ノルウェーも水力発電の割合が高いが，総発電量や水力発電の割合から**う**がブラジル，**え**がノルウェーと判断する。一般に工業が発展した国ほど総発電量は多くなる。**あ**は中国，**い**はアメリカである。　(2)　ア　　石油や石炭，天然ガスのほとんどを海外からの輸入に依存し，これらの資源は船で運ばれるため，火力発電所は大都市付近の沿岸部に多く立地する。

2(1)　オーストラリア　　鉄鉱石の輸出がさかんな国として，オーストラリアとブラジルがある。輸出相手国がアジアに集中していることからオーストラリアと判断する。　(2)　エ　　プラチナなどのレアメタルは，アフリカ大陸の南部で多く採掘される。アはオレンジ，イは自動車，ウは綿糸。

3　資料Ⅰでは畜産で発生したバイオマス資源，資料Ⅱではうどん製造で発生したバイオマス資源が書かれている。これら２つの共通点は，経済活動を通じて発生したバイオマス資源を活用していることである。

2　1　イ　　アは江戸時代，ウは鎌倉時代，エは平安時代。

2　ウ　　荘園の領主たちは，地頭との紛争を解決するために，荘園の管理のいっさいを地頭にまかせ，一定の年貢納入を請け負わせる地頭請の契約を結んだり，自らの領地を地頭との間で分割する下地中分を行ったりした。

3　城下町　　戦国時代には，城下町のほか，寺社の門前に形成された門前町，港の周辺に形成された港町・街道沿いの宿場に形成された宿場町などが繁栄した。

4　資料Ⅱには，武家諸法度に従わなかった福島正則が処罰されたことが記録されている。福島正則は，50 万石の外様大名であったが，台風による水害で被害を受けた広島城の本丸・二の丸・三の丸，石垣等を無断で修理したとして，安芸・備後 50 万石を没収された。

5　米による物納では天候不順などで税収が安定しないことを，グラフⅠから読み取る。地租改正では，地価を定めた地券を土地所有者に発行し，地価の３％を現金で納めることとした。

6　イ　　主君が家臣に土地の支配を認めることは鎌倉時代の御恩，家臣が主君に従うことは鎌倉時代の奉公にはじまり，この主従関係は江戸時代まで続いた。律令国家によって政治が行われていた社会と，明治政府によって政治が行われていた社会は，どちらも天皇を中心とした中央集権体制である。

3　1　ウ　　臣民(君主に支配された国民)から国民に変わることから，国民主権を導く。

2　エ　　b．日本国憲法の第 98 条・第 99 条に，最高法規性や憲法尊重擁護の義務が定められている。

3　ア　　製造業者の過失を消費者が裁判で証拠をあげて証明することは困難であることから，製造物責任法(ＰＬ法)では，製造業者の無過失責任を定め，消費者は製品に欠陥があったことを証明すればよいとされた。

4　ウ　　自動車騒音等により，人間らしく生きる環境を侵害されていると考える。

5　「労働者一人一人は，会社(雇用者)に対して弱い立場にあること。」「労働者の権利を守るために，労働者が団結し，会社と対等な立場で交渉すること。」など，重要なフレーズを必ず盛り込むようにしよう。

4　1　イ　　平安時代後半から鎌倉時代前半の内容である。アは 19 世紀で江戸時代，ウは明治時代，エは安土桃山時代について述べた文である。

2　両替　　貨幣経済は，三都や各城下町の両替商により促進され，公金の出納や，為替・貸付などの業務も行い，幕府や藩の財政を支える両替商も現れるようになった。

3　イ　　グラフⅢを見ると，1985 年からグラフが急激に右下がりになっていることが読み取れる。1985 年には1ドル＝240 円であったのが，1987 年には1ドル＝150 円になっている。1ドルと交換するのに必要な円が少なくなっていることから，円の価値が上がっているとわかる。これを円高という。グラフⅡを見ると，1985 年以降，電卓の輸出台数が減ったことから，円高は輸出に不利なことがわかる。

4(1)　共通点を探そう。林が広がっている(小野市)・森林に囲まれている(奥出雲町)，ハサミなどの家庭用刃物類(小野市)・小刀などの刃物(奥出雲町)などから考える。　(2)　解答例では，Yの「一人の職人は一つの工程にしか習熟していない」「それぞれの工程の職人の数が少なくなっている」といった問題点を，「若手の職人には複数の工程に習熟してもらう」ことで，対応しようとしている。Xの問題点の解決策としては，「そろばん学習の良さを外国語に翻訳し，海外への輸出増を図る」ことや，「首都圏のそろばん教室の運営に乗り出した大手学習塾とタイアップして，そろばん大会などのイベントを開催する」こと，「お守りなど，そろばん以外のことにそろばんのパーツを利用する」ことなどが考えられる。〔播州そろばんを取り巻く現在の状況〕の中からいくつかを選び，解決策とつなげていこう。

《2023　数学　解説》

1　(1)　与式＝－８＋２＋３＝**－３**

(2)　与式$=28x^2\times\frac{1}{7x}=\mathbf{4x}$

(3)　与式$=5\sqrt{2}-\frac{6\sqrt{2}}{2}=5\sqrt{2}-3\sqrt{2}=\mathbf{2\sqrt{2}}$

(4)　与式$=x^2-2\times x\times 6y+(6y)^2=\mathbf{x^2-12xy+36y^2}$

(5)　２次方程式の解の公式より，$x=\frac{-3\pm\sqrt{3^2-4\times1\times(-5)}}{2\times1}=\mathbf{\frac{-3\pm\sqrt{29}}{2}}$

(6)　**【解き方】$\frac{16}{x}$のxに数値を代入したとき，約分して整数になるようなxの個数を考えればよい。**

$x>0$のとき，xは 16 の約数だから約分して整数になるのは，$x=1$，２，４，８，16 の５個となる。

これらの値に－１をかけた値でも約分して整数となるから，求める点の個数は５×２＝**10**(個)である。

(7)　**【解き方】正方形はひし形でもあるから，正方形の面積はひし形と同様に，$\frac{1}{2}$×(対角線の長さ)×(対角線の長さ)で求められることを利用する。**

底面の正方形の面積は，$\frac{1}{2}\times4\times4=8$(㎠)だから，求める体積は$\frac{1}{3}\times8\times6=$**16**(㎤)である。

(8)　**【解き方】箱ひげ図では箱の長さが四分位範囲を表している。**

４つの市の箱の長さを比べると，四分位範囲が５℃より大きいのは，**ウ**のＣ市のみである。

2　(1)　Ａは放物線$y=ax^2$上の点だから，座標を代入して，$5=a\times3^2$より$a=\frac{5}{9}$である。

－６と４の絶対値を比べると，－６の方が大きいから，$x=-6$のとき，yは最大値$\frac{5}{9}\times(-6)^2=20$となる。

また，xの変域に０が含まれるので，$x=0$のとき，yの最小値は０となる。よって，$\mathbf{0\leqq y\leqq20}$

(2)　**【解き方】ある階級の累積相対度数から，１つ小さい階級の累積相対度数を引くことで，相対度数が求められる。**

60 分以上 120 分未満の階級の相対度数は$\frac{11}{50}$=0.22 より，累積相対度数は 0.08＋0.22=0.30 である。

よって，相対度数について，120 分以上 180 分未満の階級は 0.56－0.30=0.26，180 分以上 240 分未満の階級は 0.76－0.56=0.20 となり，これで相対度数はすべてわかった。相対度数が最も大きい階級では度数も最も大きいので，120 分以上 180 分未満の階級の階級値を求めればよい。したがって，$\frac{120+180}{2}$=**150**(分)

(3)　a と b を用いて表した式を 9 m（m は自然数）の形で表すことができれば，9 の倍数であるといえる。

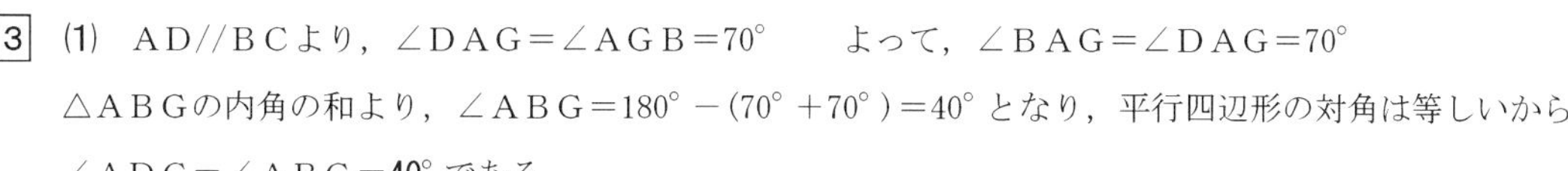

3　(1)　ＡＤ//ＢＣより，∠ＤＡＧ＝∠ＡＧＢ＝70°　　よって，∠ＢＡＧ＝∠ＤＡＧ＝70°

△ＡＢＧの内角の和より，∠ＡＢＧ＝180°－(70°＋70°)＝40° となり，平行四辺形の対角は等しいから，

∠ＡＤＣ＝∠ＡＢＧ＝**40°** である。

(2)　**【解き方】相似比がｍ：ｎのとき，面積比はｍ²：ｎ²となることを利用する。**

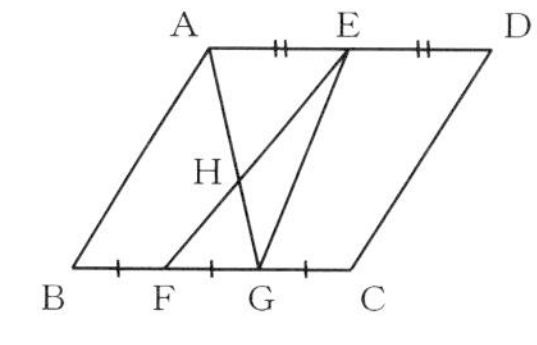

ＡＥ//ＧＦより，△ＡＨＥ∽△ＧＨＦで，相似比は

ＡＥ：ＧＦ＝$\frac{1}{2}$ＡＤ：$\frac{1}{3}$ＢＣ＝$\frac{1}{2}$ＡＤ：$\frac{1}{3}$ＡＤ＝$\frac{1}{2}$：$\frac{1}{3}$＝３：２だから，

面積比は3^2：2^2＝９：４である。よって，△ＧＨＦ＝９×$\frac{4}{9}$＝４

次に，ＥＨ：ＦＨ＝３：２であり，△ＥＦＧと△ＧＨＦにおいて，底辺をそれぞれＥＦ，ＨＦとしたとき高さが等しいから，面積比は，ＥＦ：ＨＦ＝(３＋２)：２＝５：２

したがって，△ＥＦＧ＝△ＧＨＦ×$\frac{5}{2}$＝４×$\frac{5}{2}$＝**10** である。

4　(1)　**【解き方】ＡＣがx軸に平行になるとき，Ｃのy座標はＡのy座標と等しく８である。**

$y=\frac{2}{3}x+2$にＣのy座標のy＝８を代入すると，８＝$\frac{2}{3}x$＋２よりx＝９となるから，Ｃ(９，８)である。

ＡとＣのy座標が等しいので，ＡＣ＝(Ｃのx座標)－(Ａのx座標)＝９－０＝**９**

(2)　**【解き方】Ｂ，Ｃのx座標は正だから，ＤＢ＝ＢＣのとき，(ＤとＢのx座標の差)＝(ＢとＣのx座標の差)となる。**

Ｄのx座標は０＝$\frac{2}{3}x$＋２より，x＝－３　　よって，Ｄ(－３，０)である。

Ｂのx座標をｔとするとＣのx座標は４ｔだから，

(ＤとＢのx座標の差)＝(ＢとＣのx座標の差)より，ｔ－(－３)＝４ｔ－ｔ

これを解いて，ｔ＝$\frac{3}{2}$

Ｃのx座標は４×$\frac{3}{2}$＝６，y座標は$\frac{2}{3}$×６＋２＝６より，Ｃ(６，６)である。

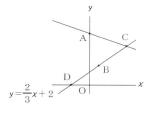

$y=\frac{2}{3}x+2$

よって，ＡＣの傾きは，$\frac{(y\text{の増加量})}{(x\text{の増加量})}=\frac{6-8}{6-0}=\boldsymbol{-\frac{1}{3}}$である。

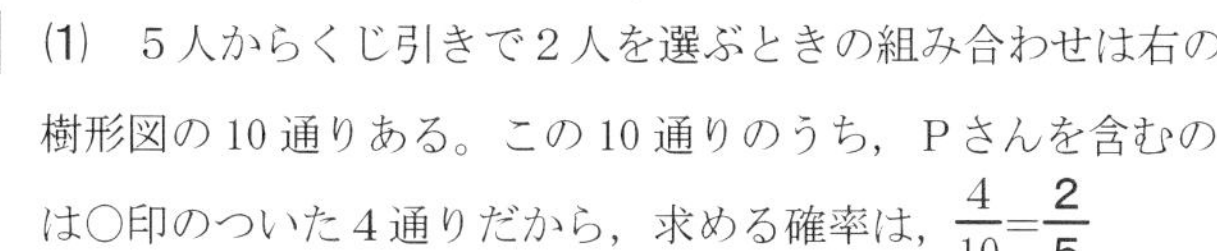

5　(1)　５人からくじ引きで２人を選ぶときの組み合わせは右の樹形図の 10 通りある。この 10 通りのうち，Ｐさんを含むのは○印のついた４通りだから，求める確率は，$\frac{4}{10}=\boldsymbol{\frac{2}{5}}$

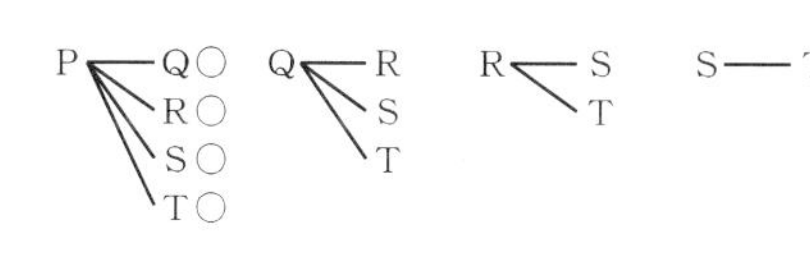

(2)　**【解き方】在校生インタビューの配分時間をx秒，部活動紹介の配分時間をy秒として，連立方程式を立てる。部活動３つの紹介時間は代表生徒３人のインタビュー時間の 1.5 倍である。**

動画の合計時間について，30 秒＝$\frac{1}{2}$分だから，$x+y=\{15-(\frac{1}{2}+6+3+\frac{1}{2})\}\times60$ より，$x+y$＝300…①とする。

部活動３つを紹介する時間は(y－30)秒であり，これは在校生インタビューの時間の 1.5 倍だから，$y-30=1.5x$ より，$3x-2y=-60$…②とする。①×２＋②でyを消去すると，$2x+3x=600-60$　　$5x=540$　　$x=108$

①にx＝108 を代入すると，108＋y＝300　　y＝300－108＝192　　x＝108，y＝192 は問題に適している。

したがって，108 秒は１分 48 秒であるから，在校生インタビューの配分時間は**１分 48 秒**である。

また，192 秒は３分 12 秒であるから，部活動紹介の配分時間は**３分 12 秒**である。

なお，在校生インタビューの配分時間を 108 秒，部活動紹介の配分時間を 192 秒としてもよい。

6 (1) まず，問題文の仮定を図にかきこんで，証明のために必要な条件を探そう。条件が足りない場合は，問題の内容に応じて，図形の性質，平行線の同位角・錯角，円周角の定理などからわかることもかきこんでみよう。

(2) ア．図１の太線部が四角形ＡＩＣＨである。ＡＩ＞ＡＢ＝ＢＣ＞ＩＣより，ＡＩとＩＣは長さが異なるので，四角形ＡＩＣＨはひし形ではない。

イ．四角形ＡＩＣＨを対角線ＡＣによって△ＡＣＩと△ＡＣＨに分ける。

△ＡＣＩ＝$\frac{1}{2}$×ＣＩ×ＡＢ，△ＡＣＨ＝$\frac{1}{2}$×ＣＨ×ＡＤで，ＣＩ＝ＣＨ，ＡＢ＝ＡＤだから，△ＡＣＩ＝△ＡＣＨである。

△ＡＣＩと△ＣＤＩ(図２の太線で囲まれた２つの三角形)について，底辺をともにＣＩとしたときの高さが等しいから，△ＡＣＩ＝△ＣＤＩ

よって，四角形ＡＩＣＨの面積は△ＣＤＩの面積の２倍だから，正しい。

ウ．ＤＢは正方形の対角線だから，△ＢＣＤは直角二等辺三角形である。

また，ＣＨ＝ＣＩより，△ＩＣＨも直角二等辺三角形である。

よって，△ＢＣＤ∽△ＩＣＨとなるから，ＢＤ//ＩＨとなり，正しい。

エ．△ＢＩＨ≡△ＤＨＧのとき，対応する辺の長さは等しいから，ＩＨ＝ＨＧとなる。

図３で，ＨＦはＦＩの垂線であり，Ｇ，Ｉは直線ＨＦについて同じ側にあるから，ＩＨとＨＧの長さは明らかに異なる。よって，正しくない。

オ．図４の△ＣＨＩと△ＣＥＦは直角二等辺三角形だから，∠ＨＩＣ＝∠ＨＦＣ＝45°

よって，Ｆ，Ｉが直線ＨＣについて同じ側にあり，∠ＨＩＣ＝∠ＨＦＣが成り立つので，円周角の定理の逆より，４点Ｃ，Ｈ，Ｆ，Ｉは１つの円周上にある。よって，正しい。

以上より，正しいものは**イ**，**ウ**，**オ**である。

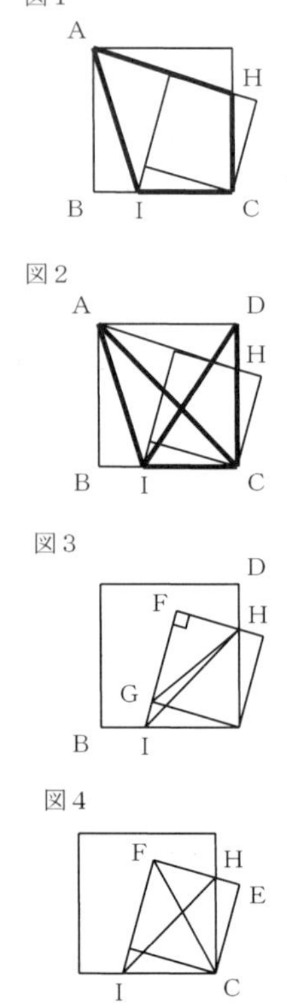

《2023　理科　解説》

1 1(1) ガラス管の先が石灰水の中に入った状態で加熱をやめると，試験管Ａ内の空気は温度が下がって体積が小さくなり，圧力が下がるので，石灰水が試験管Ａ内に吸いこまれる。　(2) 金属をみがくと金属光沢が見られる。他にも，たたくと広がったり，引っ張ると延びたりし，電気を通しやすく，熱を伝えやすい，といった金属に共通する性質がある。　(3) 表１より，発生する気体の質量はⓘ－ⓘⓘで求めることができ，炭素の質量が 0.1ｇのとき 0.3ｇ，炭素の質量が 0.2ｇのとき 0.6ｇで，炭素の質量が 0.3ｇ以上のときは 0.8ｇで一定になっている。よって，発生する気体の質量が 0.8ｇのとき酸化銅から取り出す銅の質量が最大になり，そのときのＸ(最小の炭素の質量)の値の範囲は 0.2＜Ｘ≦0.3 となる。

2(1) 還元が起こるとき，酸化も同時に起こる。ここでは，酸化鉄が還元されて鉄になり，炭素が酸化されて二酸化炭素ができる。　(2) マグネシウム原子２個と酸素分子１個(酸素原子２個)から酸化マグネシウムが２個できる反応をモデルで表す。酸化マグネシウムのモデルを作るときは，マグネシウム原子１個と酸素原子１個をくっつける。　(3) ア×…金属のマグネシウムリボンを使った実験では，マグネシウムによって二酸化炭素が還元されたので，マグネシウムは炭素よりも酸素と結びつきやすい。　イ○，ウ○…酸化鉄が炭素によって還元され，二酸化炭素がマグネシウムによって還元されたので，酸素と結びつきやすい順にマグネシウム＞炭素＞鉄となる。

エ×…酸化銅が炭素によって還元されたので，炭素は銅よりも酸素と結びつきやすい。　オ○…酸化鉄と酸化銅がそれぞれ炭素によって還元される実験を行ったが，酸化鉄に銅を入れたり，酸化銅に鉄を入れたりして加熱する実験を行っていないので，どちらの方が酸素と結びつきやすいかはわからない。

2　1(2)　丸を種子をつくる遺伝子をA，しわの種子をつくる遺伝子をaとする。表i，iiより，AA(丸)とaa(しわ)をかけ合わせてできる子の遺伝子の組み合わせはすべてAa(丸)となり，Aa(丸)とaa(しわ)をかけ合わせてできる子の遺伝子の組み合わせはAa(丸)：aa(しわ)＝1：1となる。

表i

	A	A
a	Aa	Aa
a	Aa	Aa

表ii

	A	a
a	Aa	aa
a	Aa	aa

2(1)　植物は空気中の二酸化炭素と根から吸収した水を材料にして光合成を行い，デンプンと酸素をつくる。

(2)　植物の数量が一時的に減ると，次に植物を食べる草食動物の数量が減り(iii)，次に草食動物を食べる肉食動物の数量が減って，草食動物に食べられる植物の数量が増え(iv)，次に植物を食べ，肉食動物に食べられる草食動物の数量が増え(i)，草食動物を食べる肉食動物の数量が増えて，草食動物に食べられる植物の数量が減り(ii)，やがて図3の状態に戻る。

3(1)　ヨウ素液はデンプンにつけると青紫色に変化する。AとCではヨウ素液の反応がなかったことから，デンプンが含まれていなかったことが分かる。　(2)　最初に行った実験では，一定時間内にBとDの両方でデンプンがすべて分解されてなくなったと考えられるので，微生物の数量を少なくしたり，デンプンの量を多くしたりして実験を行えばよい。よって，イが正答となる。

3　1　地熱発電は，化石燃料を使用しない発電方法として注目されている。

2(1)　図1は等粒状組織をもつ深成岩だから，マグマが地下深くで，ゆっくり冷えて固まってできたと考えられる。なお，マグマが地表または地表付近で，急に冷えて固まると，小さな結晶やガラス質からなる部分(石基)のところどころに大きな結晶(斑晶)が見られる斑状組織をもつ火山岩ができる。　(2)　クロウンモ，チョウ石，セキエイをもつ白っぽい深成岩は花こう岩である。なお，流紋岩は白っぽい火山岩，玄武岩は黒っぽい火山岩，はんれい岩は黒っぽい深成岩である。

3(1)　マグマのねばりけが強いほど，吹き出した溶岩は流れにくく，盛り上がった形の火山となる。マグマのねばりけが強いほど，激しく爆発的な噴火になり，火山噴出物の色は白っぽくなることが多い。

4(1)　地層はふつう下から順に堆積するので，下に行くほど堆積した時代が古いと考えられる。A～Dの凝灰岩の層は同じ時期に堆積したので，凝灰岩の層より下にあるエの砂岩の層が堆積した時代が最も古いと考えられる。

(2)　凝灰岩の層の上面の標高はAが 330－30＝300(m)，Bが 350－65＝285(m)，Cが 320－35＝285(m)，Dが 310－10＝300(m)である。よって，凝灰岩の層の標高が高い方の2地点(AとD)は295～300mで同じで，凝灰岩の層の標高が低い方の2地点(BとC)は280～285mで同じである。このことから，この凝灰岩の層は南が低くなるように傾いていると考えられる。

4　1　水面からの深さが深いほど水圧は大きくなる。同じ深さでは，水圧の大きさは同じである。

2(2)　水中にある物体にはたらく上向きの力を浮力という。表1で，水面からBの底面までの距離が0cmのときBがすべて空気中にあり，水面からBの底面までの距離が 10 cmのときBがすべて水中にあるので，これらのばねばかりの示す値の差がBにはたらく浮力の大きさと等しい。よって，0.30－0.20＝0.10(N)となる。　(3)　浮力は物体の下面の水圧と上面の水圧の差によって生じる。物体がすべて水中にあるとき，物体の深さを変化させても水圧の差は一定だから，浮力の大きさは一定である。よって，水面からBの底面までの距離が 10～15 cmのときにばねばかりの示す値が一定になっているイが正答となる。

3　水中でXが上に，Yが下に動き始めたので，Xの方が浮力(体積)が大きいことが分かる。XとYの質量は同じだから，〔密度（g/cm³）＝$\frac{質量(g)}{体積(cm^3)}$〕より，Xの方が密度が小さいことが分かる。よって，Xが亜鉛（Yが鉄）であることが分かる。

4　ア○，ウ×…Zは図6の状態から上にあがって図7の状態になるので，浮力ⅰ＞重力ⅰである。またZにはたらく重力は図6と図7で等しいので，重力ⅰ＝重力ⅱであり，浮力ⅰ＞重力ⅱである。　イ×，エ○…図7では，Zにはたらく浮力と重力がつり合っているので，浮力ⅱ＝重力ⅱであり，浮力ⅱ＝重力ⅰである。　オ×…3より，水中にあるZの体積は図6の方が大きいので，浮力ⅰ＞浮力ⅱである。

《2023　英語　解説》

1　**問題A　No. 1**　質問「ミキとジャックはどの写真を見ていますか？」…Aの2回目の発言「おばあちゃんは優しそうだね」と，Aの3回目の発言「ミキ，かわいい猫を抱っこしてるね」より，エが適切。　**No. 2**　質問「ルーシーは何冊のノートを買うつもりですか？」…Bの3回目の発言「妹にノートを2冊買いたい」と4回目の発言「理科の授業のための新しいノートも買わなければならない」より，3冊のウが適切。　**No. 3**　質問「エミリーはスタジアムに行く前に何をしますか？」…A「エミリー，お昼ごはんを食べてしまいなさい！1時までにスタジアムに到着しないといけないんだよ」→B「ええ，お父さん」→A「今朝，犬の散歩はしたの？」→B「いいえ，今朝はギターの練習をしたよ。家に帰ってから散歩するね」→B「いいよ，でも出かける前にお皿を洗ってね」→B「わかったわ」より，エ「彼女はお皿を洗います」が適切。

問題B　ジョン「おはよう，春花」→春花「あら，おはよう，ジョン！同じバスだったのね」→ジョン「バスで君を見たことがなかったよ」→春花「ええ，私は普段自転車で学校に通っているからね」より，マイクの質問は（例文）「今日はどうしてバスに乗ったの？」などが考えられる。

問題C　【放送文の要約】参照。「生徒が学校を掃除すべきだという考えについてどう思うか」，「なぜそう思うか」の2つの内容が入っている英文をつくる。賛成の場合はI agree.やI think so.，反対の場合はI don't agree. やI don't think so. などを使い，その理由を書こう。（例文の訳）「私は賛成です。彼らは学校を掃除するときに他の生徒と協力する方法を学ぶことができます」

【放送文の要約】

私が初めて日本に来た時，生徒が学校を掃除するのでびっくりしたよ。アメリカにいる家族とこの話をしたけど，家族は「それはいいね。生徒は学校を掃除すべきだよ」と言っていたよ。この考えについてどう思う？それからどうしてそう思う？

2　【本文の要約】参照。

1　［　A　］の直後の2文より，キャッシュレス決済はエリックの国で人気だとわかる。ア「わくわくさせる」，イ「高価な」，エ「弱い」は不適切。

2　［　B　］の直前の1文より，日本では現金を使う人が多いことがわかる。ア「現金を使う生活は想像できないよ」，ウ「スウェーデンで現金を使わずに生活する方法がわかるよ」，エ「スウェーデンで現金を使う方法がわかるよ」は不適切。

3　グラフ1より，2021年に初めてキャッシュレス決済比率が30%を越えたことがわかる。

4　「自国からお金をたくさん持ってくる必要がない」という内容の文が入るのは，直前の文が「海外から来た人は現金を使わない方が買い物がしやすいと思う」という内容の[い]が適切。

5　**a**　エリックの4回目の発言より，キャッシュレス決済の良い点の1つは支払いに時間がかからないことだから，イが適切。　**b**　エリックの5回目の発言より，店員にとってのキャッシュレス決済の利点は時間を節約できることだから，アが適切。　**c**　太郎の8回目の発言より，キャッシュレス決済の悪い点の1つは紛失したら誰かにお金を使われてしまうかもしれないことだから，エが適切。　d　エリックの８回目の発言より，キャッシュレス決済の悪い点の１つは子どもが金銭感覚を身に付けられないことだから，ウが適切。

【本文の要約】

太郎　　：エリック，私の叔母は将来多くの国でほとんどの支払いがキャッシュレスになると言っていたよ。君は想像できる？

エリック：うん。キャッシュレス決済は僕の国，スウェーデンでは非常にAウ人気だ(＝popular)よ。多くの家庭が紙幣や硬貨を使わないんだ。僕の両親は普段スマートフォンを使うし，僕はデビットカードを持っているよ。

太郎　　：そうなの？日本ではまだ現金を使う人が多いと思うよ。Bイ現金のない生活は想像できないな。

エリック：じゃあ，インターネットでキャッシュレス決済に関する情報を探してみたら？

太郎　　：それはいい考えだね。あっ，このグラフを見て。日本でキャッシュレス決済が増えていることを示しているよ。Cエ2021年には30％以上の支払いがキャッシュレスになったよ。

エリック：なるほど。見て！僕の国の支払いに関するグラフがあったよ。2018年に，直近の支払いで現金を使用した人はわずか13％だったみたいだね。

太郎　　：おお！どうしてこんなに多くの人がキャッシュレス決済を選ぶの？

エリック：現金を使わない方が支払いがしやすいからだよ。買い物に行くときは財布を持ち歩かなくてもいいし，5aイお金を払うときに全然時間がかからないよ。

太郎　　：海外から来た人は現金を使わない方が買い物がしやすいと思うよ。[い]彼らは自国から紙幣や硬貨をたくさん持ってこなくていいからね。

エリック：キャッシュレス決済は店員にとってもいいよ。お釣りを用意したり，レジの紙幣や硬貨を確認したりする必要がないから，5bア時間を節約できるよ。

太郎　　：いいね。キャッシュレス決済はいいところが多いけど，問題もあると思うよ。

エリック：それはどういうこと？

太郎　　：5cエスマートフォンやデビットカードを紛失した場合，見つけた人が君のお金を使うかもしれないよ。

エリック：ああ，その通りだね。気をつけないといけないよ。他には？

太郎　　：キャッシュレス決済では紙幣や硬貨が目に見えないから，お金を使いすぎていることに気づかないことがあるよ。

エリック：その通りだね。5dウ特に子どもは金銭感覚を身に付けられないかもしれないね。

太郎　　：そうだね。今後，キャッシュレス決済を使うためにもっと情報を探してみるよ。

3　【本文の要約】参照。

1(1)　質問「次郎は５歳の時に最も興味深いものを見つけましたか？」…第１段落１～２行目より，Yes で答える。

(2)　質問「最初に見つけたキノコを取ろうとしたとき，次郎を止めたのは誰ですか？」…第１段落３～４行目より，次郎の父である。Who ～？で主語を尋ねる過去形の動詞を使った疑問文では，～ did.で答える。

2　直前の Why do they emit a beautiful green light?「なぜ美しい緑色の光を放つのでしょうか？」に対して，下線部①で「はっきりとした答えがない」と言っている。ウ「なぜヤコウタケが美しい緑色の光を発するのか，はっきりとはわかりません」が適切。

3　有毒なベニテングタケが発するメッセージだから，「私を食べないで！」＝Don't eat me !などが適切。

4　仮定法過去〈主語＋would＋動詞の原形＋if＋主語＋助動詞の過去形〉「もし～だったら，…」は現実では起こり得ないことを言うときに使う。ここでは「キノコが何を話しているか理解できたら，楽しいだろう」となる。

5　ア○「名前のないキノコがたくさんあります」　イ○「ヤコウタケとベニテングタケは次郎のお気に入りのキ

ノコです」　ウ「×ヤコウタケやベニテングタケは幸せをもたらすと信じている人もいます」　エ「次郎の夢は世界中のキノコを×守ることです」

6　25 語程度の条件を守ること。(例文)「私はあなたのスピーチがとても気に入りました。何かに興味を持つことはとても大切です。私もあなたのように夢を見つけることができたらいいなと思います」

【本文の要約】

みなさんは何に興味がありますか？音楽ですか，テレビゲームですか，それともスポーツですか？1(1)私は５歳の時，家の近くの森で最も興味深いものを見つけました。キノコです。私が最初に見つけたキノコはどのような見た目だったか，はっきりと覚えています。赤くてきれいでした。1(2)私はそれを取ろうとしましたが，父に止められました。父は私に「毒キノコだ」と言いました。父は私に危険なキノコがあることを教えてくれました。帰宅後，キノコに関する本を読んで驚きました。その本には 700 種類以上のキノコの写真が載っていました。「どうしてこんなに美しいキノコが多いんだろう？」「なんで毒キノコがあるんだろう？」と思いました。これが私のキノコに対する好奇心の始まりでした。

それ以来，キノコに関する本をたくさん読んで，世界にはキノコがたくさんあることを知りました。また，5アまだ名前のないキノコがたくさんあることも知りました。私はよく家の近くの森を歩いてそのようなキノコを探そうとします。

5イそれでは，私のお気に入りのキノコを２つ紹介します。１つ目はヤコウタケです。これは日本のいくつかの島で見られるキノコで，美しい緑色の光を放ちます。多くの人がヤコウタケを見るためにそれらの島に行きます。2ウなぜ美しい緑色の光を放つのでしょうか？はっきりとした答えはありませんが，キノコが胞子を運ぶ昆虫を誘引するためにそうするのかもしれないと言う人もいます。胞子は新しいキノコが育つために必要です。

5イもう１つのお気に入りのキノコはベニテングタケです。これは私が家の近くの森で初めて見つけたキノコです。キノコのかさは美しい赤色で，一部の国ではそのキノコが幸せをもたらすと信じられています。しかし，それらは多くの動物にとって有毒で危険です。例えば，犬がそれらを食べると気分が悪くなります。なぜ毒があるのでしょうか？動物に食べられたくないのかもしれません。

それぞれのキノコは，昆虫や動物に対して異なるメッセージを発信していると感じます。例えば，ヤコウタケのメッセージは「僕のところにおいでよ」で，ベニテングタケのメッセージは「僕を食べちゃダメだよ(＝Don't eat me)！」です。昆虫や動物はこれらのメッセージを聞くことはできませんが，感じることはできます。

ところで，キノコはどのようにお互いにコミュニケーションをとっているのでしょうか？ある科学者によると，キノコは電気の信号を使っているそうです。本当のところはわかりませんが，彼らは自分たちを守るためにお互いに話しているのかもしれません。キノコが何を話しているか理解することができたら楽しいでしょう。

私は大学でキノコについてもっと研究したいです。私の夢は世界中の多くの場所を訪れ，見たことのないキノコを見つけることです。キノコのコミュニケーション方法についても，もっと研究したいです。私は子どもの頃の好奇心を失っていません。それが私の将来の夢につながりました。では，もう一度質問します。みなさんは何に興味がありますか？」みなさんの好奇心がみなさんの夢を見つけるのに役立ちます。

4　**問題Ａア**　直後の内容「私の友人のひとりが出演するから ア 。彼女のグループは午前中に演技を行い，午後にそれを繰り返すの」より，明子の友人が出演するのは午前と午後に行われる予定のダンスパフォーマンスとわかる。「私はダンスパフォーマンスが見たいな」などの英文を作る。　**イ**　天気予報より，午前中は天気が悪く，午後は天気がいいことがわかるので，午後から行われる三味線パフォーマンスと２回目のダンスパフォーマンスを見る方がよい。「午後に三味線パフォーマンスとダンスパフォーマンスを見ましょう」などの英文を作る。

問題Ｂ　20 語程度の条件を守ること。(例文)「君は日本語の練習ができて僕は君を助けられるので，僕らは日本語でメールをやり取りするべきだね」

2022 解答例 令和4年度　広島県公立高等学校

《2022　国語　解答例》

一　1．㋐かざ　㋑そこ　㋒しぼ　2．エ　3．師匠や進さんの気持ちに応えるためにも、明日こそは失敗してはいけないという気持ち。　4．(1)ア　(2)坂口さんの優しい心遣いに感謝し、葛藤を乗り越えて決意に至るまでの坂口さんの思いに共感し、自分も同じように変わっていこう　5．エ

二　1．㋐典型　㋑存在　㋒喜　2．ウ　3．側芽が頂芽となって成長し、花を咲かせることができる機会。
4．Ⅰ．いのちを復活させる力がある　Ⅱ．花の生命をいつくしむという心で花材をいけて観賞することは、その生命の有り様を見つめることであり、このことが何よりも花を生かすことにつながっている

三　1．此を知らば　2．成功すること　3．(1)成果を収めるためには、あせらず、準備をすることが大切である　(2)中学校で三年間続けた地道な努力は、今後の成功にきっとつながるはずだから、高校でもあきらめず、陸上競技部に入って活動を継続した方がよい

四　(例文)みんなの意見は、近々行われる行事に関連する絵本で、子供たちの知的好奇心が増すものがいいという点で共通しているね。私は和田さんと同じ意見で、図鑑のような絵本がいいな。海の生き物に関する図鑑のような絵本を読んであげたら、子供たちは、遠足の行き先である水族館での体験を一層楽しめるんじゃないかな。図鑑のような絵本でも、子供たちに問いかけながら読めば、物語の絵本を読み聞かせた場合と同じように、想像力を働かせたり、感情を表現したりできると思うよ。だから、私は図鑑のような絵本で読み聞かせをしたいな。

《2022　社会　解答例》

[1]　1．等高線　2．a．鹿児島　b．三つの都市では，2010 年までに新幹線が整備されていたのに対して，鹿児島では，2010 年から 2014 年の間に福岡・八代間で新幹線が整備された　3．偏西風
4．記号…A　理由…日本の方が東西や南北に国土が広がり，島も多いので，航空機と船舶の利用の割合が高いため。　5．利用者の立場からの利点…希望時刻に，希望場所に近いバス停で乗車できるので，便利になる点。
運行会社の立場からの利点…利用者の予約状況に応じてＡＩが算出した経路で運行できるので，効率的に運行でき，運行にかかる経費を削減できる点。

[2]　1．ア　2．安定的に供給することによって国民の生活を守るため。　3．A．競争　B．公正取引委員会
4．イ

[3]　1．エ　2．(1)ア　(2)イ　3．二毛作　4．エ　5．ランプ　6．和食の特徴…B　取り組み…外食の日常化やインスタント食品の普及によって家庭内で調理をする機会が減っているので，正月に地域の子供と大人が集まり，共に調理して食べる。

[4]　1．グラフⅠから，上水道の普及率の低い国は一人当たり国内総生産が低い傾向にあることが分かる。このことから，上水道の普及率を上げて「６」の目標を達成するためには，一人当たり国内総生産を増加させて，「１」の目標を達成していくことが必要であると考えられるため。　2．A．畑や水田の肥料　B．農村へ運び出された
3．記号…ア　c．産業が発展することによって，水の使用量が大幅に増加する

《2022　数学　解答例》

[1]　(1)9　(2)$7x+13y$　(3)$4\sqrt{5}$　(4)$y(x+2)(x-2)$　(5)辺ＣＦ，辺ＤＦ，辺ＥＦ　(6)－6　(7)60
(8)0.35

2 (1)紅茶…280　コーヒー…210　(2)$\sqrt{37}$　(3)①，④

3 (1)－２　(2)２，６

4 △ＡＥＣと△ＡＢＤにおいて，
半円の弧に対する円周角であるから，∠ＡＣＥ＝∠ＡＤＢ…①
平行線の錯角であるから，∠ＣＡＥ＝∠ＡＤＯ…②
ＯＡ＝ＯＤであるから，∠ＡＤＯ＝∠ＤＡＢ…③
②，③より，∠ＣＡＥ＝∠ＤＡＢ…④
①，④より，２組の角がそれぞれ等しいから，△ＡＥＣ∽△ＡＢＤ

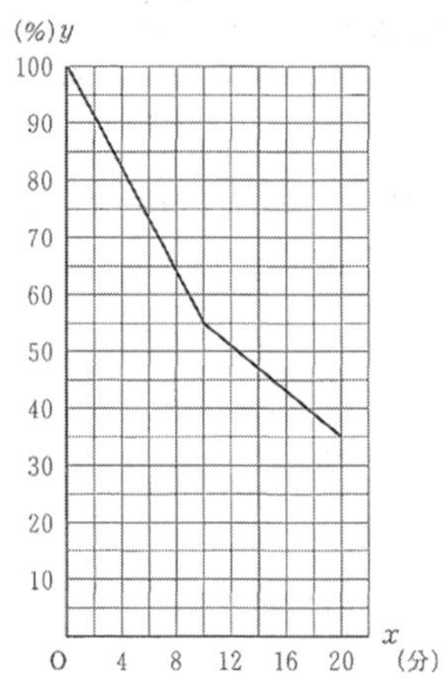

5 (1)$y=-2x+100$　(2)右グラフ　説明…往復で20分かかるが，20分後のバッテリー残量は35%である。バッテリー残量が30%以下にならないため，Ａ社のドローンは宅配サービスに使用できる。

6 (1)$\frac{1}{4}$　(2)記号…ウ　理由…先にカードを取り出す太郎さんが勝つ確率は$\frac{1}{6}$であり，後からカードを取り出す次郎さんが勝つ確率は$\frac{1}{4}$である。先にカードを取り出す人が勝つ確率より，後からカードを取り出す人が勝つ確率の方が大きいから，後からカードを取り出す人が勝ちやすい。

《2022　理科　解答例》

1 １．(1)エ　(2)表面積が大きくなるため。　２．(1)A．イ　B．エ　C．ア　D．ウ　(2)E．イ　F．逆流しない　３．G．エネルギー　H．呼吸数や心拍数を増やす　I．１回の拍動で心室から送り出される血液の量が増えている

2 １．A．陽イオン　B．陰イオン　２．C．ウ　D．オ　３．E．硫酸銅水溶液中の銅イオンが電子を受け取って銅原子になって付着する　ⅰ$Zn^{2+}+2e^-$　ⅱ$Cu^{2+}+2e^-$　４．(1)イオンへのなりやすさ　(2)エ

3 １．日周運動　２．ア　３．(1)A．66.6
B．１日中昇らない　(2)79.2
４．(1)影が見えなくなる
(2)太陽の南中高度が低く，同じ面積の地面が太陽から得るエネルギーは小さい

4 １．(1)a．振動　b．同じ速さ　(2)344
２．右図　３．(1)右図　(2)ウ

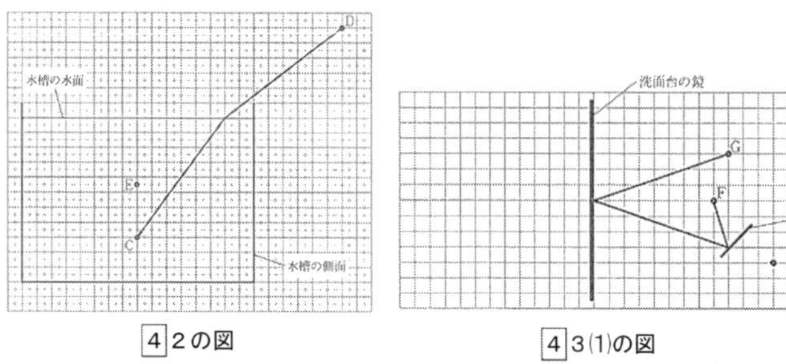

4 2の図　4 3(1)の図

《2022　英語　解答例》

1 問題A．No.１．イ　No.２．エ　No.３．ウ　問題B．What kind of books did you borrow?　問題C．I agree. If you ask him what he wants, he can get the things he wants and will be happy.

2 １．ウ　２．good　３．い　４．記号…ウ　日にち…28　５．エ

3 １．(1)Yes, he did.　(2)She started to work at Alfred's studio.　２．want people to use my furniture　３．ウ
４．learn　５．ア，イ　６．makes you feel warm and comfortable when you read books

4 問題A．ア．We played the guitar　イ．let's get some information on the Internet
問題B．記号…イ　理由…They will see the beautiful sea.　They can also get something nice at a souvenir shop.

《2022　国語　解説》

一　2　「新鮮」の二字を訓読みすると、「新しい」「鮮(あざ)やか(だ)」と読めるため、同じような意味の漢字の組み合わせ。ア.「攻(せ)める」「防(ふせ)ぐ」と読めるため、反対の意味の漢字の組み合わせ。　イ．上の漢字が下の漢字を打ち消している。　ウ.「車を洗う」のように下の漢字から上の漢字に返って読むと意味がわかる。　エ.「到達」の二字を訓読みすると、「到(いた)る」「達(たっ)する」と読めるため、同じような意味の漢字の組み合わせ。　よってエが適する。

3　※１の直前の５行「『……なんか失敗したからこそ、やらなきゃいけない気がして。』光太郎と呼ばれた兄弟子の嫌味な口調を思い出すと、胃がきゅっと絞られるように痛む。それでも、進(すすむ)さんが助けてくれた。師匠も、わざわざ篤に話をしてくれた。明日こそは失敗してはいけない。そう自分に言い聞かせ、篤(あつし)は物置に籠もった」から、篤が物置に籠もったときの気持ちを読み取ることができる。

4⑴　坂口が武藤と一緒にトレーニングをするということは、「兄弟子としてのプライドをいったん捨て、弟弟子と一緒にトレーニングをしよう」という決意なので、思いつきではなく、真剣で固い決意と言える。口にするときの「坂口さんは遠くをちらりと見て、重々しく口を開いた」という態度にも、それが表れている。よってアが適する。　⑵　このミルクティーは、坂口が篤に差し入れと言って買ってきてくれたミルクティーである。篤は、坂口の心づかいに感謝すると同時に、葛藤を乗り越えて「弟弟子と一緒にトレーニングをしようと決意」した坂口に共感し、自分自身も変わっていこうと決意を新たにした。

5　篤は「昨日までとは違い」、「心を強くもって」臨んでいる。「ふいに篤の呼び上げを下手だと笑った客の声～兄弟子の冷ややかに笑う顔が脳裏に浮かびそうに」なったが、「それらを振り払うように、見てろよと心の中で呟(つぶや)いた」。心が大事だと知った篤は、ぶれない安定した足取りで土俵にあがっているはずだ。よってエが適する。

二　3　直前の「控えていた芽」は、１段落前の「それまで成長を抑えられていた側芽」にあたる。「頂芽の花を切り取ること」で、「それまで成長を抑えられていた側芽」が「頂芽として伸び出し、花が咲く」のである。これを「表舞台に出る機会を与えられたことになる」と表現しているのだ。

4Ⅰ　第２段落に説明されている植物のもつ力に目を向ける。「植物たちがせっかく咲かせた花を切り取るのは、植物のいのちの輝きを奪い取るという、すごくひどいことをしているようで、心苦しく感じることが」ある。しかし、「植物たちには、花を切り取られても、もう一度からだをつくりなおし、いのちを復活させるという力が」あるということを知ることで軽くなる。　Ⅱ「切り取った花をいけばなで使用した場合」は、「価値ある使い方ができたと言える」理由は、「花や葉を鑑賞することは、同時にその生命のありさまを見つめることでも」あり、いけばなの技法は「花の生命をいつくしむ心から生まれている」ということ、そして「花をいけるという行為が、まず、何よりも花を生かすこと」だからである。

三　1　レ点がついているので、一字返って読む。

2　人を鳥に例えて、あせらず、準備をすれば、鳥が高く飛ぶことができるように、人も成功することができるということを言っている。

3　記事の投稿者に、「伏すこと久しき者は、飛ぶこと必ず高く」の意味をわかりやすく伝え、高校に入っても陸上競技部を続けて、地道な努力を継続した方がよいと励ます。

【漢文の内容】

長く地上に伏せて力を養っていた鳥は、必ず高く飛び、他よりも先に咲いた花は、散ってしまうこともそれだけ早い。これを知っていれば、足場を失ってよろめく心配を避けることができ、あせって気持ちがいらだつ思いを消すことができる。

《2022　社会　解説》

1　1　等高線　　等高線にそって高速道路をつくると，トンネルを掘ったり，土地を削ったりする量が減り，自然破壊がされにくくなる。扇状地の扇央部分の等高線の形状と高速道路が同じ形であることに着目する。

2　a＝鹿児島　　資料Ⅰの２つの日本列島を比較すると，九州地方と北陸地方の能登半島の形状が変わり，小さくゆがんでいることがわかる。形が小さくなるほど，東京との移動時間が少なくなることを意味しているので，2010 年～2014 年の間に新幹線について，どのような変化があったかを考える。2011 年に福岡 - 八代間の新幹線が開通し，東京から鹿児島まで全線開通した。2022 年９月には，長崎 - 武雄温泉(佐賀県)の西九州新幹線が開通予定である。

3　偏西風　　飛行機で西から東に向かって進むと偏西風(ジェット気流)を利用できるので，大圏航路を利用せずに，できるだけジェット気流に乗るようなコースがとられる。東から西に向かって進むと偏西風に逆らうことになり，向かい風の中を進むので，時間が多くかかる。２点間の最短距離を進む大圏航路を通っても，大圏航路を利用しない西から東の移動の方がかかる時間は少なくなる。

4　A　　地図Ⅲと地図Ⅳを比較すると，ドイツと日本の国土の形状に違いがあることがわかる。ドイツは国土全体が長方形に近い形をしているので，最も遠い２地点間を結んでも 500～600 ㎞程度である。しかし，日本の沖縄と北海道を結ぶ距離は 2000 ㎞以上もあり地続きにもなっていない。以上のことから，日本国内の移動には船舶や飛行機が不可欠であることがわかる。

5　利用者にとってどのような点が便利になったか，運航会社にとってどのような点が効率的になったかを考える。新しいしくみでは，自宅近くで乗車できるようになること・希望する時間に乗車できることが利用者の地点として考えられる。運航会社としては，誰も乗っていないバスを走らせる必要がないことから，経費削減できると考えられる。

2　1　ア　　需要量は買いたい量，供給量は売りたい量を表す。12 月はクリスマスケーキに多くのイチゴを使うので，イチゴの需要量が増え，需要曲線が右に移動して価格が上昇する。

2　エネルギー供給・通信関連・教育関連・公衆衛生関連など，国民の生活に直接影響のかかる費用については，国民の安定した生活を守るために，国や地方公共団体が許可したり，設定したりする必要がある。

3　A＝競争　B＝公正取引委員会　　小売業者等に商品の販売価格を指示し，これを守らせることを再販売価格維持行為という。再販売価格維持行為は，価格という競争の重要な要素を拘束しているため，原則として禁止となっている。ただし，書籍・ＣＤ等の著作物については，再販売価格維持行為は違反とならない。

4　イ　　アは，「使ったお金は，お店・会社→銀行と旅をする」と祖父が百太に言っているマンガ。イは，もらったお小遣いを，マンガ・お菓子・貯金のどれに使うかを百太が悩んでいるマンガ。ウは，クレジットカードを使っている母親を見た百太が，自分のトレーディングカードを使って商品を買おうとしているマンガ。エは，おもちゃを百太が自分で買い，自分も税金を払っていると知るマンガ。

3　1　エ　　「漢委奴国王」と刻まれた金印を奴国の王が授かった話が，『後漢書』東夷伝に記録されている。これは，弥生時代の 57 年のことである。アとウは古墳時代，イは縄文時代の説明である。

2(1) ア　飛鳥時代から奈良時代にかけては，公地公民の考えのもとで班田収授が行われ，農民は租・調・庸などの税を負担していた。調と庸は農民が都に運ぶ税で，調として集められたアワビ・サバ・塩などは，貴族や天皇の食卓に並べられた。イは平安時代，ウは江戸時代，エは鎌倉時代の統治のしくみである。(2) イ　律令制度下での税については，右表を参照。

名称	内容	納める場所
租	収穫した稲の約３%	国府
調	布または特産物	都
庸	10日間の労役にかわる布	都
雑徭	年間60日以内の労役	
衛士	１年間の都の警備	
防人	３年間の九州北部の警備	

3 二毛作　同じ土地で同じ作物を１年のうちに２度収穫すると二期作，異なる作物を収穫すると二毛作という。鎌倉時代になると，西日本を中心に米と麦の二毛作が始まった。

4 エ　17 世紀以降，オランダ・イギリス・フランスは，東インド会社を設立して，アジアとの貿易の拠点とした。江戸幕府との貿易を許されたオランダは，支配していたインドネシアのバタビア(現在のジャカルタ)に東インド会社を設立し，喜望峰廻りの航路で自国と貿易していた。

5 ランプ　解答例のランプ以外にも，洋傘・山高帽・男性の洋装などが考えられる。

6 資料Ⅴに「外食の日常化」「家庭内で調理する機会が減った」とあることから，家庭や地域で調理をする機会があるような取り組みを考える。食材や調理法の変化として，全国で調理される味噌汁・お雑煮・鍋などの違いを取り上げて，家庭や学校・地域などとつなげてもよい。

4 1 上水道の普及率が低い国は，グラフの左下に集中していることを読み取る。グラフは右に行くほど一人当たりＧＤＰが高く工業化が進んでいる国になるから，解答例のようにまとめる。

2 江戸時代，町人や武士が住む町と農民の住む村は完全に分けられていたため，町民の出すし尿は，し尿を運ぶ業者によって農村まで運ばれていた。江戸は，し尿処理だけでなく，紙くず買い・古着売り・灰買いなどのリサイクル業者がいて，捨てるものはほとんどなかったために，100 万人を超える大都市となっても清潔な状態であったと言われている。当時のヨーロッパでは，糞尿は窓から捨てられていたため，非常に不衛生だったらしい。

3 ア　グラフⅢから，アフリカの人口が 80000 万人から 100000 万人以上に増えていることを読み取る。次に表Ⅰから，アフリカのＧＤＰが３倍以上に増えていることを読み取る。人口増加と産業の発展により，たとえ一人当たりの水使用量が減っても，全体としての水使用量は増え，水不足が深刻になることが予想される。

《2022　数学　解説》

1 (1) 与式$=3+6=9$

(2) 与式$=12x+3y-5x+10y=7x+13y$

(3) 与式$=3\sqrt{5}-\sqrt{5}+2\sqrt{5}=4\sqrt{5}$

(4) 与式$=y(x^2-4)=y(x^2-2^2)=y(x+2)(x-2)$

(5) 辺ＡＢとねじれの位置にある辺は，辺ＡＢと平行でなく交わらない辺(同一平面上にない辺)なので，右図の●印の，辺ＣＦ，辺ＤＦ，辺ＥＦである。

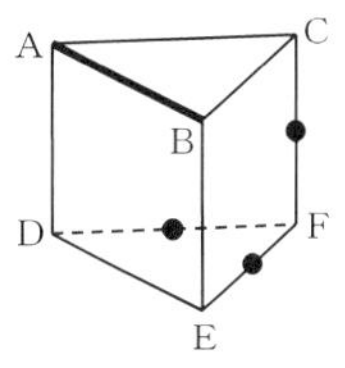

(6) $y=\frac{a}{x}$の式に$x=-3$，$y=2$を代入すると，$2=\frac{a}{-3}$　$a=-6$

(7) **【解き方】**ＢＡ＝ＢＣ，ＤＡ＝ＤＣ，ＢＤ＝ＢＤだから，△ＡＢＤ≡△ＣＢＤである。

∠ＡＢＤ＝∠ＣＢＤ＝40°　△ＡＢＤの内角の和より，∠ＡＤＢ＝180°－110°－40°＝30°

∠ＣＤＢ＝∠ＡＤＢ＝30°なので，∠ＡＤＣ＝30°＋30°＝60°

(8) **【解き方】**(相対度数)$=\frac{\text{(その階級の度数)}}{\text{(総度数)}}$で求められる。

求める相対度数は，$\frac{14}{40}=0.35$

2 (1) **【解き方】ミルクティーとコーヒー牛乳の量をともにxmL として，牛乳の量について，方程式をたてる。**

ミルクティーと牛乳の割合は(２＋１)：１＝３：１だから，ミルクティーに含まれる牛乳は，$x\times\frac{1}{3}=\frac{1}{3}x$(mL)

コーヒー牛乳と牛乳の割合は(１＋１)：１＝２：１だから，コーヒー牛乳に含まれる牛乳は，$x\times\frac{1}{2}=\frac{1}{2}x$(mL)

牛乳はちょうど 350mL 使うので，$\frac{1}{3}x+\frac{1}{2}x=350$　$\frac{5}{6}x=350$　$x=420$

よって，ミルクティーとコーヒー牛乳はともに 420mL 作るから，紅茶は $420\times\frac{2}{3}=280$(mL)，コーヒーは $420\times\frac{1}{2}=$ 210(mL)必要である。

(2) **【解き方】ＡＱ＋ＱＰが最小になるとき，３点Ａ，Ｐ，Ｑは，展開図上で一直線上にある。**

面ＯＡＢと面ＯＢＣの展開図について，右図のように作図する。△ＯＡＢ，△ＯＢＣはともに，１辺が４cmの正三角形だから，$\angle AOS=180^\circ-60^\circ-60^\circ=60^\circ$

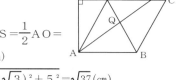

よって，△ＡＯＳは３辺の長さの比が１：２：$\sqrt{3}$の直角三角形なので，$OS=\frac{1}{2}AO=2$(cm)，$AS=\sqrt{3}OS=2\sqrt{3}$(cm)　ＰＳ＝ＰＯ＋ＯＳ＝３＋２＝５(cm)

△ＡＰＳについて，三平方の定理より，$AQ+QP=\sqrt{AS^2+PS^2}=\sqrt{(2\sqrt{3})^2+5^2}=\sqrt{37}$(cm)

(3) **【解き方】箱ひげ図からは，右図のようなことがわかる。30÷２＝15 より，中央値は，大きさ順で並べたときの 15 番目と 16 番目のデータ(記録)の平均である。また，半分にした 15 個のデータは，**

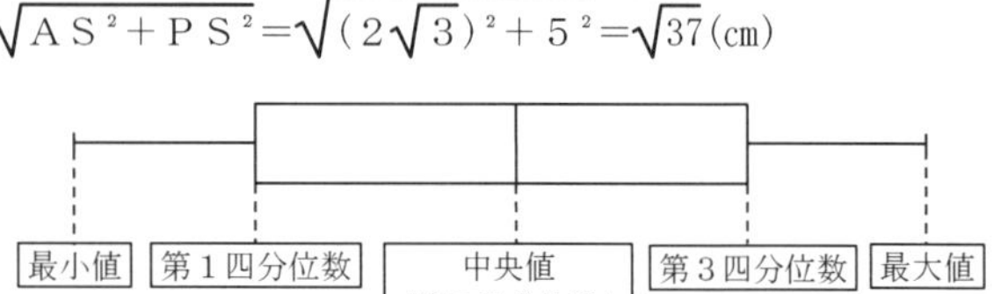

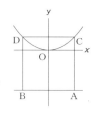

７個，１個，７個と分けることができるから，下位の 15 個のデータのうち小さい方から７＋１＝８(番目)のデータが第１四分位数，上位の 15 個のデータのうち大きい方から８番目のデータが第３四分位数となる。

①2019 年の中央値は 1000 匹未満なので，1000 匹未満であった日が 15 日以上あるとわかる。よって，正しい。

②2019 年と 2020 年の最大値が 7000 匹未満なので，正しくない。

③2021 年は，第１四分位数が 3000 匹未満，第３四分位数が 10000 匹より多いので，少ない方から数えて８番目までと多い方から数えて８番目までは確実に 3000 匹以上 10000 匹以下の日に含まれない。よって，3000 匹以上 10000 匹以下の日は最多でも 30－８－８＝14(日)だから，正しくない。

④2021 年の中央値は 4000 匹以上なので，4000 匹以上の日数は 15 日以上ある。2019 年の第３四分位数は 4000 匹未満なので，4000 匹以上の日数は７日以下である。よって，正しい。

3 (1) **【解き方】△ＯＢＡは底辺をＡＢとすると，高さが(ＯとＡのy座標の差)＝０－(－３)＝３となる。**

△ＯＢＡの面積が９なので，$\frac{1}{2}\times AB\times 3=9$より，ＡＢ＝６

よって，(Ｂのx座標)＝(Ａのx座標)－ＡＢ＝４－６＝－２

(2) **【解き方】四角形ＤＢＡＣが正方形になるとき，ＡＣ＝ＢＤで，ＡとＢのy座標が等しいことから，ＣとＤのy座標は等しいとわかる。よって，ＡとＢ，ＣとＤはそれぞれ，y軸について対称である。**

Ａのx座標をａとすると，Ｃのx座標はａ，ＢとＤのx座標はともに－ａと表せる。

Ｃは放物線$y=\frac{1}{4}x^2$上の点でx座標が$x=a$だから，y座標は$y=\frac{1}{4}a^2$となる。

ＡＢ＝(ＡとＢのx座標の差)＝ａ－(－ａ)＝２ａ，ＡＣ＝(ＡとＣのy座標の差)＝$\frac{1}{4}a^2-(-3)=\frac{1}{4}a^2+3$であり，ＡＢ＝ＡＣだから，$2a=\frac{1}{4}a^2+3$　$a^2-8a+12=0$

$(a-2)(a-6)=0$　ａ＝２，６　よって，条件に合うＡのx座標は，２と６である。

4 まず，問題文の仮定を図にかきこんで，証明のために必要な条件を探そう。条件が足りない場合は，問題の内容に応じて，図形の性質，平行線の同位角・錯角，円周角の定理などからわかることもかきこんでみよう。

5 (1) **【解き方】直線の傾きと切片から，式を求める。**

点(0，100)を通るので，直線の切片は100である。また，点(0，100)から点(4，92)まで，xが4増えるとyが100－92＝8減るから，傾きは$-\frac{8}{4}=-2$である。よって，求める式は，$y=-2x+100$である。

(2) **【解き方】荷物を載せない場合，載せる場合で，グラフの傾きは一定なので，Q島に着いたときと，P市に戻ってきたときの座標を考える。**

PQ間は12㎞で，ドローンは分速1.2㎞で移動するから，片道で12÷1.2＝10(分)かかる。

5㎏の荷物を載せる場合，図2より，グラフは2点(0，100)，(4，82)を通ることから，切片が100，傾きが$\frac{82-100}{4-0}=-\frac{9}{2}$となるので，式は$y=-\frac{9}{2}x+100$と表せる。これに$x=10$を代入すると，$y=-\frac{9}{2}\times10+100=55$になるので，Q島に着いたときのバッテリーは55％である(点(10，55)を通る)。

(1)より，荷物を載せない場合は，グラフの傾きが－2になることから，10分後は，バッテリーが2×10＝20(％)減ることがわかる。よって，出発から10＋10＝20(分後)，P市に戻ってきたときのバッテリーは55－20＝35(％)である(点(20，35)を通る)。

したがって，グラフは3点(0，100)(10，55)(20，35)を順に直線で結べばよい。

また，P市に戻ってきたときのバッテリーが30％以上あるので，宅配サービスに使用できる。

6 (1) 太郎さんのカードの引き方は，1～4の4通りある。そのうち，太郎さんが移動させた後のコマの位置がBとなるのは，太郎さんが1を引いた場合の1通りだから，求める確率は，$\frac{1}{4}$である。

(2) **【解き方】太郎さんが取り出したカードを次郎さんは取り出せないことに気を付け，取り出したカード，コマの位置，勝敗を表にまとめる。**

表にまとめると右のようになる。カードの取り出し方は全部で12通りあり，太郎さんが勝つのは2通り，次郎さんが勝つのは3通りあるので，太郎さんが勝つ確率は$\frac{2}{12}=\frac{1}{6}$，次郎さんが勝つ確率は，$\frac{3}{12}=\frac{1}{4}$となる。

次郎さんの勝つ確率の方が高いので，後からカードを取り出す人が勝ちやすい。

太郎さんが取り出したカード	太郎さんが移動させた後のコマの位置	次郎さんが取り出したカード	次郎さんが移動させた後のコマの位置	勝敗
1	B	2	D	太郎さんの勝ち
1	B	3	A	太郎さんの勝ち
1	B	4	B	引き分け
2	C	1	D	引き分け
2	C	3	B	次郎さんの勝ち
2	C	4	C	引き分け
3	D	1	A	引き分け
3	D	2	B	次郎さんの勝ち
3	D	4	D	引き分け
4	A	1	B	次郎さんの勝ち
4	A	2	C	引き分け
4	A	3	D	引き分け

《2022　理科　解説》

1 1(1) エ○…表1より，はく息より吸う息に多く含まれるAが酸素，吸う息よりはく息に多く含まれるBが二酸化炭素である。また，図2より，Xは肺胞から血液に取り込まれているから酸素，Yは血液から肺胞に出されているから二酸化炭素である。　(2) 肺胞と同じように表面積を大きくするつくりとして，小腸の柔毛や根の根毛などがある。

2(1) 肺から戻ってきた血液は，左心房(イ)に入り，左心室(エ)から全身に送られる。全身から戻ってきた血液は，右心房(ア)に入り，右心室(ウ)から肺に送られる。

3 G．細胞内で酸素を使って栄養分を分解し，エネルギーを取り出すはたらきを細胞呼吸という。　H．結果より，運動時の方が心拍数や呼吸数が多いとわかる。　I．1分間に心室から送り出される血液の量は，1回の拍動で心室から送り出される血液の量と心拍数の積で求められる。心拍数の変化だけでは，実際に送り出される血液の量に足りないということは，１回の拍動で心室から送り出される血液の量が増えていると考えられる。

2 １　硫酸亜鉛〔$ZnSO_4$〕は，水溶液中で亜鉛イオン〔Zn^{2+}〕と硫酸イオン〔SO_4^{2-}〕に電離している。

２　もともと物質がもっているエネルギーを化学エネルギーという。また，化学変化を利用して，化学エネルギーを電気エネルギーに変換して取り出す装置を（化学）電池という。

３　銅よりも亜鉛の方がイオンになりやすいため，亜鉛板の表面では，亜鉛原子〔Zn〕が電子２個を失って，亜鉛イオン〔Zn^{2+}〕になって溶け出し，銅板の表面では，硫酸銅水溶液中の銅イオン〔Cu^{2+}〕が電子を２個受け取って，銅原子〔Cu〕になって付着する。

４(2)　表２より，ダニエル電池より電池Ⅰの方が電圧が大きいから，銅と亜鉛のイオンへのなりやすさの違いよりも，銅とマグネシウムのイオンへのなりやすさの違いの方が大きいとわかる。したがって，イオンになりやすい順は，マグネシウム＞亜鉛＞銅となる。電池Ⅱの金属のイオンへのなりやすさの違いは電池Ⅰより小さいから，電圧も小さくなる。また，ダニエル電池からもわかるように，電子はイオンになりやすい金属板から，イオンになりにくい金属板に移動するから，電流はイオンになりにくい金属板（＋極）から，イオンになりやすい金属板（－極）に流れる。よって，電池Ⅱの亜鉛板は＋極である。

3 ２　冬至の日の太陽の通り道は，アのように，秋分の日の太陽の通り道を南に平行にずらしたようになる。なお，イは日本の夏至の日，ウは日本より緯度が高い地点の秋分（春分）の日，エは日本より緯度が低い地点の秋分（春分）の日の太陽の通り道と考えられる。

３(1)　A．図３の点線（公転面に垂直な方向）より右側には太陽の光が当たり，左側には太陽の光が当たらない。地球は地軸を回転の軸として自転しているから，北極点から23.4度までの地点では太陽が沈まない現象が見られる。北極点は北緯90度だから，北緯90－23.4＝66.6（度）以北の地域では夏至の日に太陽が沈まない。

(2)　Aを通り太陽の光に平行な直線と地球の中心を通り太陽の光に平行な直線をかくと図ⅰのようになる。Aの南中高度はXである。このとき，地球の中心を通り太陽の光に平行な直線は赤道から23.4度傾いているから，Yは34.2－23.4＝10.8（度）である。平行線の錯角と対頂角は等しいから，Xは90－10.8＝79.2（度）である。なお，夏至の日の南中高度は，90－（緯度－23.4）で求めることもできる。

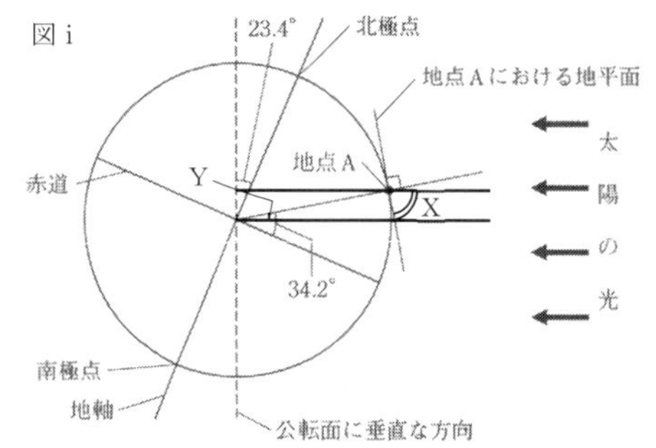

４(1)　板に垂直に固定した棒の影が見えなければ，太陽の光が光電池に垂直に当たっていると確認できる。また，棒の影が短いほど，太陽の光と光電池の角度が垂直に近いことを示す。　(2)　Pでの太陽の光の当たり方は図６の③，Qでの太陽の光の当たり方は図６の②に近いと考えられる。なお，図６の①は赤道付近の太陽の光の当たり方に近いと考えられる。

4 １(2)　音が0.25秒で進む距離がＯＰ間の距離の86mに等しいから，音の伝わる速さは86÷0.25＝344（m／s）である。

２　Cからの光は，線分ＥＤと水面との交点で屈折してDに届く。

３(1)　デンタルミラーの鏡に映って見える歯の裏側の見かけの位置は，デンタルミラーの鏡についてFと線対称な位置（F_1）になる（図ⅱ）。また，F_1が洗面台の鏡に映って見える見かけの位置は，洗面台の鏡についてF_1と線対称な位置のF_2である。　(2)　山田さんが見ている像は，２回反射して見えているので，図５と同じ向きに見える。

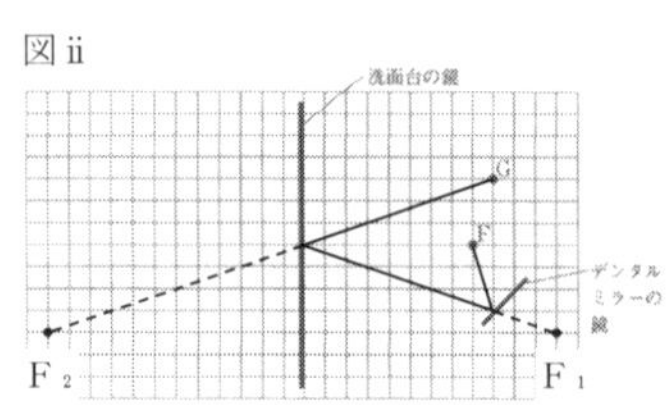

《2022　英語　解説》

1　**問題A**　**No. 1**　質問「トムの鍵はどこにありますか？」…Aの３回目の発言「見て。机の下に何かあるわ。あれは何？」とBの３回目の発言「ああ，僕の鍵だ！」より，イが適切。　**No. 2**　質問「ジョーンズ先生とカナはどのグラフを見ていますか？」…Bの１回目とAの２回目の発言「牛乳が一番人気なんだね？」→「そうです」，Aの３回目の発言「お茶よりコーヒーの方が人気があります」，Aの４回目の発言「私のクラスでは，オレンジジュースを飲む生徒は２人だけです」より，エが適切。　**No. 3**　質問「ジェームスは宿題を終えたあと，最初に何をするつもりですか？」…A「ジェームス，宿題は終わった？」→B「いや，まだだけど，すぐに終わるよ」→A「そのあと，何か予定はあるの？」→B「うん，部屋を掃除して，それからピアノの練習をするよ。どうかしたの，お母さん？」→A「夕食を作っていて，卵がもっと必要なの。買いに行ける？」→B「うん。宿題が終わったらすぐに行けるよ。他に何か必要なものはある？」→A「ええ。りんごもいくつか必要なの」→B「うん。それも買ってくるよ」より，ウ「彼は買い物に行くつもりです」が適切。

問題B　マイク「昨日駅で君を見たよ。どこに行ったの？」→広子「図書館に行ったわ。本を読むのが好きだから」→マイク「そこにはよく行くの？」→広子「毎週行っているわ。昨日はたくさんの本を借りたの」より，マイクの質問は(例文)「どんな種類の本を借りたの？」などが考えられる。「どんな種類の～？」＝What kind of ~?

問題C　【放送文の要約】参照。「この考え(父に誕生日に何が欲しいか聞くこと)についてどう思うか？」，「どうしてそう思うのか？」の２つの内容が入っている英文をつくる。賛成の場合はI agree.やI think so, too.，反対の場合はI don't agree. やI don't think so. などを使い，その理由を書こう。(例文の訳)「僕は賛成だよ。お父さんに欲しいものを聞けば，お父さんは自分が欲しいものがもらえてうれしいんじゃないかな」

【放送文の要約】

もうすぐ父の誕生日なの。私は父に何かあげたいけど，何が欲しいのかわからないわ。それで友達のひとりに何をあげればいいのか相談したわ。彼女は「お父さんに誕生日に何が欲しいか聞いた方がいいよ」と言ったわ。あなたはこの考えについてどう思う？そして，どうしてそう思うの？

2　【本文の要約】参照。

1　「英語で書かれたホームページ」となるように，過去分詞(＝written)と語句(＝in English)が後ろから名詞(＝website)を修飾する形にする。

2　直後の because 以下と次のヘレンの「よさそうね」より，京花が勧めたツアーは，歴史的な場所に興味があるヘレンにとって good「よい／ぴったりの」ものだったと考えられる。

3　「３つのツアーがあるわ」が入るのは，直後にヘレンが「どのツアーを選べばいいのかわからないわ」と答えている[い]が適切。

4　ヘレンの最後の発言「私たちの計画を変更してもいい？」より，資料２の中で京花との予定が入っている８月21 日か８月 28 日のツアーである。ヘレンの４回目の発言「私はお肉を食べたくないの」より，８月 21 日のツアー１はすき焼きレストランで昼食をとるので，ヘレンは選ばなかったと考えられる。よって，ヘレンが参加することに決めたツアーは８月 28 日のツアー３である。

5　ヘレンが８月 28 日のツアーを選んだので，資料２の８月 28 日の予定「京花と動物園に行って昼食を食べる」が変更になる。エ「一緒に動物園に行くのはいつがいい？」が適切。

【本文の要約】

京花　：ヘレン，私たちはこの夏に映画を見たり，動物園を訪れたりする予定よ。他に行きたいところはある？

ヘレン：ええ。日本の歴史に興味があるから，ここもみじ市の歴史的な場所に行ってみたいわ。何か考えはある？

京花　：ええ，英語で Aウ書かれた（＝written） ホームページを見せるわ。これを見て！ [い]３つのツアーがあるわ。

ヘレン：どのツアーを選べばいいのかわからないわ。手伝ってくれない？

京花　：もちろん，手伝うわ。

ヘレン：ありがとう。これが私の予定よ。

京花　：わかったわ。このツアーはどう？あなたに Bぴったり（＝good） よ。だってあなたは歴史的な場所に興味があるんでしょ。

ヘレン：よさそうだけど，4ウ私はお肉を食べたくないの。

京花　：じゃあ，このツアーはどう？あなたは市内で最も歴史的な場所に行けるわ。ここは私のお気に入りの場所なの。それに，私たちの町の歴史についても学ぶことができるわ。私ならこのツアーを選ぶわ。

ヘレン：このツアーが一番気に入ったけど，２学期が始まる前の最終日だから疲れたくないわ。

京花　：わかったわ。じゃあ，日曜日のこのツアーに参加するのがいいかも。

ヘレン：でも，その日は一緒に出かける予定があるじゃない。

京花　：私たちの計画は変更できるわ。もし私たちは計画を変更したくないなら，こっちのツアーを選ぶこともできるわ。きれいな花や木，石を見ることができるわ。日本の伝統的な衣装も着れるわ。あなたは火曜日は空いているでしょ。

ヘレン：このツアーもいいけど，少し高いわ。4ウ私たちの計画を変更してもいい？

京花　：いいわよ。 Cエ一緒に動物園に行くのはいつがいい？

3 【本文の要約】参照。

1(1)　質問「和子が子どものころ，父は彼女のために木の椅子を作りましたか？」…第１段落２～３行目より，Yes で答える。　(2)　質問「和子はデンマークに行ったとき，どこで働き始めましたか？」…第４段落１～２行目より，アルフレッドの工房で働き始めたことがわかる。

2　「（人）に～してほしい」＝want＋人＋to ～

3　下線部②は直前の和子の発言を指している。ウ「木のあたたかさを考えることが大切です」が適切。

4　「デンマークの家具作りについて（　　）ことに決めました」という文。前後の内容から learn「学ぶ」が入る。　・decide to ～「～することに決める」

5　ア○「和子は子どもの頃，父がどうやって家具を作るのか見るのが好きでした」　イ○「アルフレッドは和子の家具を見たとき，もっと良くなるだろうと思いました」　ウ×「和子はデンマークで木の椅子を買ったとき，ヒュッゲを感じました」…本文にない内容。　エ×「和子は×12月にデンマークから日本に帰国しました」

6　客「あなたの家具が気に入りました。素晴らしいです！私の椅子を作っていただけませんか？」→和子「かしこまりました。どこにそれを置きますか？」→客「そうですね，自分の部屋に置きたいです。毎晩そこで本を読みます」→和子「わかりました。私は［　　］椅子を作ります」…10 語程度の英語で答える。和子が意識しているヒュッゲの要素を入れる。

(例文の訳)「本を読むときにあたたかく心地よく感じられるような」

【本文の要約】

和子の父は家具職人で，家具工房をもっていました。5ア和子は子どもの頃，父がどうやって家具を作るのか見るのがとても楽しみでした。1(1)父は和子が小学校に入学したとき，彼女のために木製の椅子を作りました。彼女はとてもうれしくて，毎日それに座っていました。彼女は父の家具が大好きでした。

和子は高校を卒業して，父の家具工房で働き始めました。彼女は家具を作るのに使われる木材の種類について学びました。例えば，彼女はそれらのかたさややわらかさを学びました。父はいつも彼女に「人々に何年も私の家具を使ってほしいから，いつも家具に最適な木材を選んでいるんだ」と言いました。和子は父の考えが気に入り，彼のように働こうとしました。しかし，家具を作るとき，彼女は何かが欠けていると感じました。

2010 年のある日，ある男性が彼らの工房を訪れました。彼の名前はアルフレッドで，デンマークの家具職人でした。和子は工房を案内して彼に「家具を作るときはいつも木のあたたかさを考えています」と言いました。アルフレッドは彼女の家具を見て「君の考えもいいけど，私たちはデザインのあたたかさも考えているよ。5ィ君の家具は素敵だけど，もっと良くなるね」と言いました。それから彼は「僕の工房に来ない？」と言いました。１週間後，和子は３か月間，デンマークの家具作りについて学ぶ(＝learn)ことに決めました。

2010 年 12 月，和子はデンマークに行き，アルフレッドの工房で他の家具職人と仕事を始めました。彼らは木とデザインについてよく知っていました。彼らの家具は美しい曲線を描いていたので，彼女はそのデザインにあたたかさを感じました。彼女が彼らと話していたとき，彼女はあることに気づきました。デンマークの冬はとても寒くて長いので，多くの人が家で多くの時間を過ごします。彼らは寒い場所で快適な生活を送ろうとしています。だから，あたたかさを感じられる家具が欲しいのです。

和子がそのことをアルフレッドに話したとき，彼は彼女に「ヒュッゲという言葉を知ってる？」と尋ねました。「いいえ，知りません」と和子は答えました。アルフレッドは「この言葉は，あたたかく快適に感じるときに使うよ。例えば，家族と暖炉の前の椅子に座ると，ヒュッゲだよ。私たちは，ヒュッゲは生活において非常に重要だと考えているんだ。だから，家具を選ぶときは，そのことをよく考えるんだ」と言いました。和子はヒュッゲという言葉が気に入りました。彼女は父が作った木の椅子のことを思い出しました。デザインはシンプルでしたが，座っているといつも心地よさを感じました。父はこの言葉を知らないけれども，父の考え方はヒュッゲに似ていると思いました。

和子は春に日本に帰ってきました。彼女は家具を作るとき，いつもヒュッゲという言葉について考えていました。ある日，父が和子に「お前の家具はあたたかそうだ。それが好きだよ」と言いました。彼女は父に「デンマークでの体験が私を変えたの」と言いました。

4 **問題Ａア**　イラストより，彼女らはギターを弾いたことがわかる。　「ギターを弾く」＝play the guitar

イ　高齢者に甘い菓子を作ろうとしている。⑤「彼らが若いときに人気だったお菓子にするのはどう？」→⑥「いい考えね。でもよくわからないから，［イ］」の流れ。(例文の訳)「インターネットで情報を集めましょう」information「情報」を使うときは複数形にしないことに注意する。

問題Ｂ　２人が外国人観光客から得た情報に「途中で観光などをしたい」とあるので，ホテルに向かう途中で外国人観光客がやれることを 20 字程度で答える。(イの例文の訳)「彼らは美しい海を見ることができます。また，みやげ物店で素敵なものが買えます」

■ ご使用にあたってのお願い・ご注意

（1）問題文等の非掲載

著作権上の都合により，問題文や図表などの一部を掲載できない場合があります。

誠に申し訳ございませんが，ご了承くださいますようお願いいたします。

（2）過去問における時事性

過去問題集は，学習指導要領の改訂や社会状況の変化，新たな発見などにより，現在とは異なる表記や解説になっている場合があります。過去問の特性上，出題当時のままで出版していますので，あらかじめご了承ください。

（3）配点

学校等から配点が公表されている場合は，記載しています。公表されていない場合は，記載していません。

独自の予想配点は，出題者の意図と異なる場合があり，お客様が学習するうえで誤った判断をしてしまう恐れがあるため記載していません。

（4）無断複製等の禁止

購入された個人のお客様が，ご家庭でご自身またはご家族の学習のためにコピーをすることは可能ですが，それ以外の目的でコピー，スキャン，転載（ブログ，ＳＮＳなどでの公開を含みます）などをすることは法律により禁止されています。学校や学習塾などで，児童生徒のためにコピーをして使用することも法律により禁止されています。

ご不明な点や，違法な疑いのある行為を確認された場合は，弊社までご連絡ください。

（5）けがに注意

この問題集は針を外して使用します。針を外すときは，けがをしないように注意してください。また，表紙カバーや問題用紙の端で手指を傷つけないように十分注意してください。

（6）正誤

制作には万全を期しておりますが，万が一誤りなどがございましたら，弊社までご連絡ください。

なお，誤りが判明した場合は，弊社ウェブサイトの「ご購入者様のページ」に掲載しておりますので，そちらもご確認ください。

■ お問い合わせ

解答例，解説，印刷，製本など，問題集発行におけるすべての責任は弊社にあります。

ご不明な点がございましたら，弊社ウェブサイトの「お問い合わせ」フォームよりご連絡ください。迅速に対応いたしますが，営業日の都合で回答に数日を要する場合があります。

ご入力いただいたメールアドレス宛に自動返信メールをお送りしています。自動返信メールが届かない場合は，「よくある質問」の「メールの問い合わせに対し返信がありません。」の項目をご確認ください。

また弊社営業日（平日）は，午前９時から午後５時まで，電話でのお問い合わせも受け付けています。

2025 春

株式会社教英出版
〒422-8054　静岡県静岡市駿河区南安倍３丁目 12-28
TEL　054-288-2131　　FAX　054-288-2133
URL　https://kyoei-syuppan.net/
MAIL siteform@kyoei-syuppan.net

教英出版の高校受験対策

高校入試きそもんシリーズ

基礎をとことん勉強しよう

何から始めたらいいかわからない受験生へ

基礎問題集

- 出題頻度の高い問題を厳選
- 教科別に弱点克服・得意を強化
- 短期間でやりきれる

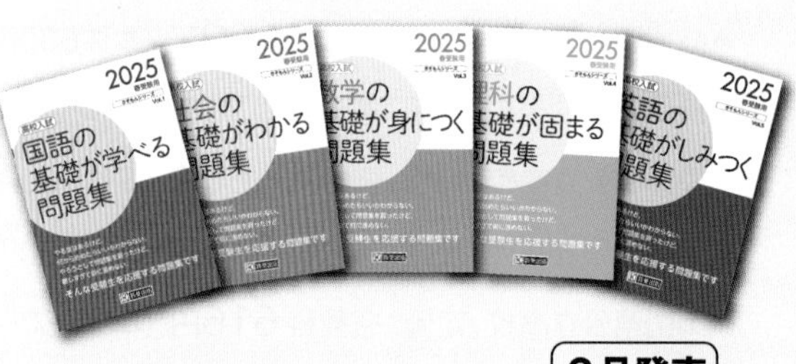

6月発売

[国・社・数・理・英]

各教科 定価：**638**円（本体580円＋税）

ミスで得点が伸び悩んでいる受験生へ

入試の基礎ドリル

- 反復練習で得点力アップ
- おかわりシステムがスゴイ!!
- 入試によく出た問題がひと目でわかる

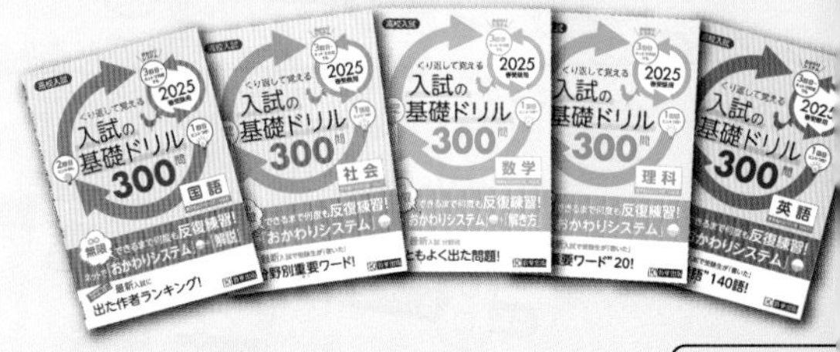

9月発売

[国・社・数・理・英]

各教科 定価：**682**円（本体620円＋税）

1・2年の復習をしよう

高校入試によくでる中1・中2の総復習

高校合格へのパスポート

- 1課30分で毎日の学習に最適
- 選べる3つのスケジュール表で計画的に学習
- 中2までの学習内容で解ける入試問題を特集

5教科収録

5月発売

定価：**1,672**円（本体1,520円＋税）

ポイントをおさえよう

受験で活かせる力が身につく

高校入試 ここがポイント！

- 学習の要点をわかりやすく整理
- 基本問題から応用問題まで，幅広く収録
- デジタル学習で効率よく成績アップ

国語・社会・英語　数学・理科

6月発売

定価：**1,672**円（本体1,520円＋税）

聴く力を鍛えよう

「苦手」から「得意」に変わる

英語リスニング練習問題

- 全7章で，よく出る問題をパターン別に練習
- 解き方のコツや重要表現・単語がわかる
- 各都道府県の公立高校入試に対応

CD付

10月発売

定価：**1,980**円（本体1,800円＋税）

教英出版 2025年春受験用 高校入試問題集

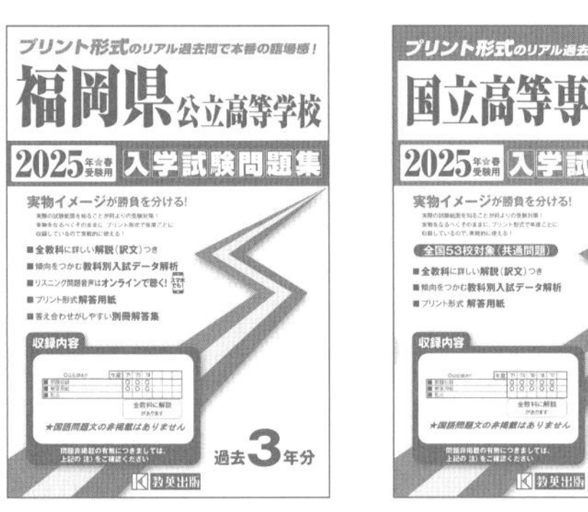

公立高等学校問題集

北海道公立高等学校
青森県公立高等学校
宮城県公立高等学校
秋田県公立高等学校
山形県公立高等学校
福島県公立高等学校
茨城県公立高等学校
埼玉県公立高等学校
千葉県公立高等学校
東京都立高等学校
神奈川県公立高等学校
新潟県公立高等学校
富山県公立高等学校
石川県公立高等学校
長野県公立高等学校
岐阜県公立高等学校
静岡県公立高等学校
愛知県公立高等学校
三重県公立高等学校(前期選抜)
三重県公立高等学校(後期選抜)
京都府公立高等学校(前期選抜)
京都府公立高等学校(中期選抜)
大阪府公立高等学校
兵庫県公立高等学校
島根県公立高等学校
岡山県公立高等学校
広島県公立高等学校
山口県公立高等学校
香川県公立高等学校
愛媛県公立高等学校
福岡県公立高等学校
佐賀県公立高等学校
長崎県公立高等学校
熊本県公立高等学校
大分県公立高等学校
宮崎県公立高等学校
鹿児島県公立高等学校
沖縄県公立高等学校

公立高 教科別8年分問題集

(2024年～2017年)

北海道(国·社·数·理·英)
宮城県(国·社·数·理·英)
山形県(国·社·数·理·英)
新潟県(国·社·数·理·英)
富山県(国·社·数·理·英)
長野県(国·社·数·理·英)
岐阜県(国·社·数·理·英)
静岡県(国·社·数·理·英)
愛知県(国·社·数·理·英)
兵庫県(国·社·数·理·英)
岡山県(国·社·数·理·英)
広島県(国·社·数·理·英)
山口県(国·社·数·理·英)
福岡県(国·社·数·理·英)

国立高等専門学校 最新5年分問題集

(2024年～2020年·全国共通)

対象の高等専門学校

釧路工業·旭川工業·
苫小牧工業·函館工業·
八戸工業·一関工業·仙台·
秋田工業·鶴岡工業·福島工業·
茨城工業·小山工業·群馬工業·
木更津工業·東京工業·
長岡工業·富山·石川工業·
福井工業·長野工業·岐阜工業·
沼津工業·豊田工業·鈴鹿工業·
鳥羽商船·舞鶴工業·
大阪府立大学工業·明石工業·
神戸市立工業·奈良工業·
和歌山工業·米子工業·
松江工業·津山工業·呉工業·
広島商船·徳山工業·宇部工業·
大島商船·阿南工業·香川·
新居浜工業·弓削商船·
高知工業·北九州工業·
久留米工業·有明工業·
佐世保工業·熊本·大分工業·
都城工業·鹿児島工業·
沖縄工業

高専 教科別10年分問題集

もっと過去問シリーズ
教科別
数学·理科·英語
(2019年～2010年)

学校別問題集

北海道

①札幌北斗高等学校
②北星学園大学附属高等学校
③東海大学付属札幌高等学校
④立命館慶祥高等学校
⑤北海高等学校
⑥北見藤高等学校
⑦札幌光星高等学校
⑧函館ラ・サール高等学校
⑨札幌大谷高等学校
⑩北海道科学大学高等学校
⑪遺愛女子高等学校
⑫札幌龍谷学園高等学校
⑬札幌日本大学高等学校
⑭札幌第一高等学校
⑮旭川実業高等学校
⑯北海学園札幌高等学校

青森県

①八戸工業大学第二高等学校

宮城県

①聖和学園高等学校(A日程)
②聖和学園高等学校(B日程)
③東北学院高等学校(A日程)
④東北学院高等学校(B日程)
⑤仙台大学附属明成高等学校
⑥仙台城南高等学校
⑦東北学院榴ケ岡高等学校
⑧古川学園高等学校
⑨仙台育英学園高等学校(A日程)
⑩仙台育英学園高等学校(B日程)
⑪聖ウルスラ学院英智高等学校
⑫宮城学院高等学校
⑬東北生活文化大学高等学校
⑭東北高等学校
⑮常盤木学園高等学校
⑯仙台白百合学園高等学校
⑰尚絅学院高等学校(A日程)
⑱尚絅学院高等学校(B日程)

山形県

①日本大学山形高等学校
②惺山高等学校
③東北文教大学山形城北高等学校
④東海大学山形高等学校
⑤山形学院高等学校

福島県

①日本大学東北高等学校

新潟県

①中越高等学校
②新潟第一高等学校
③東京学館新潟高等学校
④日本文理高等学校
⑤新潟青陵高等学校
⑥帝京長岡高等学校
⑦北越高等学校
⑧新潟明訓高等学校

富山県

①高岡第一高等学校
②富山第一高等学校

石川県

①金沢高等学校
②金沢学院大学附属高等学校
③遊学館高等学校
④星稜高等学校
⑤鵬学園高等学校

山梨県

①駿台甲府高等学校
②山梨学院高等学校(特進)
③山梨学院高等学校(進学)
④山梨英和高等学校

岐阜県

①鶯谷高等学校
②富田高等学校
③岐阜東高等学校
④岐阜聖徳学園高等学校
⑤大垣日本大学高等学校
⑥美濃加茂高等学校
⑦済美高等学校

静岡県

①御殿場西高等学校
②知徳高等学校
③日本大学三島高等学校
④沼津中央高等学校
⑤飛龍高等学校
⑥桐陽高等学校
⑦加藤学園高等学校
⑧加藤学園暁秀高等学校
⑨誠恵高等学校
⑩星陵高等学校
⑪静岡県富士見高等学校
⑫清水国際高等学校
⑬静岡サレジオ高等学校
⑭東海大学付属静岡翔洋高等学校
⑮静岡大成高等学校
⑯静岡英和女学院高等学校
⑰城南静岡高等学校
⑱静岡女子高等学校
⑲常葉大学附属常葉高等学校
　常葉大学附属橘高等学校
　常葉大学附属菊川高等学校
⑳静岡北高等学校
㉑静岡学園高等学校
㉒焼津高等学校
㉓藤枝明誠高等学校
㉔静清高等学校
㉕磐田東高等学校
㉖浜松学院高等学校
㉗浜松修学舎高等学校
㉘浜松開誠館高等学校
㉙浜松学芸高等学校
㉚浜松聖星高等学校
㉛浜松日体高等学校
㉜聖隷クリストファー高等学校
㉝浜松啓陽高等学校
㉞オイスカ浜松国際高等学校

愛知県

①[国立]愛知教育大学附属高等学校
②愛知高等学校
③名古屋経済大学市邨高等学校
④名古屋経済大学高蔵高等学校
⑤名古屋大谷高等学校
⑥享栄高等学校
⑦椙山女学園高等学校
⑧大同大学大同高等学校
⑨日本福祉大学付属高等学校
⑩中京大学附属中京高等学校
⑪至学館高等学校
⑫東海高等学校
⑬名古屋たちばな高等学校
⑭東邦高等学校
⑮名古屋高等学校
⑯名古屋工業高等学校
⑰名古屋葵大学高等学校
(名古屋女子大学高等学校)
⑱中部大学第一高等学校
⑲桜花学園高等学校
⑳愛知工業大学名電高等学校
㉑愛知みずほ大学瑞穂高等学校
㉒名城大学附属高等学校
㉓修文学院高等学校
㉔愛知啓成高等学校
㉕聖カピタニオ女子高等学校
㉖滝高等学校
㉗中部大学春日丘高等学校
㉘清林館高等学校
㉙愛知黎明高等学校
㉚岡崎城西高等学校
㉛人間環境大学附属岡崎高等学校
㉜桜丘高等学校

㉝光ヶ丘女子高等学校
㉞藤ノ花女子高等学校
㉟栄徳高等学校
㊱同朋高等学校
㊲星城高等学校
㊳安城学園高等学校
㊴愛知産業大学三河高等学校
㊵大成高等学校
㊶豊田大谷高等学校
㊷東海学園高等学校
㊸名古屋国際高等学校
㊹啓明学館高等学校
㊺聖霊高等学校
㊻誠信高等学校
㊼誉高等学校
㊽杜若高等学校
㊾菊華高等学校
㊿豊川高等学校

三重県

①暁高等学校(3年制)
②暁高等学校(6年制)
③海星高等学校
④四日市メリノール学院高等学校
⑤鈴鹿高等学校
⑥高田高等学校
⑦三重高等学校
⑧皇學館高等学校
⑨伊勢学園高等学校
⑩津田学園高等学校

滋賀県

①近江高等学校

大阪府

①上宮高等学校
②大阪高等学校
③興國高等学校
④清風高等学校
⑤早稲田大阪高等学校
（早稲田摂陵高等学校）
⑥大商学園高等学校
⑦浪速高等学校
⑧大阪夕陽丘学園高等学校
⑨大阪成蹊女子高等学校
⑩四天王寺高等学校
⑪梅花高等学校
⑫追手門学院高等学校
⑬大阪学院大学高等学校
⑭大阪学芸高等学校
⑮常翔学園高等学校
⑯大阪桐蔭高等学校
⑰関西大倉高等学校
⑱近畿大学附属高等学校
⑲金光大阪高等学校
⑳星翔高等学校
㉑阪南大学高等学校
㉒箕面自由学園高等学校
㉓桃山学院高等学校
㉔関西大学北陽高等学校

兵庫県

①雲雀丘学園高等学校
②園田学園高等学校
③関西学院高等部
④灘高等学校
⑤神戸龍谷高等学校
⑥神戸第一高等学校
⑦神港学園高等学校
⑧神戸学院大学附属高等学校
⑨神戸弘陵学園高等学校
⑩彩星工科高等学校
⑪神戸野田高等学校
⑫滝川高等学校
⑬須磨学園高等学校
⑭神戸星城高等学校
⑮啓明学院高等学校
⑯神戸国際大学附属高等学校
⑰滝川第二高等学校
⑱三田松聖高等学校
⑲姫路女学院高等学校
⑳東洋大学附属姫路高等学校
㉑日ノ本学園高等学校
㉒市川高等学校
㉓近畿大学附属豊岡高等学校
㉔夙川高等学校
㉕仁川学院高等学校
㉖育英高等学校

奈良県

①西大和学園高等学校

岡山県

①[県立]岡山朝日高等学校
②清心女子高等学校
③就実高等学校
(特別進学コース〈ハイグレード・アドバンス〉)
④就実高等学校
(特別進学チャレンジコース・総合進学コース)
⑤岡山白陵高等学校
⑥山陽学園高等学校
⑦関西高等学校
⑧おかやま山陽高等学校
⑨岡山商科大学附属高等学校
⑩倉敷高等学校
⑪岡山学芸館高等学校(1期1日目)
⑫岡山学芸館高等学校(1期2日目)
⑬倉敷翠松高等学校
⑭岡山理科大学附属高等学校
⑮創志学園高等学校
⑯明誠学院高等学校
⑰岡山龍谷高等学校

広島県

①[国立]広島大学附属高等学校
②[国立]広島大学附属福山高等学校
③修道高等学校
④崇徳高等学校
⑤広島修道大学ひろしま協創高等学校
⑥比治山女子高等学校
⑦呉港高等学校
⑧清水ヶ丘高等学校
⑨盈進高等学校
⑩尾道高等学校
⑪如水館高等学校
⑫広島新庄高等学校
⑬広島文教大学附属高等学校
⑭銀河学院高等学校
⑮安田女子高等学校
⑯山陽高等学校
⑰広島工業大学高等学校
⑱広陵高等学校
⑲近畿大学附属広島高等学校福山校
⑳武田高等学校
㉑広島県瀬戸内高等学校(特別進学)
㉒広島県瀬戸内高等学校(一般)
㉓広島国際学院高等学校
㉔近畿大学附属広島高等学校東広島校
㉕広島桜が丘高等学校

山口県

①高水高等学校
②野田学園高等学校
③宇部フロンティア大学付属香川高等学校
(普通科〈特進・進学コース〉)
④宇部フロンティア大学付属香川高等学校
(生活デザイン・食物調理・保育科)
⑤宇部鴻城高等学校

徳島県

①徳島文理高等学校

香川県

①香川誠陵高等学校
②大手前高松高等学校

愛媛県

①愛光高等学校
②済美高等学校
③FC今治高等学校
④新田高等学校
⑤聖カタリナ学園高等学校

福岡県

①福岡大学附属若葉高等学校
②精華女子高等学校(専願試験)
③精華女子高等学校(前期試験)
④西南学院高等学校
⑤筑紫女学園高等学校
⑥中村学園女子高等学校(専願入試)
⑦中村学園女子高等学校(前期入試)
⑧博多女子高等学校
⑨博多高等学校
⑩東福岡高等学校
⑪福岡大学附属大濠高等学校
⑫自由ケ丘高等学校
⑬常磐高等学校
⑭東筑紫学園高等学校
⑮敬愛高等学校
⑯久留米大学附設高等学校
⑰久留米信愛高等学校
⑱福岡海星女子学院高等学校
⑲誠修高等学校
⑳筑陽学園高等学校(専願入試)
㉑筑陽学園高等学校(前期入試)
㉒真颯館高等学校
㉓筑紫台高等学校
㉔純真高等学校
㉕福岡舞鶴高等学校
㉖折尾愛真高等学校
㉗九州国際大学付属高等学校
㉘祐誠高等学校
㉙西日本短期大学附属高等学校
㉚東海大学付属福岡高等学校
㉛慶成高等学校
㉜高稜高等学校
㉝中村学園三陽高等学校
㉞柳川高等学校
㉟沖学園高等学校
㊱福岡常葉高等学校
㊲九州産業大学付属九州高等学校
㊳近畿大学附属福岡高等学校
㊴大牟田高等学校
㊵久留米学園高等学校
㊶福岡工業大学附属城東高等学校(専願入試)
㊷福岡工業大学附属城東高等学校(前期入試)
㊸八女学院高等学校
㊹星琳高等学校
㊺九州産業大学付属九州産業高等学校
㊻福岡雙葉高等学校

佐賀県

①龍谷高等学校
②佐賀学園高等学校
③佐賀女子短期大学付属佐賀女子高等学校
④弘学館高等学校
⑤東明館高等学校
⑥佐賀清和高等学校
⑦早稲田佐賀高等学校

長崎県

①海星高等学校(奨学生試験)
②海星高等学校(一般入試)
③活水高等学校
④純心女子高等学校
⑤長崎南山高等学校
⑥長崎日本大学高等学校(特別入試)
⑦長崎日本大学高等学校(一次入試)
⑧青雲高等学校
⑨向陽高等学校
⑩創成館高等学校
⑪鎮西学院高等学校

熊本県

①真和高等学校
②九州学院高等学校(奨学生・専願生)
③九州学院高等学校(一般生)
④ルーテル学院高等学校(専願入試・奨学入試)
⑤ルーテル学院高等学校(一般入試)
⑥熊本信愛女学院高等学校
⑦熊本学園大学付属高等学校(奨学生試験・専願生試験)
⑧熊本学園大学付属高等学校(一般生試験)
⑨熊本中央高等学校
⑩尚絅高等学校
⑪文徳高等学校
⑫熊本マリスト学園高等学校
⑬慶誠高等学校

大分県

①大分高等学校

宮崎県

①鵬翔高等学校
②宮崎日本大学高等学校
③宮崎学園高等学校
④日向学院高等学校
⑤宮崎第一高等学校(文理科)
⑥宮崎第一高等学校(普通科·国際マルチメディア科·電気科)

鹿児島県

①鹿児島高等学校
②鹿児島実業高等学校
③樟南高等学校
④れいめい高等学校
⑤ラ・サール高等学校

新刊
もっと過去問シリーズ

愛知県

愛知高等学校
7年分(数学・英語)
中京大学附属中京高等学校
7年分(数学・英語)
東海高等学校
7年分(数学・英語)
名古屋高等学校
7年分(数学・英語)
愛知工業大学名電高等学校
7年分(数学・英語)
名城大学附属高等学校
7年分(数学・英語)
滝高等学校
7年分(数学・英語)

※もっと過去問シリーズは入学試験の実施教科に関わらず、数学と英語のみの収録となります。

教英出版
〒422-8054
静岡県静岡市駿河区南安倍3丁目12−28
TEL 054-288-2131
FAX 054-288-2133
詳しくは教英出版で検索
教英出版 検索
URL https://kyoei-syuppan.net/

令和６年度

広島県公立高等学校

国　　語

（９：１０～１０：００）

注　　意

1　検査開始のチャイムが鳴るまで開いてはいけません。

2　問題用紙の１ページから 10 ページに、問題が一から三まであります。
これとは別に解答用紙が１枚あります。

3　問題用紙と解答用紙に受検番号を書きなさい。

4　答えはすべて解答用紙に記入しなさい。

受検番号	第　　　　番

2024(R6) 広島県公立高
教英出版

一　次の文章を読んで、あとの問いに答えなさい。

高校二年生の亜紗（あさ）は、綿引先生が顧問を務める天文部に所属し、先輩の晴菜（はるな）たちと活動している。亜紗たちは、昨年度、天文部の活動で宇宙飛行士の花井うみかの講演会に参加した。亜紗がそのときのことを回想しながら、後輩の深野と広瀬たちに話をしている。

花井さんの話はとてもおもしろかった。

会場には、老若男女（ろうにゃくなんにょ）、さまざまな(ア)ソウの人たちが集まっていた。亜紗たちのような高校生や、それより小さい小学生、天文ファンらしき親子連れなどの姿も多く、その全員が顔を輝かせて花井さんに注目していた。本物の宇宙飛行士に会える、という［ a ］もあったろうけど、花井さんが、人を惹（ひ）きつける明瞭な話し方をしてくれるおかげで、その場の誰ひとり退屈していなかったと思う。

会場に子どもの姿が多いのを見て取って、自分がどんな小学生だったか、子ども時代、宇宙関係の本や特集記事を多く読み込んだことが現在の自分につながっていることなどを語り、来年からまた宇宙ステーションの活動に従事するにあたっての決意を口にする姿も凜々（りり）しくて、亜紗はⒶぽーっとなった。

今、頭上にある空の向こう――宇宙に、この人は本当に行ったことがあるんだ、と思ったら、そんな人とこの距離で同じ空間にいることが奇跡のように思えた。

すると、講演の最後に質疑応答の時間があり、司会の男性の「何か、会場から質問はありますか？」という問いかけに、亜紗たちの横に座っていた綿引先生がすっと手を挙げたのだ。

亜紗たちは――、たまげた。

「え、こういう時って、子どもに質問するのを譲ったりするもんじゃないの？　先生が質問するの？　ってめちゃくちゃ驚いて……。他の聴衆はみんな、花井さんの話に圧倒されてて、誰も手を挙げていないし。」

「そりゃそうですよ。え、で、綿引先生、質問したんですか？」

「うん。で、そこからがもっと驚き。」

司会が綿引先生を指し、マイクが回ってくると、綿引先生がいきなり「こんにちは、うみかさん。」と呼びかけたのだ。

それはさすがに馴（な）れ馴（な）れしいんじゃないか――と部員はみんなハラハラした。しかし、次の瞬間、①花井さんの表情に明るい光が差した。マイクを持って立つ綿引先生の姿に目を留めた彼女が、なんと、「あ、先生。」と呼びかけたのだ。

「えええええーー!!」

深野と広瀬、二人が［ b ］叫ぶ。当時の亜紗や部員たちも、さすがにその場では声にしなかったものの、心の中で激しく絶叫したから、その思いはよくわかる。

「まさか、教え子だったとか……？」

「えっ、花井さん、先生のことを知ってたってことですか？」

深野だけでなく、それまで(イ)シズかに話を聞いていた広瀬までもが聞く。問いかけに、今度は晴菜先輩が答えた。

「教え子じゃないですよ。花井さんは確かに茨城出身ですが、先生とは全然、無関係です。ただ、後で聞いたら、先生はそれまでも、花井さんが(ウ)登壇したイベントや著作のサイン会にファンとして通っていたみたいで、挨拶したり質問したりするうちに、顔を覚えてもらったようです。学校の先生だということも伝えたので、『先生』と呼ばれているんだ、と話していました。」

「すごい。」

深野が呟いた。

「教え子とかより、ある意味すごくないですか？　要するに、熱心すぎる単なるファンってことですよね。それで顔なじみになるって相当ですよ。」

「うん。だけど、そういうことを飄々とやれる人だから、花井さんも記憶に残ったんだと思う。」

綿引先生は、そうやって人の懐に入っていくのが上手だ。相手を不快にさせることなく、気づくと距離を詰めている。オンライン会議でのふるまいを見ていても感じることだった。

「先生はその時、なんて、質問したんですか？」

広瀬が聞いた。亜紗が答える。

「『今日、僕の高校の天文部の生徒たちと一緒に来ているんですが、彼らに何かメッセージをお願いしてもいいですか。』って。」

なんてことを聞くんだ――と思った。実を言えば、②亜紗はそういう感じの質問がとても嫌いだ。何かの分野の第一線で活躍している人に対してよく聞かれる「子どもたちに一言」は、大人がとりあえずする質問だ、という気がする。実のところ、そういう質問の答えを求めているのは「大人」の都合で、花井さんのことも、当の子どものこともちゃんと考えていない気がする。

だけど、この時ばかりは、亜紗はごくり、とつばを飲み込んで、花井さんの言葉を待った。ステージの上の、明るい水色のパンツスーツを着た花井さんが先生の横に座る亜紗たちを見た。通りのよい透明感のある声が一言、「星が好きですか？」と聞こえた時、全身から汗が噴き出た。自分たちに向けられた言葉だと思ったら、全身が一瞬で熱くなった。

大人の女性の、しかもとても尊敬している人の視線がこちらに向けられているのを感じると、あまりに恐れ多くて、声がうまく出せなかった。亜紗も晴菜先輩も、当時の三年生たちでさえ全員が言葉を発することなく、ただ頷いた。

花井さんがふっと微笑み、「私の(エ)憧れも、子ども時代から始まっています。」と答えてくれた。

「当時、『科学』と『学習』という雑誌が出ていて――。各学年ごと、その学年にあった読み物がたくさん載っていて、付録も魅力的で。」

花井さんがそう言うと、会場にいた大人たちから、大きな反応があったのがわかった。亜紗も雑誌の存在は知っていたが、上の年代の人たちにはより馴染み深く思えるのだろう。

「私は、クラスの子の多くが『学習』を買ってもらう中、圧倒的に自分の興味が『科学』派だ、とその本を読む中で気づきました。特に、小学五年生の時、毛利衛さんがスペースシャトル、エンデバーに(オ)搭乗した際には、その詳細な記事が読みたくて、学年の違う姉にも、その時だけ『科学』の方を買ってほしいと頼み込んで大ゲンカになったり。姉は

『学習』派だったので。」
　花井さんが、ふふっと笑った。
「皆さんも、自分が何を好きなのか、ある日、気づいたらそうだった、ということがあると思います。そして、私は、そういうものに恵まれた自分がとても幸せだったのだということを、今、実感しています。皆さんは高校生ですよね？」
　亜紗たちがぎくしゃくと頷くと、花井さんが言った。
「現実的に進路を考えると、好きなことと向いていること、得意なことや苦手なことのギャップで苦しむ時もくるかもしれない。好きだけど、進学先や、職業にするのには向いていない、ということもひょっとするとあるかもしれません。だけど、もし、そちらの方面に才能がない、と思ったとしても、最初に思っていた『好き』や興味、好奇心は手放さず、それらと一緒に大人になっていってください。」
　花井さんのその時の答えは、Ⓑあまりにぽーっとなりすぎたせいで、正直、その場で完全に理解できたとは言えなかった。

（辻村深月（つじむらみづき）「この夏の星を見る」KADOKAWAによる。）

1　㋐～㋔について、漢字には読みを書き、カタカナにはそれに当たる漢字を書きなさい。

2　[a] に当てはまる最も適切な語を、次の**ア**～**エ**の中から選び、その記号を書きなさい。

ア　安心感　**イ**　高揚感　**ウ**　親近感　**エ**　解放感

3　①花井さんの表情に明るい光が差したとあるが、次の文は、花井さんが、このような表情になった理由について述べたものです。空欄**I**に当てはまる最も適切な語を、本文中から四字で抜き出して書きなさい。

　質疑応答の際に質問してきた綿引先生が、以前からの（　**I**　）だったから。

4　[b] に当てはまる最も適切な表現を、次の**ア**～**エ**の中から選び、その記号を書きなさい。

ア　そっと目をそらして　**イ**　ぎゅっと口を結んで
ウ　目をまん丸にして　**エ**　口をつんととがらせて

5　②亜紗はそういう感じの質問がとても嫌いだ とあるが、次の文は、亜紗がそうした質問を嫌う理由について述べたものです。空欄Ⅱに当てはまる適切な表現を、四十字以内で書きなさい。

綿引先生が花井さんにした質問は、「子どもたちに一言」というような質問であり、それは、（　　　Ⅱ　　　）と感じられるから。

6　Ⓐ・Ⓑの描写について、国語の時間に生徒が班で話し合いをしました。次の【生徒の会話】はそのときのものです。これを読んで、空欄Ⅲに当てはまる適切な表現を、二十五字以内で書きなさい。また、空欄Ⅳに当てはまる適切な表現を、四十五字以内で書きなさい。

【生徒の会話】

清水：「ぽーっと」という描写が二回出てきているけど、何か違いはあるのかな。

川上：Ⓑでは、「あまりにぽーっとなりすぎた」とあるよね。Ⓐのときよりも、「ぽーっと」した感じが強くなっている感じがするね。

藤井：Ⓐのときは、講演会での花井さんの話を聴いたり、凜々しい姿を見たりして「ぽーっとなった」のではないかな。

村上：そうだね。だけど、それだけかな。本当に宇宙に行ったことのある宇宙飛行士の花井さんと（　　　Ⅲ　　　）ことも、「ぽーっとなった」ことに関係していると思うよ。そして、Ⓑのときは、（　　　Ⅳ　　　）から「あまりにぽーっとなりすぎた」のだと思うよ。

清水：なるほど。そうかもね。だから、Ⓑでは、「あまりにぽーっとなりすぎた」と描写されているのかもしれないね。

2024(R6) 広島県公立高
教英出版

二　次の文章を読んで、あとの問いに答えなさい。

　生物は、それぞれの生息・生育環境での暮らしに適した性質をもっています。雪が降る季節には体色を茶色から白に変えて敵から見つかりにくくなるウサギは、わかりやすい例でしょう。これは、生物がおかれた環境のもとで上手（うま）く暮らせる性質をもったものが生き残り、より多くの次世代を残してきた結果と考えられます。生物の［ a ］が環境条件にうまくあっていることを、「生物が環境に適応している」といいます。

　温暖化のような気候変化は、それまでの環境に適応していた生物に不利益をもたらすことがあります。一例を挙げましょう。北海道で早春に咲くエゾエンゴサクという植物は、やはり早春に花の蜜を吸うために盛んに活動するマルハナバチの女王に花粉を運んでもらうことで、種子をつくることができます。エゾエンゴサクは雪解けを主な刺激として開花します。近年、気候変動により雪解けの時期が早まっているため、このままの傾向が進むとマルハナバチが冬眠から目覚める前に花を咲き終えてしまうため、エゾエンゴサクは繁殖に失敗しやすくなることが指摘されています。このようなことが続くと、生物は絶滅してしまうかもしれません。

　［ b ］、気候変動が常に生物の絶滅をもたらすわけではありません。一般論として、環境の変化に対する生物の反応は主に三つに分けられます。分布域の変化（＝暮らしやすい場所への生物の移動）、順応（＝遺伝子の変化を伴わない性質の変化）、進化（＝遺伝子の変化を伴う性質の変化）です。

　分布の変化は、その生物の生育・生息に適した場所が大きく繋（つな）がり広がっている場合や、高い移動・分散をする能力を備えている場合の反応です。海洋の魚類では、気候変動に対応した分布の変化が多数報告されています。

　順応とは、個体の生涯の期間で生じる「環境に対応した変化」です。温帯で暮らしていた人が熱帯に移住すると、発汗機能が向上したりします。これは遺伝子が変化したわけではないので、進化とは呼びません。生物の多くは環境の変化に対して順応する能力をもっていますが、反応できる変化の幅には限界があります。

　進化は、ある環境で何度も世代を経ることで、その集団の遺伝的な特徴が変化する現象を指します。進化は次の三つの条件がそろったときに生じます。それは、①集団の中に特徴の異なる個体が存在すること、②その特徴の違いが遺伝子の違いに起因すること、③その特徴の違いに応じて生存率や繁殖率が異なること、という条件です。生物集団の中に「暑さへの耐性」に関する性質に違いがある個体が存在し、その性質は遺伝的なものであり、かつその性質をもった個体が他の個体よりも多くの子孫を残すならば、その生物は暑さへの耐性をもつように進化します。

　気候変動は急速に進行する、大きな環境変化です。順応によって対応できる範囲を超えることもしばしばあるため、生物が長期にわたって存続するためには、分布域を変化させるか、進化するしかありません。分布域の変化も、順応も、進化もうまくいかなかった場合、待っているのは絶滅です。

　気候変動が生物の進化を引き起こしたと考えられている実例は、すでに報告されています。イギリスの湖においてミジンコの性質の変化を調べた研究では、一九六〇年代から二〇〇〇年代までの間に、高温に耐性をもつ個体が増加したことが示唆されています。また、フランスの耕地雑草である一年生植物ヤグルマギクの研究では、一九九二年に採取し保存されていた種子と、二〇一〇年に採取された種子を同じ条件の畑に蒔（ま）いて育てた結果、二〇一〇年の種子のグループの方が平均四日ほど早く開花し、これは開花にかかわる遺伝子が変化した結果であることが示唆されています。

このような例はあるものの、気候変動がもたらした進化の例は、多くはありません。上で挙げたミジンコとヤグルマギクに共通する特徴として、世代時間（次の世代を残すまでの時間）が短いことが挙げられます。進化は世代を超えた遺伝子の変化なので、世代時間が短い生物の方が高速に進みます。逆に、樹木のように世代時間が長い生物は進化の速度が遅いため、気候変動に追随した変化が容易ではありません。［　C　］。気候変動という急流に流されずに存続するのは容易ではないのです。

現在進行している気温上昇などの気候変動の特徴は、過去の地球で生じた気候変動よりも速度が速いことが特徴です。そのため多くの生物にとっては存続を脅（おびや）かす危機になります。現代から二〇五〇年までの間に二度を超える気温上昇が生じた場合、地球全体では三割以上の種が絶滅する危険があるという予測もあります。現在進行中の気候変動はそれほど深刻なのです。

ここまで、気温の上昇に追随した進化が可能か？　という観点から説明してきました。しかし、気候変動が生物に与える影響はより複雑です。生物は、温度や降水量といった気象条件だけでなく、餌の分布と種類、天敵や病原菌の種類など、さまざまな要因に対して適応しています。気候変動に伴って生物の分布や性質が変化すると、その生物と関係して暮らしていた他種の生物も影響を受けます。それは時には絶滅をもたらすほどの効果をもつこともあります。

たとえば氷河期に大繁栄したマンモスは「暑さに耐えられずに」絶滅したわけではないと言われています。複数の要因が影響したと考えられていますが、特に影響が強かった要因として「植生の変化」を挙げる説があります。気候の温暖・湿潤化に伴い、それまで餌場として利用していた草原が樹林に変化したために、個体数が大幅に減少したという意味です。もしそうなら、草や木の分布や量の変化が、それを餌としていた動物の絶滅をもたらした例と言えます。

いままで花粉を運んでくれていたハチが北に移動してしまったら？　これまで害虫を食べてくれていたカエルが別の食べ物を選ぶようになったら？　気候変動がもたらしうるこれらの変化は、間接的に別の種の衰退をもたらすかもしれません。

①気候変動は地球の生態系の姿を大きく変える可能性があり、その影響は十分に予想できません。なるべく進行を遅らせる努力をしつつ、自然の仕組みの理解や、賢明な適応のあり方の検討を進めることが重要です。

（気候変動適応情報プラットフォームによる。）

https://adaptation-platform.nies.go.jp/climate_change_adapt/qa/03.html

1 [a] に当てはまる最も適切な語を、この文章の第一段落から二字で抜き出して書きなさい。

2 [b] に当てはまる最も適切な語を、次の**ア**～**エ**の中から選び、その記号を書きなさい。

ア たとえば　**イ** しかし　**ウ** または　**エ** さらに

3 [c] に当てはまる最も適切な表現を、次の**ア**～**エ**の中から選び、その記号を書きなさい。

ア 進化の速度が気候変動の速度よりも緩やかであれば、絶滅を避けることができるかもしれませんが、進化の速度が気候変動の速度よりも速ければ絶滅します

イ 生物によっては、気候変動によって世代時間が短くなり、それが要因となり絶滅します

ウ 気候変動の速度に比べ進化の速度が十分に速ければ、絶滅せずに「変化しながら残る」ことになり、逆に進化の速度が追いつかなければ絶滅します

エ 生物の世代時間が長ければ、遺伝子の変化が世代を超えて生じ、絶滅せずに「変化しながら残る」ことになります

---

4 ①気候変動は地球の生態系の姿を大きく変える可能性があり とあるが、気候変動が生態系の姿を大きく変える可能性がある理由を、この文章における筆者の主張を踏まえて、八十字以内で書きなさい。

5 総合的な学習の時間に海の環境問題をテーマに学習しているある班の生徒は、本文を読んで、気候変動が生物に与える影響について関心をもち、海洋生物に対する影響について、インターネットで調べることにしました。次の【記事の一部】は、この班の和田さんが見付けたものです。また、【生徒の会話】は、班員が【記事の一部】を読んで行ったものです。これらを読んで、あとの(1)・(2)に答えなさい。

【記事の一部】

気候変動による海水温の上昇と海水に溶ける酸素の減少によって、マグロやハタから、サケ、オナガザメ、タラに至るまで、数百種の魚がこれまで考えられていた以上のペースで小型化している。二〇一七年八月二十一日付の科学誌「Global Change Biology」誌に掲載された論文でそんな結論が導き出された。

海水の温度が上昇すると、海の生きものの代謝が盛んになる。そのため、魚やイカをはじめ、生物は海水からより多くの酸素を取り込む必要が生じる。しかしその一方で、海水に溶ける酸素の量は水温が高くなるほど減る。この酸素の減少は、多くの海ですでに起きていることが指摘されている。

（「温暖化で魚が小型化している、最新研究、反論も」ナショナルジオグラフィックによる。）
https://natgeo.nikkeibp.co.jp/atcl/news/17/082300318/

【生徒の会話】

和田：記事に書かれている魚の小型化は、本文で筆者が述べている分布域の変化、順応、進化という（　Ⅰ　）の一つの具体的な事例として捉えることができるよね。

田中：そうだね。気候変動による海水温の上昇によって魚が小型化するんだね。知らなかったな。この記事を私たちのまとめるレポートに引用しようよ。きっとみんなも驚くと思うよ。

木村：ちょっと待って。魚が小型化しているのは、人間がかつてある時期にその魚の大型の個体を乱獲したからだという説を、前に聞いたことがあるのだけれど、魚の小型化には、海水温の上昇と乱獲のどちらが影響しているのだろう。

田中：引用するなら、調べておいた方がいいよね。

和田：仮に、海水温の上昇が魚の小型化に影響しているとするならば、（　Ⅱ　）があればいいのではないかな。

木村：そのようなデータがあれば、よさそうだね。

(1)　空欄Ⅰに当てはまる最も適切な表現を、本文の第三段落から第六段落までの中から十四字で抜き出して書きなさい。

(2)　空欄Ⅱに当てはまる最も適切な表現を、次の**ア**～**エ**の中から選び、その記号を書きなさい。

ア　乱獲された時期に関係して、魚が小型化していることを示すデータと、海水温の上昇に伴って、魚が小型化していることを示すデータ

イ　乱獲された時期に関係なく、魚が小型化していることを示すデータと、海水温の上昇に伴って、魚が小型化していることを示すデータ

ウ　乱獲された時期に関係して、魚が小型化していることを示すデータと、海水温の上昇に関係なく、魚が小型化していることを示すデータ

エ　乱獲された時期と海水温の上昇のどちらにも関係なく、魚が小型化していることを示すデータ

三　次の文章を読んで、あとの問いに答えなさい。

魯（ろ）の国には、他国に捕らわれた自国の人を、金を払って救出した人に対して、後に国がその金を支払うという法があった。孔子の弟子の賜（し）は、金を払って魯の国の人を救出したが、国からの金を受け取らなかった。

【書き下し文】

孔子①曰（い）はく、「賜之（これ）を失せり〔間違っている〕。今より以往、魯人、人を贖（あがな）はざらん〔救出しなくなるだろう〕。其（そ）の金を取るとも、則（すなわ）ち行ひに損する〔善行を損なう〕無く、其の金を取らざれば、則ち復（ま）た〔二度と〕人を贖はず。」と。

子路（注）、溺者を拯（すく）ふ〔救助した〕。②其の人之を拝する〔謝礼する〕に牛を以（もっ）てし、子路之を受く。孔子曰はく、「魯人必ず溺者を拯はん〔救助するだろう〕。」と。

孔子之を見るに細を以てし、化を観（み）ること遠き〔成り行きを遠くまで見通していた〕なり。

【漢文】

孔子曰ハク、「賜失セリレ之ヲ矣。自リレ今以往、魯人、不ザランレ贖ハレ人ヲ矣。取ルトモ二其ノ金ヲ一、則チ無クレ損スル二於行ヒニ一、不ザレバレ取ラ二其ノ金ヲ一、則チ不ズト二復タ贖ハ一レ人ヲ矣。」

子路、拯フ二溺者ヲ一。其ノ人拝スルニレ之ヲ以テシレ牛ヲ、子路受クレ之ヲ。孔子曰ハク、「魯人必ズ拯ハント二溺者ヲ一矣。」

孔子③見ルニ之ヲ以テシレ細ヲ、観ルコトレ化ヲ遠キなり也。

（「呂氏春秋（りょししゅんじゅう）」による。）

（注）子路＝孔子の弟子。

1　①曰はくの平仮名の部分を、現代仮名遣いで書きなさい。

2　②其の人とは、誰のことですか。次のア〜エの中から最も適切なものを選び、その記号を書きなさい。

ア　孔子　**イ**　賜　**ウ**　子路　**エ**　溺者

3　③見ルニ之ヲに、【書き下し文】の読み方になるように、返り点を書きなさい。

4　国語の時間に生徒がこの文章を読んで、班で話し合いをしました。次の【生徒の会話】はそのときのものです。これを読んで、空欄Ⅰに当てはまる適切な表現を、現代の言葉を用いて、八十字以内で書きなさい。

【生徒の会話】

青木：賜も子路も、人を救ったんだよね。それなのに、孔子は、どうして賜のことを「間違っている」と言ったのだろう。

西田：私もそう思う。孔子は、人々の手本となるような行動を取るように弟子たちを教育していたらしいし、人を救って、金を受け取らなかったという賜の行動は、それにふさわしいと思うけど。

今井：「化を観ること遠きなり」とあるよね。孔子は、弟子たちの行動が、後々に与える影響を考えたのだと思うよ。人々の手本となるべき賜の取った行動が、後々に与える影響を考えてみたらよいと思うよ。

青木：それを踏まえると、孔子は、（　　　Ⅰ　　　）から、「魯人、人を贖はざらん」と考えて、賜の行動を「間違っている」と言ったのかな。

西田：なるほど。そういえそうだね。

2024(R6) 広島県公立高
教英出版

社　会

（10：20～11：10）

注　意

1　検査開始のチャイムが鳴るまで開いてはいけません。
2　問題用紙の1ページから12ページに、問題が[1]から[4]まであります。
これとは別に解答用紙が1枚あります。
3　問題用紙と解答用紙に受検番号を書きなさい。
4　答えはすべて解答用紙に記入しなさい。

受検番号	第　　　　番

1 日本の地理に関して、あとの1～4に答えなさい。

1　次の地図Ⅰを見て、あとの（1）・（2）に答えなさい。

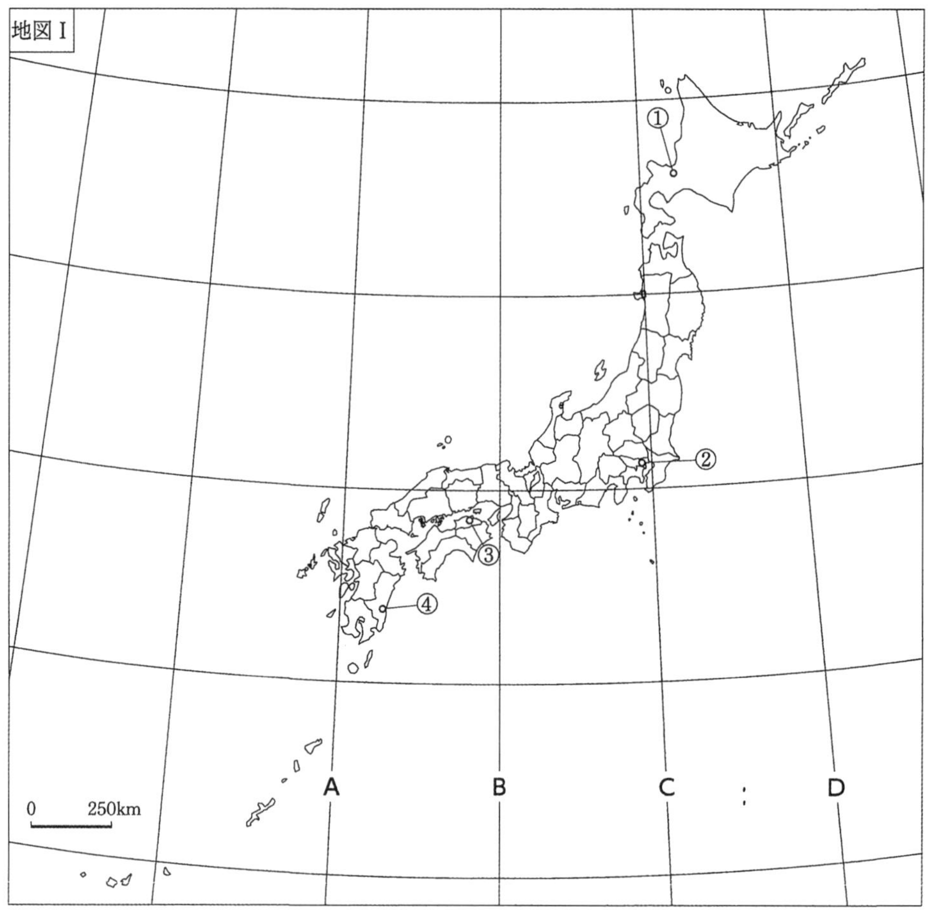

（1）地図Ⅰ中のA～Dの経線の中で、日本の標準時子午線に当たるものはどれですか。その記号を書きなさい。

2024(R6) 広島県公立高
K 教英出版

（2）次の**ア**～**エ**は、地図Ⅰ中の①～④の都市のいずれかの雨温図を示しています。**ア**～**エ**の中で、③の都市の雨温図に当たるものはどれですか。その記号を書きなさい。

ア

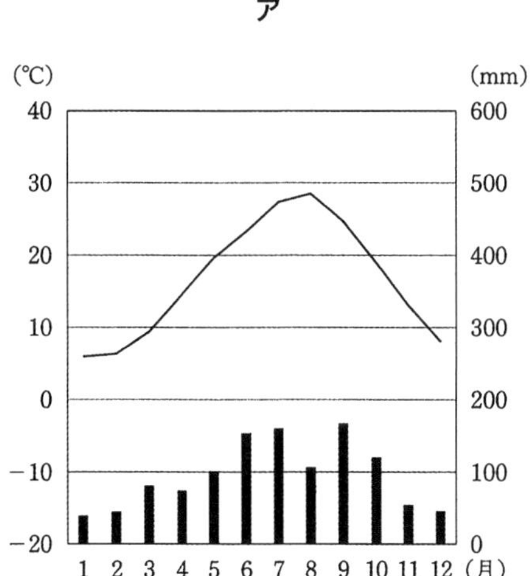

イ

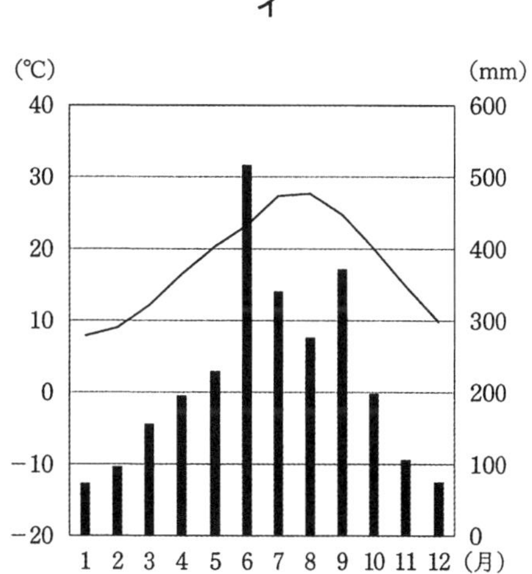

ウ

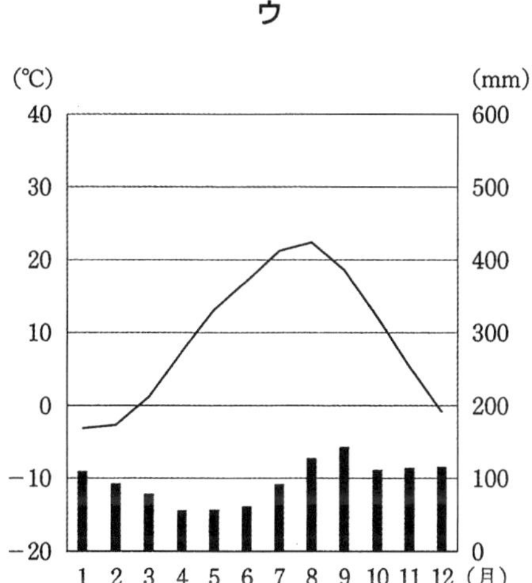

エ

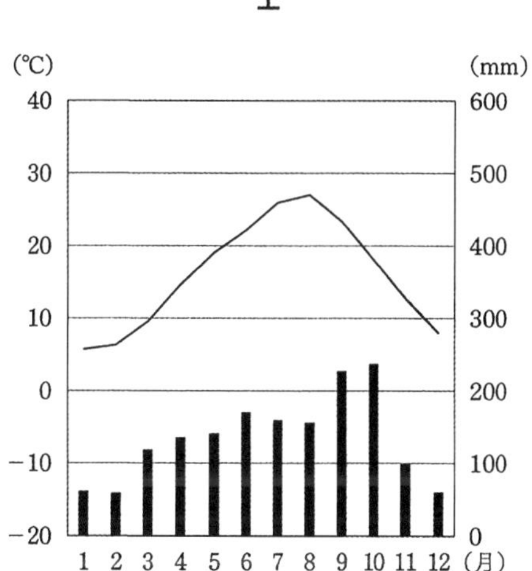

（気象庁ウェブページにより作成。）

2　次の**ア～エ**の地図には、火山災害、高潮、津波、土砂災害の、いずれかの災害の自然災害伝承碑の位置を示しています。**ア～エ**の中で、津波の自然災害伝承碑の位置を示したものはどれですか。その記号を書きなさい。

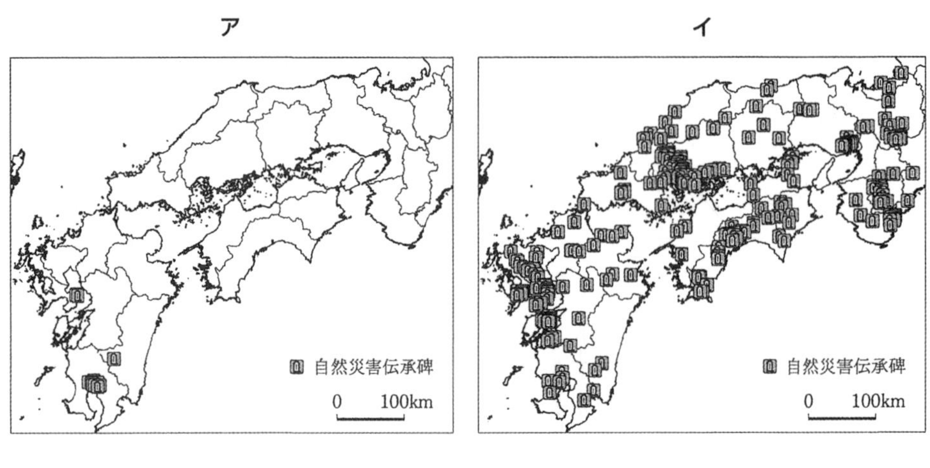

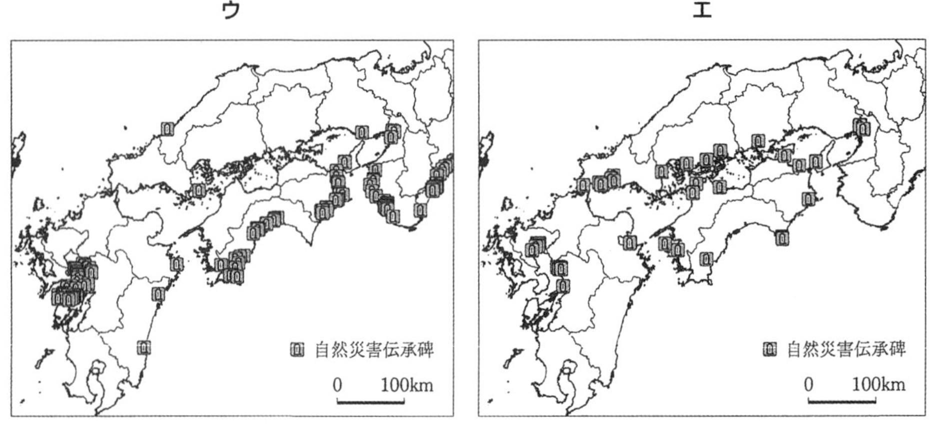

（地理院地図ウェブページにより作成。）

3　次の地形図Ⅰ・地形図Ⅱは、それぞれ2002年と2015年に発行された、富山市の同じ地域の２万５千分の１の地形図の一部であり、いずれも同じ範囲を示しています。下の**ア**～**エ**の中で、地形図Ⅰ・地形図Ⅱを比較して読み取れることについて述べた文として最も適切なものはどれですか。その記号を書きなさい。

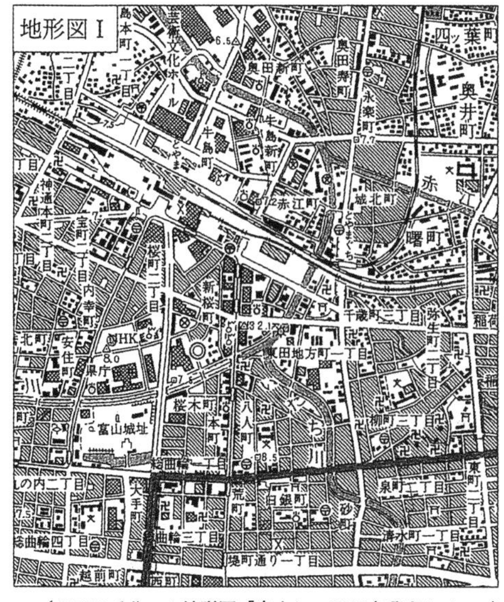

（２万５千分の１地形図「富山」　2002年発行による。）

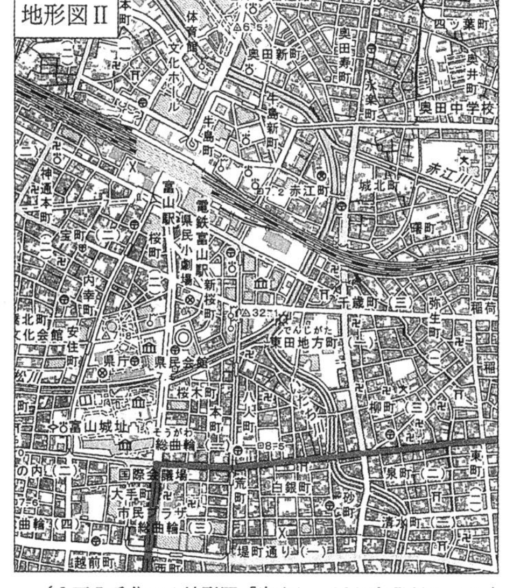

（２万５千分の１地形図「富山」　2015年発行による。）

ア　地形図Ⅰ中でも地形図Ⅱ中でも、富山口駅を通るＪＲ線が存在している。

イ　地形図Ⅰ中で富山駅の東寄りにある消防署が、地形図Ⅱ中では富山駅の西寄りにある。

ウ　地形図Ⅱ中では、路面電車の軌道が環状になっている。

エ　地形図Ⅱ中では、変電所の北側に面した道路に路面電車が通っている。

4　右の表Ⅰは、東京都中央卸売市場への３月及び９月の菊の出荷総量と、そのうちの沖縄県産の菊の出荷量を示したものです。沖縄県産の菊の出荷量が、９月に比べて３月に多いのはなぜだと考えられますか。その理由を、「輸送費」、「気候」、「生産費」の語を用いて簡潔に書きなさい。

表Ⅰ　東京都中央卸売市場への菊の出荷量（月別、2022年）

（万本）

	３月	９月
菊の出荷総量	3,023	2,933
沖縄県産の菊の出荷量	1,236	3

（東京都中央卸売市場ウェブページにより作成。）

2 次の年表は、日本の交通に関することがらについてまとめたものです。あとの1～6に答えなさい。

時代	日本の交通に関することがら
平安時代	①平安京と地方を結ぶ道路を通って調・庸が運搬された。
鎌倉時代	鎌倉幕府によって、②鎌倉と京都を結ぶ道路が整備された。
室町時代	馬借とよばれる運送業者が、年貢などの物資を運搬した。
安土桃山時代	③織田信長によって、各地の関所が廃止された。
江戸時代	江戸幕府によって、④五街道が整備された。
明治時代	新橋・横浜間に⑤鉄道が開通した。

1　下線部①に関して、794年に都が平安京とされました。このときの天皇は誰ですか。次の**ア**～**エ**の中から選び、その記号を書きなさい。

ア　天武天皇　　**イ**　聖武天皇　　**ウ**　桓武天皇　　**エ**　後醍醐天皇

2　下線部②に関して、次の文章は、鎌倉幕府が各地と迅速に通信や連絡ができるよう設けた制度について述べたものです。下の**ア**～**エ**の中で、文章中の［　　　　］に当てはまる内容として最も適切なものはどれですか。その記号を書きなさい。

> 鎌倉幕府は東海道の整備に努め、一定距離に馬・人夫を常備し、人・物を素早く順々に送る駅制を設けたため、鎌倉―京都間は3日間で連絡することができるようになった。やがて、［　　　　］ため、駅制を九州にまで延長した。

ア　応仁の乱が起こった
イ　奥州藤原氏を滅ぼす
ウ　保元の乱が起こった
エ　元軍による襲来を受けた

3　下線部③に関して、次の**ア**～**エ**の中で、織田信長が各地の関所を廃止した主な理由について述べた文として最も適切なものはどれですか。その記号を書きなさい。

ア　キリスト教が広がることを防ぐため。
イ　商工業者に自由な経済活動を行わせるため。
ウ　百姓による一揆などの抵抗を防ぐため。
エ　朝鮮通信使の移動を円滑にするため。

2024(R6) 広島県公立高
教英出版

4　下線部④に関して、次の文章は、江戸時代の絵画と庶民の旅への関心の高まりとの関連について述べたものであり、資料Ⅰは、江戸時代に描かれた絵画です。文章中の［　　　］に当てはまる適切な語を書きなさい。

> 江戸時代に発達した絵画である［　　　］では、錦絵とよばれる多色刷りの技術が進んだ。旅人が東海道を通る様子が描かれた資料Ⅰのような風景画が流行したことなどにより、庶民の旅への関心が高まった。

（国史大辞典による。）

5　下線部⑤に関して、右の資料Ⅱは、明治時代に整備された鉄道の路線の一部を示しています。資料Ⅱ中の「1884年以降に開通した鉄道の路線」が整備されたことによって、資料Ⅱに示した群馬県の五つの都市から横浜までの区間が鉄道でつながるようになりました。この区間が鉄道でつながるようにしたのはなぜだと考えられますか。その主な理由を、資料Ⅱに示した群馬県の五つの都市で当時共通して盛んだった産業と、当時の輸出の特徴とに触れて、簡潔に書きなさい。

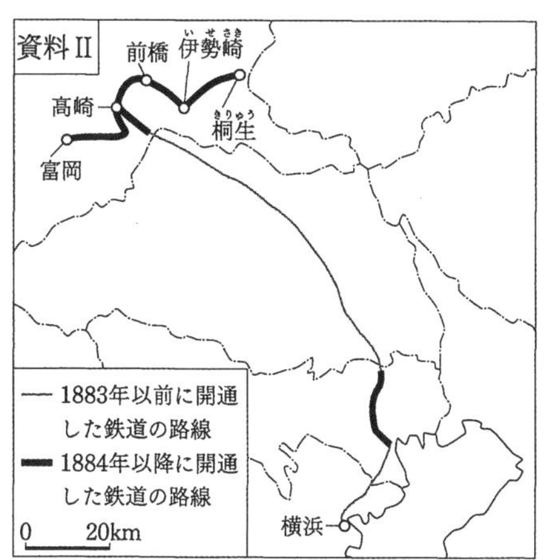

6　次の文章は、ある時期に発達した米市について述べたものです。下の**ア**～**エ**の中で、この文章中の米市が発達した背景について述べた文として最も適切なものはどれですか。その記号を書きなさい。

> 北浜は淀川に面して水運の便がよく、当時の豪商であった淀屋が米市を開いた。この淀屋の米市は、北浜の米市ともいわれ、当時の書物には、北浜の米市は、大阪が日本第一の港だからこそ、二時間ぐらいの間に五万貫目もの取り引きがあるという内容が書かれている。

ア　15世紀に、定期市での米などの取り引きにおいて、輸入された明銭が使用された。
イ　17世紀に、諸藩の蔵屋敷が置かれ、年貢米や特産物が売りさばかれた。
ウ　19世紀に、地租改正が行われ、税が米ではなく現金で納められるようになった。
エ　20世紀に、シベリア出兵に向けて、米の買い占めが行われた。

3 あとの1・2に答えなさい。

1 次の図Ⅰは、日本の三権分立のしくみの一部を示したものです。下の（1）～（3）に答えなさい。

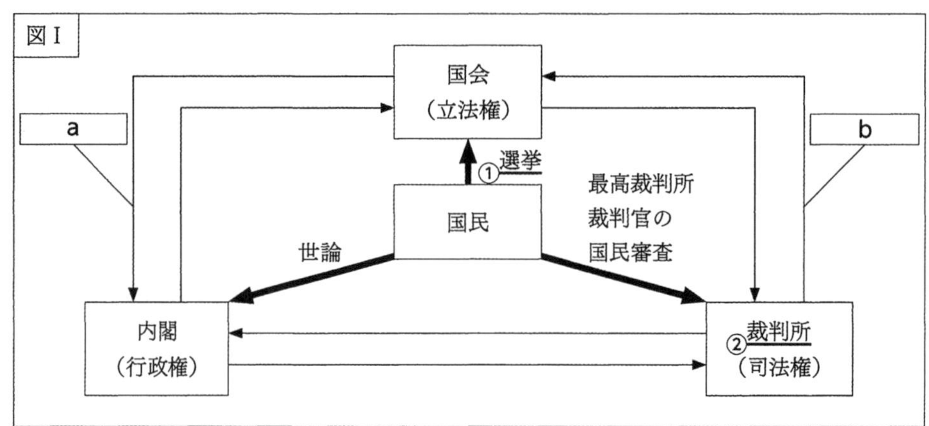

（1）下線部①に関して、日本の選挙の原則のうち、一定の年齢以上の全ての国民が選挙権をもつことを何といいますか。次の**ア**～**エ**の中から最も適切なものを選び、その記号を書きなさい。

ア 直接選挙　**イ** 平等選挙　**ウ** 秘密選挙　**エ** 普通選挙

（2）図Ⅰ中の [a] ・ [b] に当てはまる内容はそれぞれ何ですか。次の**ア**～**エ**の組み合わせの中から最も適切なものを選び、その記号を書きなさい。

ア ［a 内閣不信任の決議　b 違憲立法審査］
イ ［a 内閣不信任の決議　b 弾劾裁判］
ウ ［a 衆議院の解散　b 違憲立法審査］
エ ［a 衆議院の解散　b 弾劾裁判］

（3）下線部②に関して、次の文章は、日本国憲法第33条の内容について述べたものです。下の**ア**～**エ**の中で、文章中の [　　] に当てはまる内容として最も適切なものはどれですか。その記号を書きなさい。

> 日本国憲法第33条の規定により、現行犯逮捕などの場合を除き、警察官が被疑者を逮捕するときには裁判官の発する令状が必要である。このことは、[　　] ためのしくみの一つである。

ア 不当な人権侵害を防止する　**イ** 捜査を早急に進める
ウ 裁判員裁判の件数を増やす　**エ** 国民の意見を尊重する

2024(R6) 広島県公立高
教英出版

2　税に関して、次の（1）・（2）に答えなさい。

（1）所得税や法人税のように、税を納める人と負担する人が一致する税を何といいますか。その名称を書きなさい。

（2）日本政府は、社会保障の財源として消費税をあてることが望ましいと考えています。政府がこのように考えているのはなぜですか。その理由を、次のグラフⅠを基に簡潔に書きなさい。

グラフⅠ　日本政府の所得税、法人税、消費税のそれぞれの税収及び消費税率の推移

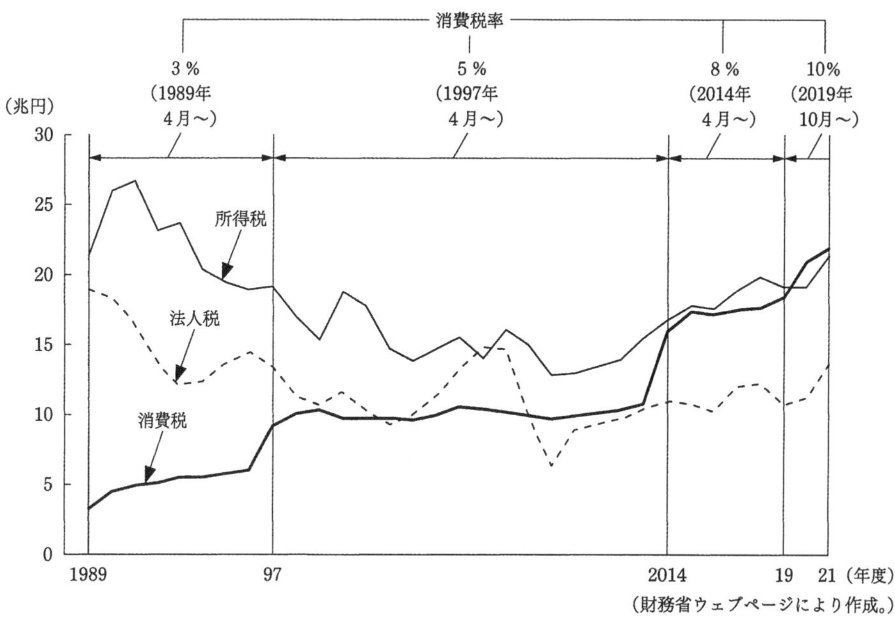

（財務省ウェブページにより作成。）

4 ある学級の社会科の授業で、「G７広島サミット」に関して、班ごとに分かれて学習をしました。次の資料は、この授業のはじめに先生が配付したプリントの一部です。あとの１～５に答えなさい。

豆知識

第１回サミット

①第１回サミットは、1975年にフランスで開催されました。

〔G７サミット〕

G７サミット（主要国首脳会議）とは、②フランス、アメリカ、イギリス、ドイツ、日本、イタリア、カナダ（議長国順）の７か国（G７メンバー）及び③ヨーロッパ連合（EU）が参加して毎年開催される国際会議です。

豆知識

お好み焼きでおもてなし

G７広島サミットの開催前には、このサミットを盛り上げるために、④G７メンバーの７か国の食材や食文化をいかしたお好み焼きが開発されました。

〔G７広島サミット〕

2023年５月19～21日に開催されたG７広島サミットには、G７メンバーの７か国以外の招待国や国際機関も参加し、国際社会が直面する諸課題について議論されました。

議論の中では、⑤人工知能（AI）などのデジタル技術の飛躍的な進展が経済や社会にもたらす影響についても取り上げられました。

1 下線部①に関して、西川さんの班では、G７サミットの歴史について興味をもち、G７サミットが開催されるようになったきっかけについて調べ、次のようにまとめました。まとめの中の［　　　］に当てはまる適切な語を書きなさい。なお、文章中の２か所の［　　　］には同じ語が入ります。

西川さんの班のまとめ

1973年に中東で起こった戦争の影響を受けて発生した［　　　］という経済的な混乱により、日本を含む多くの国々でインフレーションが起こり、世界的な不況となった。［　　　］などの諸問題に直面した先進国の間では、経済、通貨、貿易、エネルギーなどに対する政策協調について総合的に議論する場が必要であるとの認識が生まれ、フランスの大統領の提案により、フランス、アメリカ、イギリス、ドイツ、日本、イタリアの６か国による第１回サミットが開催された。

2024(R6) 広島県公立高
教英出版

2　下線部②に関して、山本さんの班では、Ｇ７メンバーの７か国の特徴について考えるために、各国の人口、面積、国内総生産（ＧＤＰ）を次の表Ⅰのとおりまとめ、比較することとしました。表Ⅰ中の**あ～え**は、アメリカ、カナダ、日本、フランスのいずれかの国と一致します。**あ～え**の中で、アメリカに当たるものはどれですか。その記号を書きなさい。

表Ⅰ　2020年におけるＧ７メンバーの７か国の人口、面積、国内総生産（ＧＤＰ）

国名	人口 （万人）	面積 （万km²）	国内総生産（ＧＤＰ） （億ドル）
イギリス	6,789	24.2	27,642
イタリア	6,046	30.2	18,887
ドイツ	8,378	35.8	38,464
あ	6,527	55.2	26,303
い	33,100	983.4	208,937
う	3,774	998.5	16,440
え	12,615	37.8	50,397

（世界の統計　2022年版、2023年版により作成。）

3　下線部③に関して、中山さんの班では、ＥＵ加盟国間の協力関係について調べ、次の資料Ⅰと下のグラフⅠを見付けました。中山さんの班では、これらを基にシェンゲン協定加盟国の労働者にとっての利点についてあとのようにまとめました。まとめの中の［　　　　］にはどのような内容が当てはまりますか。資料Ⅰとグラフ Ⅰを基に簡潔に書きなさい。

資料Ⅰ　ＥＵ市民は、ＥＵ内のどの国においても、居住し、働き、学び、隠居することができます。こうした移動の自由は、シェンゲン協定によって担保されています。ＥＵ加盟国22カ国と非加盟の数カ国は、シェンゲン協定の下、域内国境の廃止に合意しています。

（駐日欧州連合代表部ウェブページによる。）

グラフⅠ　ＥＵ加盟国のうちシェンゲン協定に加盟している４か国の１か月当たり最低賃金（2023年７月１日時点）

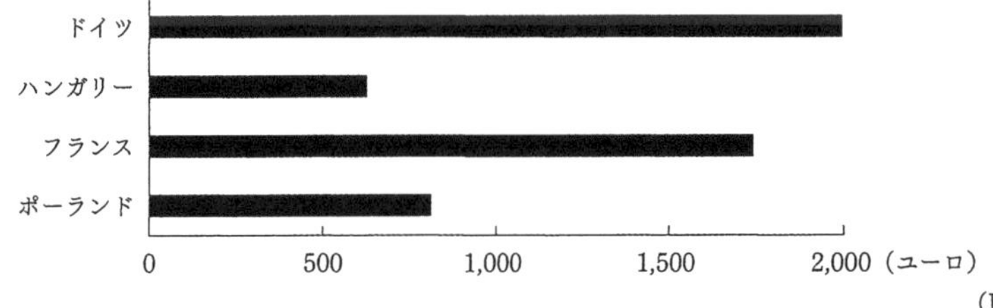

（Eurostatにより作成。）

中山さんの班のまとめ
シェンゲン協定加盟国の間では、労働者にとっては、［　　　　］ことがしやすいという利点がある。

4　下線部④に関して、池田さんの班では、Ｇ７メンバーの７か国の食文化に興味をもち、食料の生産や貿易の特徴について考えるために、各国の主な農産物の食料自給率を調べ、次の表Ⅱのとおりまとめることとしました。表Ⅱ中の［a］・［b］に当てはまる語はそれぞれ何ですか。下の**ア～エ**の組み合わせの中から、最も適切なものを選び、その記号を書きなさい。

表Ⅱ　2019年におけるＧ７メンバーの７か国の主な農産物の食料自給率

（%）

	a	豆類	果実類	b
フランス	199.7	118.0	65.6	103.3
アメリカ	175.0	136.5	55.9	114.8
イギリス	98.8	102.6	12.4	78.1
ドイツ	125.2	77.9	32.4	129.1
日本	15.7	43.1	51.1	61.0
イタリア	61.5	46.6	107.8	81.7
カナダ	350.6	469.9	24.7	141.8

（世界の統計　2023年版により作成。）

ア［a　米　b　卵類］　**イ**［a　米　b　肉類］　**ウ**［a　小麦　b　卵類］　**エ**［a　小麦　b　肉類］

5　下線部⑤に関して、木下さんの班では、デジタル技術の活用に興味をもって調べ、宅配事業者Ｚ社のデジタル技術を活用した取り組みを知りました。さらに、木下さんは、日本の宅配事業者を取り巻く状況についても調べました。次のノートは、木下さんが調べたことをまとめたものであり、下の会話は、班員が、このノートを基に話し合いをしたときのものです。会話中の［　A　］・［　B　］には、どのような内容が当てはまりますか。それぞれ簡潔に書きなさい。

ノート

〔宅配事業者Ｚ社のデジタル技術を活用した取り組み〕

・自社のアプリによって様々なサービスを提供している。サービスの内容としては、アプリに荷物の配達予定日時の通知が届くこと、配達前にアプリを使って荷物の受け取り日時や受け取り場所を変更できることなどがある。

〔日本の宅配事業者を取り巻く状況〕

・宅配便の取扱個数は、右のグラフⅡのように推移している。

・自動車の運転業務の時間外労働については、これまでは法律による上限規制がなかったが、「働き方改革関連法」に基づき、2024年４月から、年960時間の上限規制が適用される。

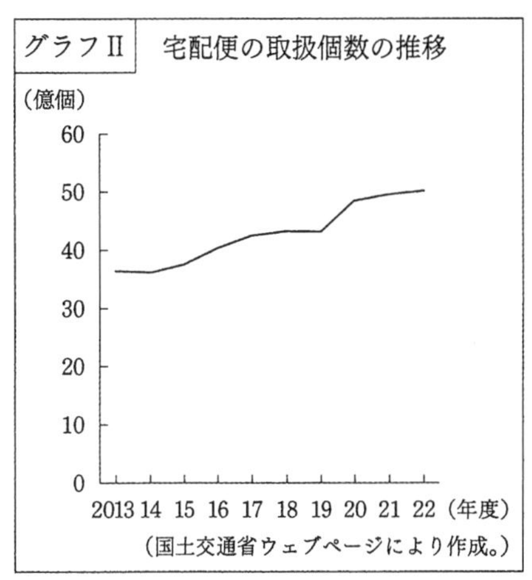

村田：物流の「2024年問題」があると聞いたことがあるけど、宅配事業者にとってはどのような問題が生じるのかな。

中野：〔日本の宅配事業者を取り巻く状況〕に書かれている２点を基に考えると、この状況のまま何も対策をしなかったとしたら、2024年４月を迎えるときには、宅配便の取扱個数が［　A　］ためにこれまでと同じ日数で配達できなくなるという問題が生じるかもしれないね。

村田：〔宅配事業者Ｚ社のデジタル技術を活用した取り組み〕は、この問題の解決につながるのかな。

中野：荷物の受け取り人にこのアプリのサービスをもっと活用してもらえば、宅配事業者の［　B　］ことができて効率よく配達できるようになるから、この問題の解決につながると考えられるね。

村田：宅配事業者が他にどのような取り組みをしているか調べてみよう。

数　　　学

（１１：３０～１２：２０）

注　　　意

1　検査開始のチャイムが鳴るまで開いてはいけません。

2　問題用紙の１ページから10ページに、問題が[1]から[6]まであります。

これとは別に解答用紙が１枚あります。

3　問題用紙と解答用紙に受検番号を書きなさい。

4　答えはすべて解答用紙に記入しなさい。

受検番号	第　　　　　番

1 次の（1）～（8）に答えなさい。

（1） $9 + 4 \times (-2)$ を計算しなさい。

（2） $\frac{5}{11} \div \left(-\frac{2}{3}\right)$ を計算しなさい。

（3） 次の連立方程式を解きなさい。

$$\begin{cases} 3x + 2y = -5 \\ -x + 3y = 9 \end{cases}$$

（4） $(\sqrt{6} + 2)(\sqrt{6} - 3)$ を計算しなさい。

2024(R6) 広島県公立高
K 教英出版

（5） y は x の2乗に比例し，$x = 6$ のとき $y = 12$ です。このとき，y を x の式で表しなさい。

（6） 1つの外角の大きさが 40° である正多角形の辺の数を求めなさい。

（7） 右の図のように，ＡＢ ＝ 4 cm，ＢＣ ＝ 7 cm，∠Ａ ＝ 90° の直角三角形ＡＢＣがあります。辺ＡＣの長さは何 cm ですか。

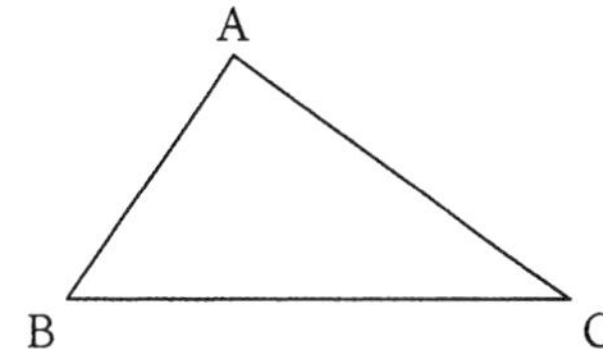

（8） 袋の中に白玉と黒玉の2種類の玉が合計 450 個入っています。この袋の中の玉をよくかき混ぜてから，35 個の玉を無作為に抽出したところ，白玉が 21 個，黒玉が 14 個ふくまれていました。はじめに袋の中に入っていた黒玉の個数はおよそ何個と考えられますか。次の**ア**～**エ**の中から最も適当なものを選び，その記号を書きなさい。

ア およそ 180 個　　**イ** およそ 210 個　　**ウ** およそ 240 個　　**エ** およそ 270 個

2 次の（1）～（3）に答えなさい。

（1） 右の図のように，円すいの展開図があり，側面となるおうぎ形ＯＡＢは半径が ＯＡ ＝ 3 cm，中心角が ∠ＡＯＢ ＝ 72° です。この展開図を組み立ててできる円すいの表面積は何 cm^2 ですか。ただし，円周率は π とします。

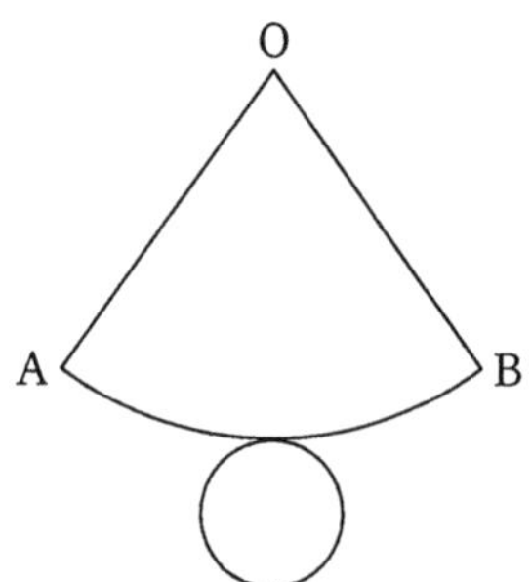

（2） 次の図のように，8段の階段があり，川口さんは床の位置にいます。川口さんは，正しく作られた大小2つのさいころを同時に1回投げて，下の【規則】に従ってこの階段を移動します。

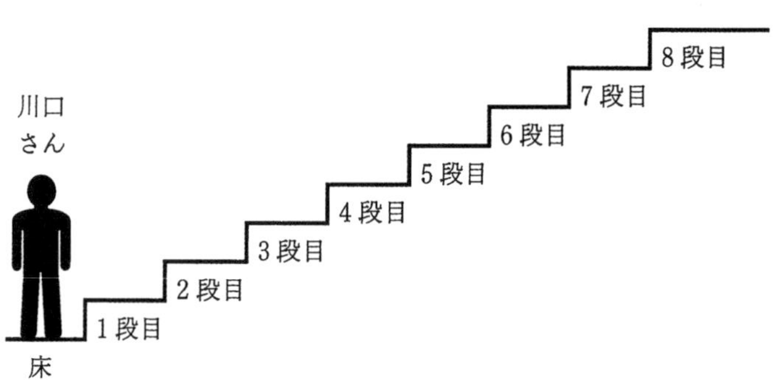

【規則】

床の位置から，大小2つのさいころの出た目の数の和だけ，上に向かって1段ずつ移動する。8段目に到達したときに移動する数が残っていれば，8段目から，残っている数だけ下に向かって1段ずつ移動する。

川口さんが，この2つのさいころを同時に1回投げて，【規則】に従って移動を終えたとき，6段目にいる確率を求めなさい。

（3） 次の図は，ある中学校のＡ班23人とＢ班23人のハンドボール投げの記録を班ごとに箱ひげ図に表したものです。この箱ひげ図から読み取れることとして必ず正しいといえるものを，下の**ア**～**オ**の中から全て選び，その記号を書きなさい。ただし，記録はメートルを単位とし，メートル未満は切り捨てるものとします。

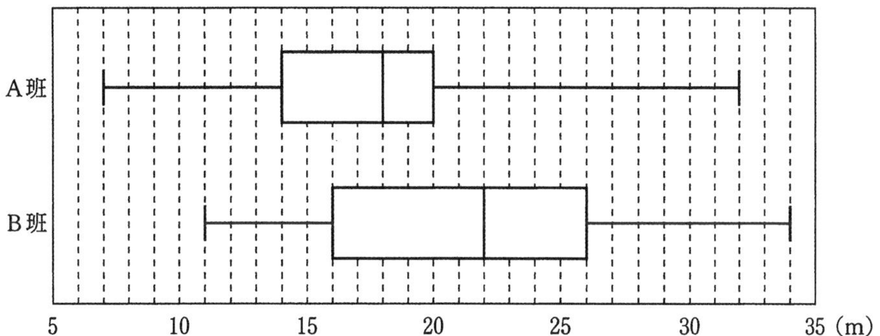

ア　Ａ班の記録の平均値は18 mである。

イ　Ｂ班で，記録が16 mの人は，少なくとも１人はいる。

ウ　Ａ班の記録の範囲は，Ｂ班の記録の範囲より小さい。

エ　Ｂ班の記録の四分位範囲は，Ａ班の記録の四分位範囲より大きい。

オ　記録が22 m以上の人は，Ｂ班にはＡ班の２倍以上いる。

3 次の図のように，関数 $y = \dfrac{18}{x}$ のグラフ上に，y 座標が 9 である点Aと x 座標が 6 である点Bがあります。また，このグラフ上に，$x < 0$ の範囲で動く点Cがあります。点Aを通り x 軸に平行な直線と，点Bを通り y 軸に平行な直線との交点をD，点Bを通り y 軸に平行な直線と，x 軸との交点をEとします。

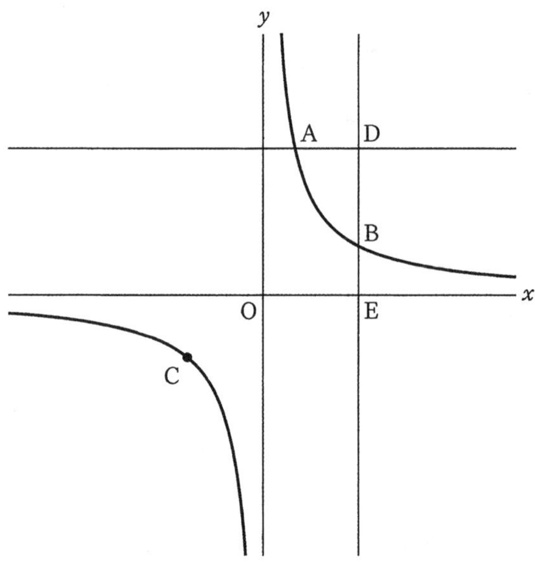

次の（1）・（2）に答えなさい。

（1） 点Cの x 座標が -6 のとき，直線ＣＤの式を求めなさい。

（2） △ＡＢＤと△ＢＣＥの面積の比が 3：4 となるとき，点Cの x 座標を求めなさい。

4 次の図のように，△ＡＢＣは鋭角三角形で，頂点Ａ，Ｂ，Ｃは円Ｏの円周上にあります。点Ａから辺ＢＣに垂線ＡＤを引きます。また，点Ｂから辺ＡＣに垂線を引き，線分ＡＤとの交点をＥ，辺ＡＣとの交点をＦ，円Ｏとの交点をＧとします。さらに，点Ａと点Ｇを結びます。このとき，△ＡＥＦ ≡ △ＡＧＦ であることを証明しなさい。

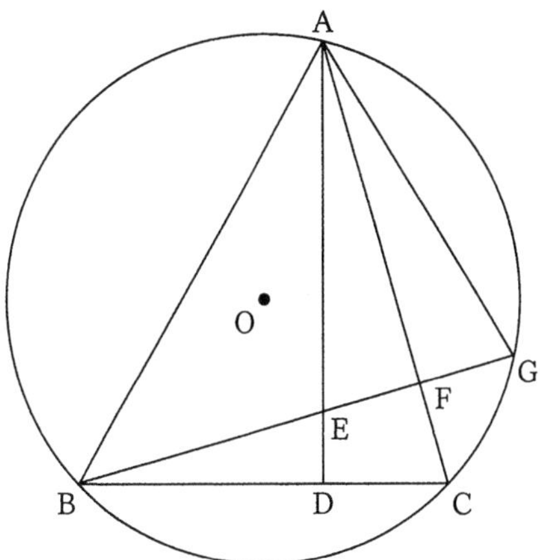

5 ある観光地には，自転車をレンタルすることができるお店がA店とB店の2店あります。次の表1は，A店のレンタル料金表であり，表1中の料金欄には，借りた時間の区分ごとの自転車1台当たりの料金を示しています。A店で自転車を借りることができる最大の時間は12時間です。自転車1台を x 時間借りたときの料金を y 円として，表1を基に，A店における x と y の関係をグラフで表すと，図1のようになります。

表1

借りた時間	料金
3時間以内	900円
6時間以内	1400円
9時間以内	1800円
12時間以内	2100円

図1

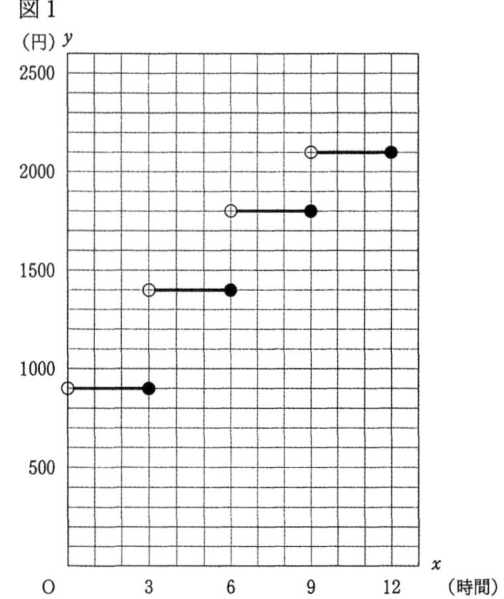

●はグラフがその点をふくむことを示し，○はグラフがその点をふくまないことを示している。

次の（1）・（2）に答えなさい。

（1） A店における x と y の関係について，y は x の関数であるといえます。その理由を書きなさい。

2024(R6) 広島県公立高
教英出版

（2） 次の表2は，B店のレンタル料金表であり，表2中の料金欄には，借りた時間の区分ごとの自転車1台当たりの料金を示しています。B店で自転車を借りることができる最大の時間は12時間です。表2を基に，B店における x と y の関係を表すグラフを，A店にならって，図1にかき入れなさい。ただし，解答は必ず解答用紙にかきなさい。

また，下の【自転車1台をA店で借りたときの料金とB店で借りたときの料金の比較】の［ア］・［イ］に当てはまる数をそれぞれ書きなさい。

表2

借りた時間	料金
4時間以内	800円
8時間以内	1600円
12時間以内	2300円

【自転車1台をA店で借りたときの料金とB店で借りたときの料金の比較】

B店よりA店の方が料金が安いのは，借りた時間が［ア］時間より長く［イ］時間以内の場合と8時間より長く12時間以内の場合であり，借りた時間がそれ以外の場合はA店よりB店の方が料金が安い。

6 石田さんは，連続する３つの整数のそれぞれの２乗の和からある自然数をひいた数について，どのようなことが成り立つかを調べています。

１，２，３ では，$1^2 + 2^2 + 3^2 - 2 = 12 = 3 \times 2^2$
２，３，４ では，$2^2 + 3^2 + 4^2 - 2 = 27 = 3 \times 3^2$
３，４，５ では，$3^2 + 4^2 + 5^2 - 2 = 48 = 3 \times 4^2$

上の計算の結果では，連続する３つの整数のそれぞれの２乗の和から２をひいた数は，その連続する３つの整数の中央の数を２乗して３倍した数と等しくなっていました。そこで，石田さんは，上の計算の結果から次のことを予想しました。

【予想】

連続する３つの整数のそれぞれの２乗の和から２をひいた数は，その連続する３つの整数の中央の数を２乗して３倍した数と等しくなる。

次の（１）～（３）に答えなさい。

（１） 石田さんは，この【予想】がいつでも成り立つことを，次のように説明しました。

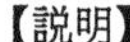
【説明】

nを整数とすると，連続する３つの整数は，n，n＋１，n＋２と表される。

したがって，連続する３つの整数のそれぞれの２乗の和から２をひいた数は，その連続する３つの整数の中央の数を２乗して３倍した数と等しくなる。

【説明】の［　　］に説明の続きを書き，説明を完成させなさい。

2024(R6) 広島県公立高
教英出版

（2） 次に，石田さんは，連続する３つの整数のそれぞれの２乗の和から５をひいた数について調べたところ，次の【性質Ⅰ】がいつでも成り立つことが分かりました。

【性質Ⅰ】

> 連続する３つの整数のそれぞれの２乗の和から５をひいた数は，その連続する３つの整数のうち ア を イ 倍した数と等しくなる。

【性質Ⅰ】の ア には，当てはまる言葉を次の ①～⑥ の中から選び，その番号を書き， イ には，当てはまる数を書きなさい。

① 最も小さい数と中央の数の和

② 最も小さい数と最も大きい数の和

③ 中央の数と最も大きい数の和

④ 最も小さい数と中央の数の積

⑤ 最も小さい数と最も大きい数の積

⑥ 中央の数と最も大きい数の積

（3） さらに，石田さんは，連続する４つの整数のそれぞれの２乗の和から５をひいた数についても調べたところ，次の【性質Ⅱ】・【性質Ⅲ】がいつでも成り立つことが分かりました。

【性質Ⅱ】

> 連続する４つの整数のそれぞれの２乗の和から５をひいた数は，その連続する４つの整数のうち最も小さい数と最も大きい数の和を２乗した数と等しくなる。

【性質Ⅲ】

> 連続する４つの整数のそれぞれの２乗の和から５をひいた数は，その連続する４つの整数のうち ウ を２乗した数と等しくなる。

【性質Ⅲ】の ウ に当てはまる言葉を，次の ①～⑤ の中から選び，その番号を書きなさい。

① 最も小さい数と小さい方から２番目の数の和

② 最も小さい数と大きい方から２番目の数の和

③ 小さい方から２番目の数と大きい方から２番目の数の和

④ 小さい方から２番目の数と最も大きい数の和

⑤ 大きい方から２番目の数と最も大きい数の和

理

理　　　科

（13：40～14：30）

注　　意

1　検査開始のチャイムが鳴るまで開いてはいけません。

2　問題用紙の1ページから12ページに、問題が**1**から**4**まであります。
　これとは別に解答用紙が1枚あります。

3　問題用紙と解答用紙に受検番号を書きなさい。

4　答えはすべて解答用紙に記入しなさい。

受検番号	第　　　　　番

1 植物の観察と分類の仕方に関して、あとの１・２に答えなさい。

1 植物の観察に関して、次の（１）～（３）に答えなさい。

（１）次の**ア**～**エ**の中で、切り取った花を手に持って右の写真１のようなルーペで観察するときの方法として最も適切なものはどれですか。その記号を書きなさい。

写真１

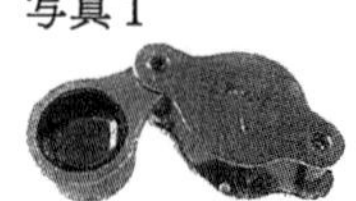

ア ルーペを目から離して固定し、顔を前後に動かしてピントを合わせる。

イ ルーペを目から離して固定し、切り取った花を前後に動かしてピントを合わせる。

ウ ルーペを目に近付けて固定し、顔を前後に動かしてピントを合わせる。

エ ルーペを目に近付けて固定し、切り取った花を前後に動かしてピントを合わせる。

（２）右の図１は、マツの雌花のりん片をスケッチしたものです。図１において、胚珠はどの部分ですか。図中のその部分を全て黒く塗りつぶしなさい。ただし、解答は必ず解答用紙に行うこと。

図１

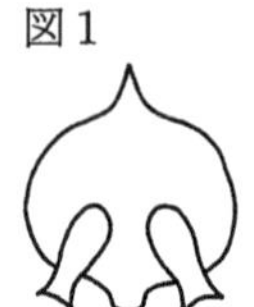

（３）右の図２は、シダ植物のイヌワラビをスケッチしたものです。次の文章は、図２のスケッチから分かることについて述べたものであり、下線を引いた**ア**～**ウ**の語のうちの１つに誤りがあります。誤った語を**ア**～**ウ**の中から１つ選び、その記号を書きなさい。また、その誤った語に代わる正しい語を書きなさい。

図２

葉、茎（ア）、仮根（イ）がある。また、葉の裏には胞子のう（ウ）がある。

2024(R6) 広島県公立高
K 教英出版

2　次の表1は、ジャガイモ、トウモロコシ、ダイコン、ナス、キャベツの5種類の植物の特徴をまとめたものです。下の（1）～（3）に答えなさい。

表1

特徴＼種類	ジャガイモ	トウモロコシ	ダイコン	ナス	キャベツ
ふえ方	主に無性生殖	有性生殖	有性生殖	有性生殖	有性生殖
根のつくり	太い根とそこからのびる細い根	たくさんの細い根	太い根とそこからのびる細い根	太い根とそこからのびる細い根	太い根とそこからのびる細い根
葉脈のつくり	網目状	平行	網目状	網目状	網目状
花弁のつくり	花弁が1つにくっついている	（花弁はない）	花弁が互いに離れている	花弁が1つにくっついている	花弁が互いに離れている
花弁の色	主に白色	／	主に淡紫色	主に紫色	主に淡黄色

（1）ジャガイモは、いもを植えれば新しい個体として芽や根を出します。このように、植物がからだの一部から新しい個体をつくる無性生殖のことを何といいますか。その名称を書きなさい。

（2）次の文は、トウモロコシの根の様子から考えられることについて述べたものです。文中の［ a ］に当てはまる適切な数字を書きなさい。また、［ b ］に当てはまる適切な語を書きなさい。

> たくさんの細い根をもっていることから、トウモロコシは、子葉が［ a ］枚の植物である［ b ］類と考えられる。

（3）表1を見た平田さんは、家で育てているブロッコリーを表1中の植物と比較して分類することにしました。平田さんはブロッコリーを観察したり、図鑑で調べたりして、ブロッコリーが示す特徴を表1にならって整理した上で、表1中の植物と比較して分類を行いました。次の文章は、平田さんがその分類についてまとめたものです。文章中の［ c ］に当てはまる内容を下の**ア～エ**の中から選び、その記号を書きなさい。また、文章中の［ d ］に当てはまる内容を簡潔に書きなさい。なお、文章中の2か所の［ c ］には同じ内容が入ります。

> ・ブロッコリーの根の様子を観察すると、太い根とそこからのびる細い根をもっていることが分かった。根のつくりに注目すると、ブロッコリーは、「ジャガイモ、ダイコン、ナス、キャベツ」と同じグループに分類できる。
> ・ブロッコリーの［ c ］を図鑑で調べると、［ d ］ことが分かった。［ c ］に注目すると、上で分類した「ジャガイモ、ダイコン、ナス、キャベツ、ブロッコリー」のグループは、「ダイコン、キャベツ、ブロッコリー」のグループと、「ジャガイモ、ナス」のグループに分類できる。

ア　ふえ方　　**イ**　葉脈のつくり　　**ウ**　花弁のつくり　　**エ**　花弁の色

2 太陽系の天体に関して、あとの1～3に答えなさい。

1　ある日、写真1のように、太陽投影板をとりつけた天体望遠鏡を用いて、太陽を観察しました。太陽投影板に図1のようなあらかじめ円が描かれた記録用紙を固定し、投影した太陽の像の大きさを記録用紙の円の大きさに合わせ、黒点の位置と形を素早くスケッチしました。図2は、そのときのスケッチです。下の（1）～（3）に答えなさい。

写真1

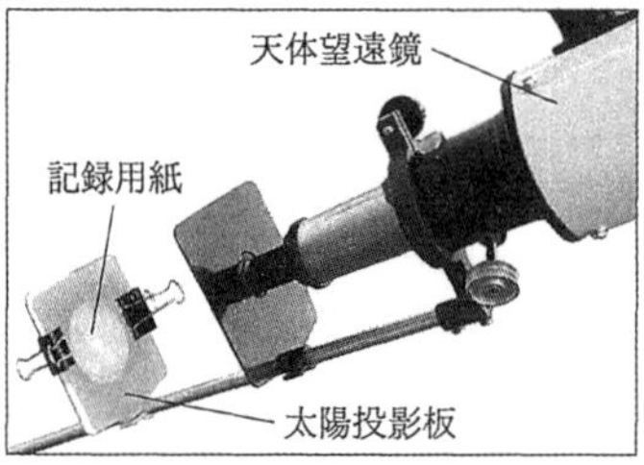

天体望遠鏡
記録用紙
太陽投影板

図1

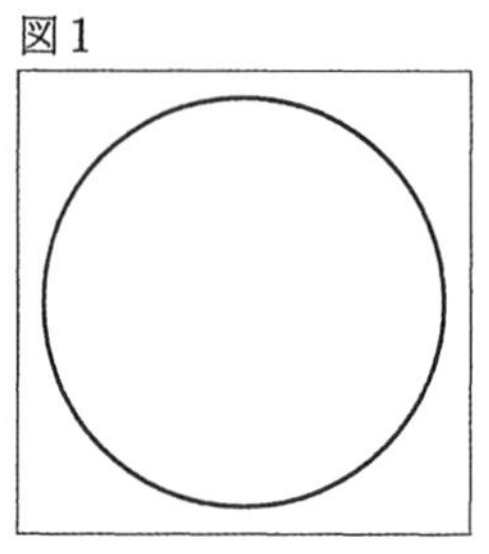

図2

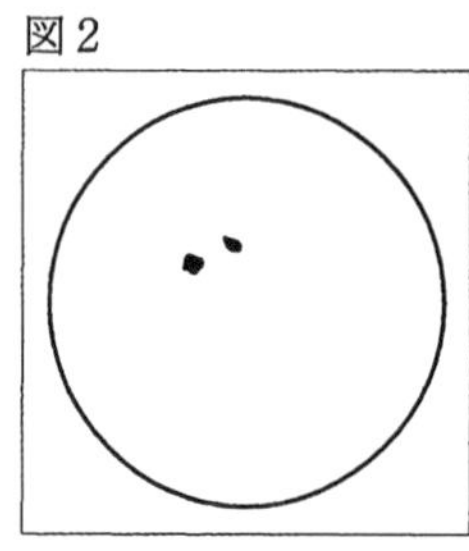

（1）太陽のように自ら光や熱を放つ天体を何といいますか。その名称を書きなさい。

（2）スケッチを行った後も、天体望遠鏡を固定しておくと、図2のスケッチを行った記録用紙の円から太陽の像がゆっくりと一方向にずれていきました。この現象と同じ原因で起こる現象について述べた文として最も適切なものを、次の**ア**～**エ**の中から選び、その記号を書きなさい。

ア　北半球では、太陽の南中高度は、夏至のころは高く、冬至のころは低い。

イ　南中していたオリオン座が、時間とともに移動し、西の地平線に沈む。

ウ　月によって太陽が隠され、太陽の一部または全部が欠けて見える。

エ　同じ時刻に真南に見える星座は季節によって異なる。

（3）右の図3は最初の観察から2日後のスケッチ、図4は最初の観察から4日後のスケッチです。また、次の文章は、図2～図4のスケッチに描かれた黒点の様子から分かることについてまとめたものです。文章中の［　　］に当てはまる適切な語を書きなさい。

図3

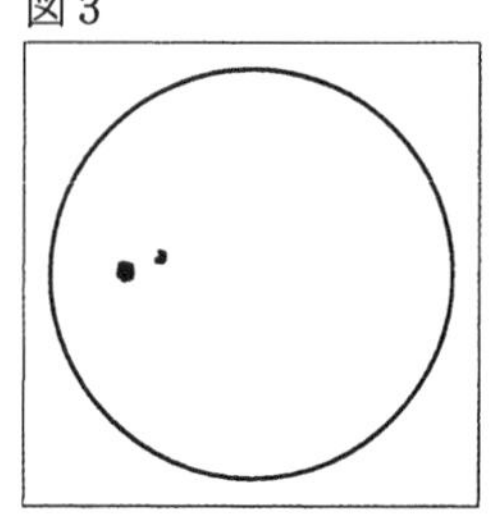

図4

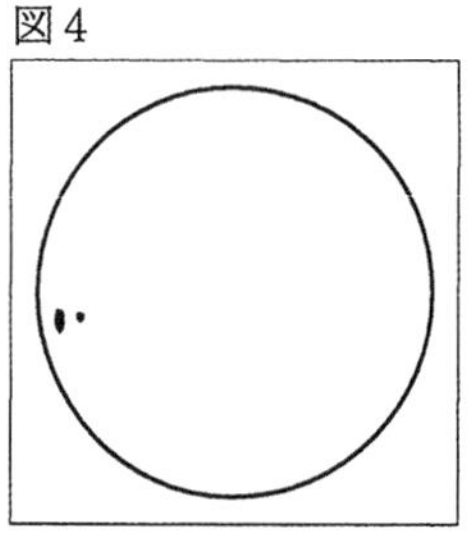

図2で太陽の中央部に見えた黒点は、数日経（た）つと、図3・図4のように、その位置が少しずつ一方向へ移動している。また、図2で太陽の中央部で円形に見えた黒点は、図4では周辺部へ移動し、だ円形に見える。このような黒点の位置や形の変化から、太陽が［　　］であり、自転していることが分かる。

2　次の表１は、太陽系の一部の惑星の特徴をまとめたものです。表１中の**ア**～**エ**の惑星を太陽からの距離が近い順に左から並べ、その記号を書きなさい。

表１

惑星	質量 （地球＝１）	平均密度〔g/cm^3〕	大気の主な成分
地球	1.00	5.51	窒素、酸素
ア	95.16	0.69	水素、ヘリウム
イ	317.83	1.33	水素、ヘリウム
ウ	0.06	5.43	（大気はほとんどない）
エ	0.11	3.93	二酸化炭素

3　次の図5は、ある年の6月から12月の太陽、金星、地球の位置関係を模式的に示したもので、↶は地球の自転の向きを示しています。下の（1）・（2）に答えなさい。

図5

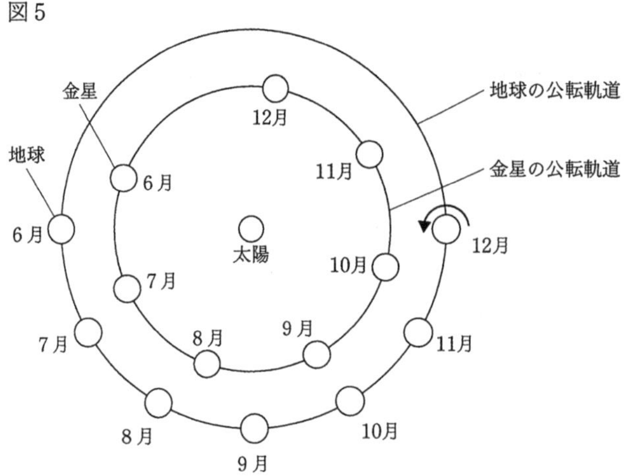

（1）この年の8月と12月に、日本のある場所で、同じ倍率の望遠鏡で金星を観察すると、12月に観察した金星の見かけの大きさや形は、8月に観察したときと比べて、それぞれどのようになりますか。次の**ア**～**エ**の組み合わせの中から適切なものを選び、その記号を書きなさい。

ア［大きさ：大きくなる　形：欠け方が大きくなる］
イ［大きさ：大きくなる　形：欠け方が小さくなる］
ウ［大きさ：小さくなる　形：欠け方が大きくなる］
エ［大きさ：小さくなる　形：欠け方が小さくなる］

（2）この年の12月のある観察日からちょうど1年後の同じ日に、同じ場所で金星を観察すると、金星は、いつごろ、どの方角の空に見えると考えられますか。次の**ア**～**エ**の中から最も適切なものを選び、その記号を書きなさい。ただし、地球の公転周期は1年、金星の公転周期は0.62年とします。

ア　明け方の西の空　**イ**　明け方の東の空　**ウ**　夕方の西の空　**エ**　夕方の東の空

2024(R6) 広島県公立高
教英出版

問題は、次のページに続きます。

3 電磁誘導と発電に関して、あとの1～3に答えなさい。

1 次に示したものは、コイルに流れる電流について調べる実験の方法と結果です。あとの（1）～（3）に答えなさい。

◆実験1

〔方法〕

右の図1のように、検流計につないだコイルを手で持って、固定したアクリルのパイプが中心にくるようにコイルをパイプに通してAの位置でコイルを固定する。N極を下にした棒磁石を図1中のXの位置から、アクリルのパイプの中を通るようにして、コイルに近付ける。

〔結果〕

検流計の針が左にふれた。

図1

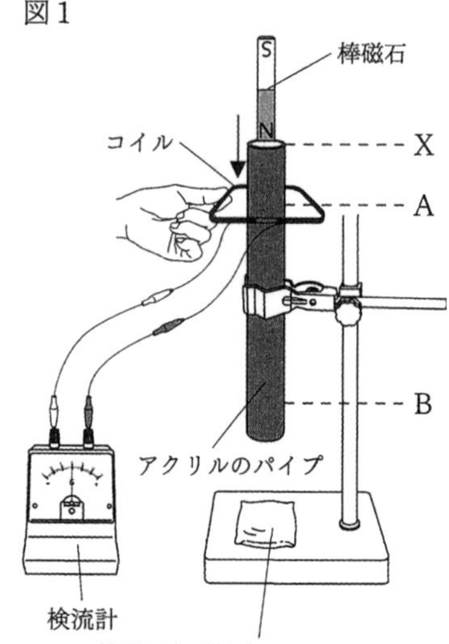

◆実験2

〔方法〕

実験1とコイルの位置を変えずに、S極を下にした棒磁石をアクリルのパイプの中を通り抜けるように、図1中のXの位置から静かに落下させる。

〔結果〕

落下する棒磁石のS極がコイルを固定していたAの位置に近付き、N極がAの位置から遠ざかるまでの間に、［　　　　］。

（1）実験1の〔結果〕から分かるように、磁石をコイルに近付けると、コイルに電圧が生じ、コイルに電流が流れます。このときに流れる電流を何といいますか。その名称を書きなさい。

（2）実験2の〔結果〕中の［　　　　］に当てはまる最も適切な内容を、次の**ア**～**エ**の中から選び、その記号を書きなさい。

ア 検流計の針が、右にふれた

イ 検流計の針が、左にふれた

ウ 検流計の針が、右にふれた後、左にふれた

エ 検流計の針が、左にふれた後、右にふれた

2024(R6) 広島県公立高
教英出版

（3）コイルを図1中のBの位置で固定し、S極を下にした棒磁石を、図1中のXの位置からアクリルのパイプの中を通り抜けるように、静かに落下させると、コイルに流れる電流の大きさは、実験2のときと比べてどのようになると考えられますか。次の**ア・イ**から適切なものを選び、その記号を書きなさい。また、その記号が答えとなる理由を簡潔に書きなさい。

ア 大きくなる　　**イ** 小さくなる

2 コイルCとコイルDがあり、コイルCには鉄心が入っています。次の図2のように、コイルCの右側にコイルDがくるようにしてそれぞれ棒に糸でつるした上で、コイルCを電源装置に、コイルDを検流計にそれぞれつなぎました。また、図2のように、方位磁針を台の上に置きました。なお、コイルCに電流が流れていないとき、方位磁針のN極は北を指していました。

図2

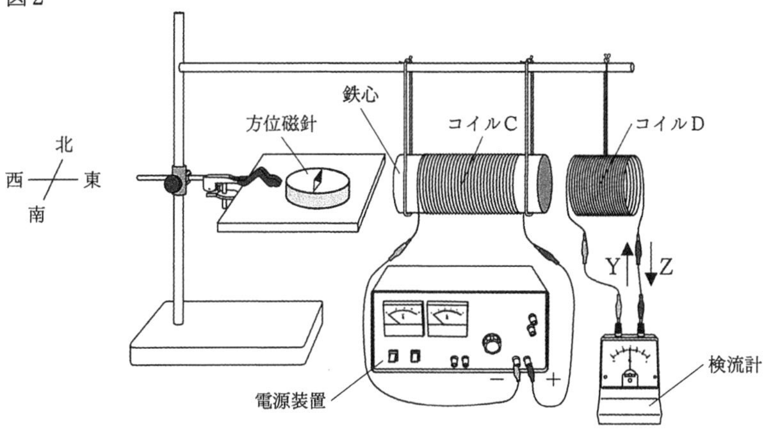

次の文章は、コイルCに電流を流したときの、コイルCとコイルDと方位磁針の様子をまとめたものです。文章中の［a］・［b］に当てはまる内容はそれぞれ何ですか。下の**ア～エ**の組み合わせの中から適切なものを選び、その記号を書きなさい。

> コイルCに電流を流すと、その直後にコイルDには図2中のZの向きに電流が流れ、コイルCとコイルDはしりぞけ合った。また、コイルCに電流が流れている間、方位磁針のN極は東を指していた。
>
> 次に、コイルCに先ほどとは逆向きの電流を流すと、その直後にコイルDには図2中の［a］の向きに電流が流れ、コイルCとコイルDは［b］。また、コイルCに電流が流れている間、方位磁針のN極は西を指していた。

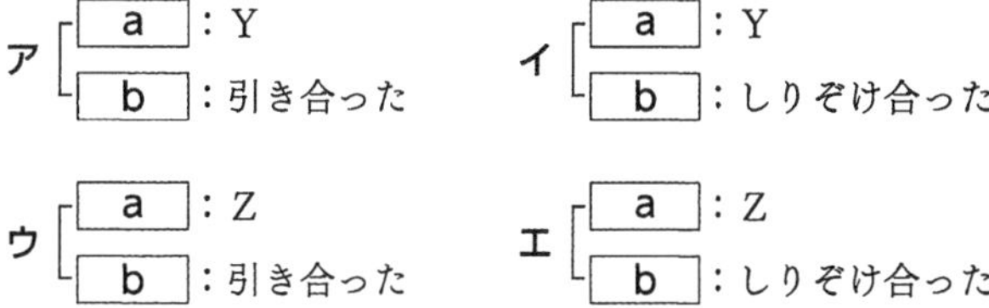

ア ［a］：Y　［b］：引き合った

イ ［a］：Y　［b］：しりぞけ合った

ウ ［a］：Z　［b］：引き合った

エ ［a］：Z　［b］：しりぞけ合った

3　次の図3は、LED電球、プロペラ付きモーター、スイッチ、送風機を用いた装置を示しており、LED電球とプロペラ付きモーターとスイッチは導線によりつながっています。また、下の文章は、図3の装置を用いた発電の様子について述べたものです。あとの（1）・（2）に答えなさい。

図3

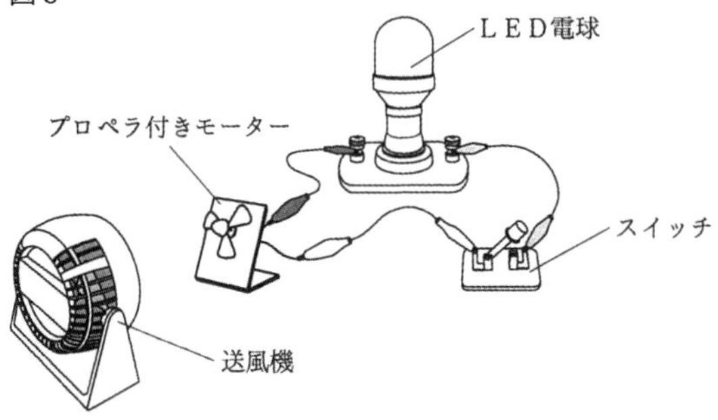

【図3の装置を用いた発電の様子】

> 図3の装置のスイッチを切った状態で、送風機を使ってプロペラ付きモーターのプロペラに向かって一定の風量で風を送ると、プロペラとモーターは一定の速さで回る。その状態のまま、スイッチを入れると①LED電球が点灯する。

（1）次の文は、下線部①について述べたものです。文中の □ に当てはまる適切な語を書きなさい。

> LED電球が点灯したのは、□ 発電によるものである。

（2）【図3の装置を用いた発電の様子】において、プロペラの回転する速さは、スイッチを入れる前より入れた後の方が小さくなります。このように、スイッチを入れるとプロペラの回転する速さが小さくなるのはなぜですか。その理由を、「エネルギー」の語を用いて簡潔に書きなさい。

2024(R6) 広島県公立高
教英出版

問題は、次のページに続きます。

4 酸とアルカリに関して、あとの１・２に答えなさい。

1　次の**ア**～**エ**の中で、酸性の水溶液の性質について述べた文として最も適切なものはどれですか。その記号を書きなさい。

ア　フェノールフタレイン溶液を赤色に変える。

イ　マグネシウムリボンを入れると、水素が発生する。

ウ　酸性が強い水溶液ほどpHの値が７より大きくなる。

エ　ＢＴＢ溶液を青色に変える。

2　小川さんは、水溶液に含まれているイオンと水溶液の性質との関係を調べるため、うすい塩酸とうすい水酸化ナトリウム水溶液を用いて実験を行い、レポートにまとめました。次に示したものは、小川さんのレポートの一部です。あとの（1）～（5）に答えなさい。

〔方法〕

Ⅰ　うすい塩酸とうすい水酸化ナトリウム水溶液を用いて、次の表に示す体積の割合で水溶液Ａ～水溶液Ｅをつくる。

	水溶液A	水溶液B	水溶液C	水溶液D	水溶液E
うすい塩酸の体積〔cm^3〕	10	10	10	10	10
うすい水酸化ナトリウム水溶液の体積〔cm^3〕	0	4.0	8.0	12	16

Ⅱ　右の図１のように、スライドガラスの上に、①<u>硝酸カリウム水溶液で湿らせたろ紙</u>をのせ、２つの金属のクリップでそのろ紙を挟むようにしてスライドガラスの両端を留めた後に、それぞれのクリップを電源装置につなぐ。

図１

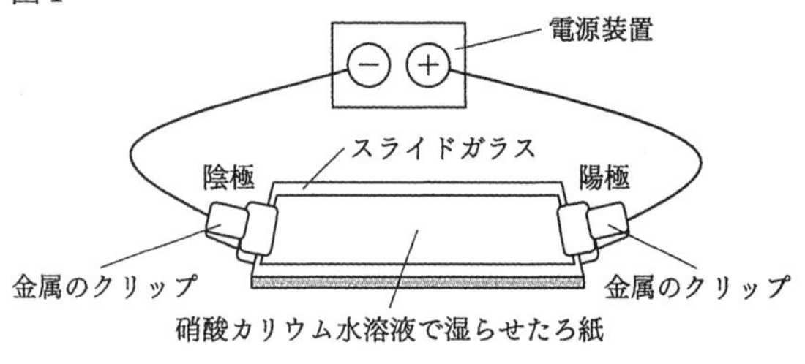

Ⅲ　右の図２のように、図１のろ紙の上に、硝酸カリウム水溶液で湿らせた赤色と青色リトマス紙をのせ、さらにその上に水溶液Ａで湿らせたろ紙を置いた後に、一定の電圧を加え、リトマス紙の色の変化を観察する。

図２

水溶液Ａで湿らせたろ紙

硝酸カリウム水溶液で湿らせた赤色リトマス紙

陰極

陽極

電源装置の－極へ

電源装置の＋極へ

硝酸カリウム水溶液で湿らせたろ紙

硝酸カリウム水溶液で湿らせた青色リトマス紙

Ⅳ　水溶液Ｂ～水溶液Ｅについても、水溶液Ａと同じように、図１のろ紙の上に、硝酸カリウム水溶液で湿らせた別の赤

2024(R6) 広島県公立高
K 教英出版

色と青色リトマス紙をのせ、さらにその上に水溶液B～水溶液Eそれぞれで湿らせたろ紙を置いた後に、一定の電圧を加え、リトマス紙の色の変化を観察する。

〔結果〕

水溶液Aと水溶液Bでは、青色リトマス紙の陰極側が赤色に変化し、赤色リトマス紙は色が変化しなかった。水溶液Cでは、どちらのリトマス紙も色が変化しなかった。水溶液Dと水溶液Eでは、赤色リトマス紙の陽極側が青色に変化し、青色リトマス紙は色が変化しなかった。

〔考察〕

水溶液Cでどちらのリトマス紙も色が変化しなかったのは、水溶液Cでは、塩酸に含まれていた水素イオンと水酸化ナトリウム水溶液に含まれていた水酸化物イオンとが、全て結びついて、互いの性質を打ち消し合ったためだと考える。このことより、この実験で用いた塩酸と水酸化ナトリウム水溶液は、同じ体積であれば、塩酸中の水素イオンの数は水酸化ナトリウム水溶液中の水酸化物イオンの数の □ 倍となるといえる。

（1）この実験を行うために、100 mL まで測定できるメスシリンダーを用いて、うすい塩酸 50 cm³ を測りとることとします。右の図3は、そのメスシリンダーに入っている塩酸の液面付近を真横から水平に見たときの様子を示したものです。塩酸 50 cm³ を測りとるには、さらに何 cm³ の塩酸を加えたらよいですか。次の**ア～エ**の中から最も適切なものを選び、その記号を書きなさい。

図3

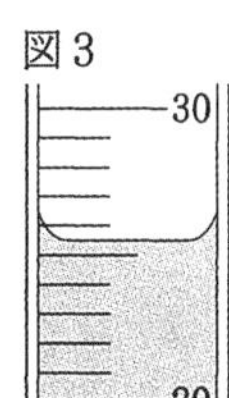

ア 23.5 cm³　　**イ** 24.0 cm³　　**ウ** 24.5 cm³　　**エ** 25.5 cm³

（2）下線部①について、ろ紙を硝酸カリウム水溶液で湿らせるのは、ろ紙に電流を通しやすくするためです。硝酸カリウムのように、水に溶かしたときに電流が流れる物質を何といいますか。その名称を書きなさい。

（3）水溶液Bの一部をスライドガラスにとり、水溶液から水を蒸発させると白い結晶が得られました。この物質の化学式を書きなさい。

（4）〔考察〕中の □ に当てはまる値を書きなさい。

（5）次の**ア～オ**の中で、水溶液A～水溶液Eの説明として適切なものはどれですか。その記号を全て書きなさい。

ア 水溶液Aに存在している陽イオンの数は、陰イオンの数よりも多い。

イ 水溶液Bには、水素イオンが存在している。

ウ 水溶液Cには、イオンが存在していない。

エ 水溶液Dには、中和により生成した水は含まれていない。

オ 水溶液Eは、水溶液A～水溶液Eの中で、水溶液に存在しているイオンの総数が最も多い。

英

英　　　語

（１４：５０～１５：４０）

注　　　意

1　検査開始のチャイムが鳴るまで開いてはいけません。

2　最初に、放送による聞き取りテストを行います。検査開始のチャイムが鳴ったらすぐに 英―1 ページを開きなさい。

3　受検番号は、放送による聞き取りテストの終了後に、問題用紙と解答用紙の両方に記入しなさい。

4　問題用紙の１ページから11ページに、問題が1から4まであります。これとは別に解答用紙が１枚あります。

5　答えはすべて解答用紙に記入しなさい。

受検番号	第　　　　番

※教英出版注
音声は，解答集の書籍ＩＤ番号を教英出版ウェブサイトで入力して聴くことができます。

1 放送を聞いて答えなさい。

問題A　これから、No.1～No.3まで、対話を3つ放送します。それぞれの対話を聞き、そのあとに続く質問の答えとして最も適切なものを、下の**ア**～**エ**の中から選んで、その記号を書きなさい。

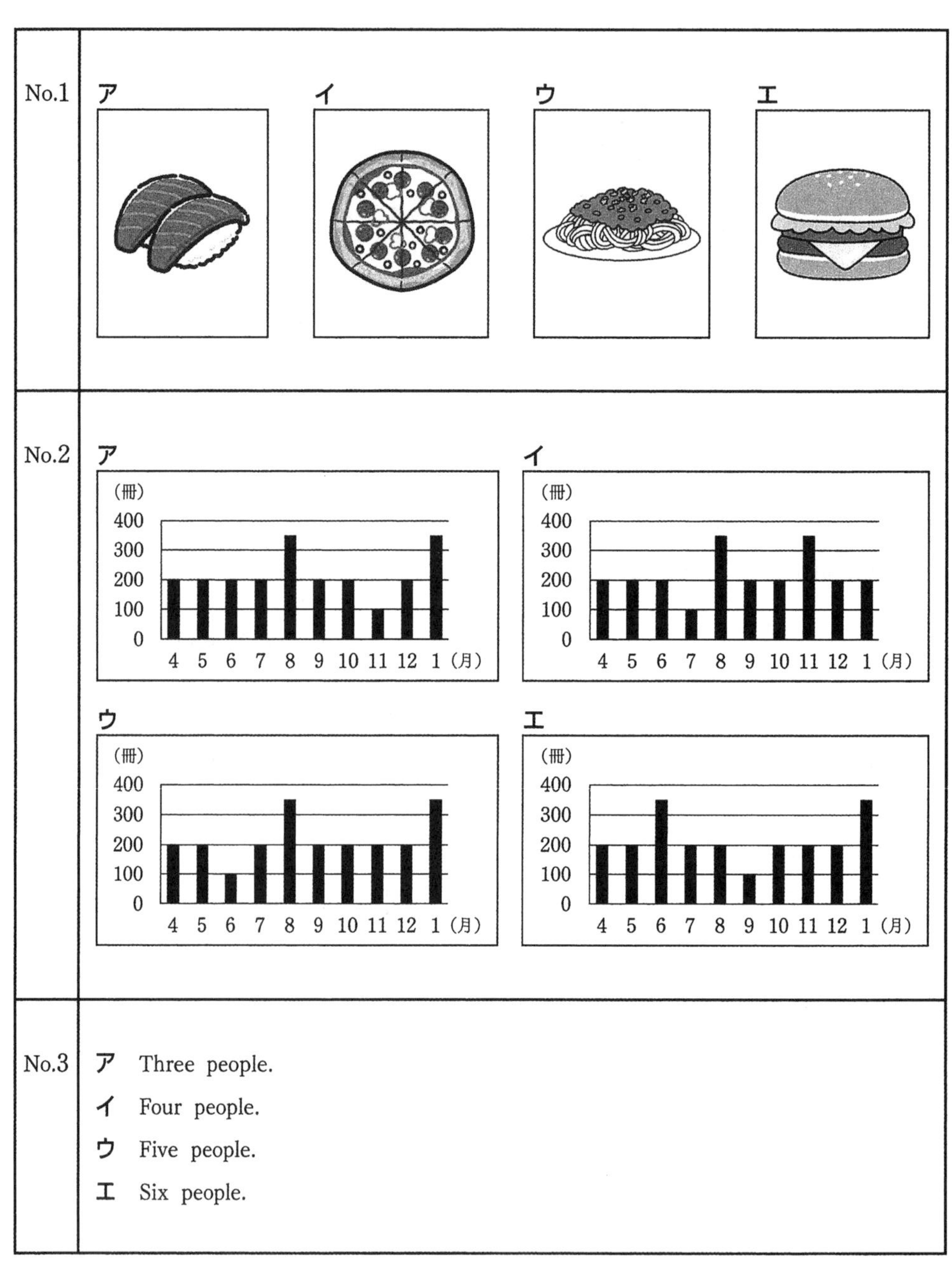

2024(R6) 広島県公立高
K 教英出版

問題B　これから放送する対話は、高校生の信一と留学生のカレンが、ある話題に関して話したときのものです。下の【対話】に示されているように、まず①で信一が話し、次に②でカレンが話し、そのあとも交互に話します。⑤では信一が話す代わりにチャイムが1回鳴ります。あなたが信一なら、この話題に関しての対話を続けるために、⑤でカレンにどのような質問をしますか。⑤に入る質問を4語以上の英文で書きなさい。

【対話】

Shinichi :	①
Karen :	②
Shinichi :	③
Karen :	④
Shinichi :	⑤ チャイム

問題C　これから放送する英文は、留学生のルーシーが高校生の次郎に対して話したときのものです。ルーシーの質問に対して、あなたならどのように答えますか。あなたの考えをその理由とともに英文で書きなさい。なお、2文以上になっても構いません。

2 次の会話は、ある高校の生徒会のメンバーである春花と太郎が、２人の高校を訪問中の、アメリカにある姉妹校の生徒会のメンバーのジョンと、お互いの生徒会の活動について話したときのものです。また、グラフ１は、そのとき太郎が説明に用いたものです。これらに関して、あとの１～５に答えなさい。

Haruka : Our school donated used clothes last year, so we would like to talk about it today.

John : OK. Our school has donated food and other things a few times before, so I can share our experiences with you.

Taro : Great! First, I will tell you why we decided to donate used clothes. In social studies class, our teacher showed this graph and told us how people got rid of used clothes in Japan. The graph shows that [A] % of the clothes were thrown away, and only 3% of the clothes were given away or donated. The teacher also said that people throw away clothes that they can still reuse or recycle. We thought that if we donated used clothes, we could reduce the amount of clothes that are thrown away.

Haruka : [あ] After we decided to donate used clothes, we found an NPO that donates used clothes to people in some countries in Asia. Then, we collected used clothes from the students at our school.

John : I see. So, was everything OK?

Taro : No. [い] After we collected many kinds of used clothes, we found that the NPO did not accept winter clothes. They send clothes only to people living in hot areas in Asia. So, we had to remove the winter clothes from the used clothes given by the students and send the rest of the used clothes to the NPO. ①<u>This</u> happened because we did not think about things that the people really needed.

Haruka : We should try to learn more about people who will receive used clothes. If we understand them better, we will know what they need. Now, can you tell us about the activities at your school?

John : [う] We had an experience that is similar to yours. When our school donated for the first time, we collected things that we didn't use. We tried to give those things to families in need in our town, but some families didn't accept them.

Haruka : [B] , then?

John : We asked them what they needed. They told us that they needed food. We

2024(R6) 広島県公立高
教英出版

decided to sell things that we collected from our students. We got money by selling the things, and then with the money we got, we bought food and gave it to the families.

Taro : I see. I think it is a good idea to sell things after we collect them.

John : [え] There are many ways to help people. After all, it is important to understand other people and what they need if we want to help them.

(注) donate 寄付する　used 中古の　get rid of ～ ～を手放す
be thrown away 廃棄される　give away ～ ～を譲渡する
throw away ～ ～を廃棄する　reuse 再利用する
recycle リサイクルする　reduce 減らす　amount 量
NPO 非営利団体（non-profit organization の略）　accept 受け取る
remove 取り除く　rest 残り　be similar to ～ ～に似ている
for the first time 初めて　in need 困っている　after all 結局

グラフ1

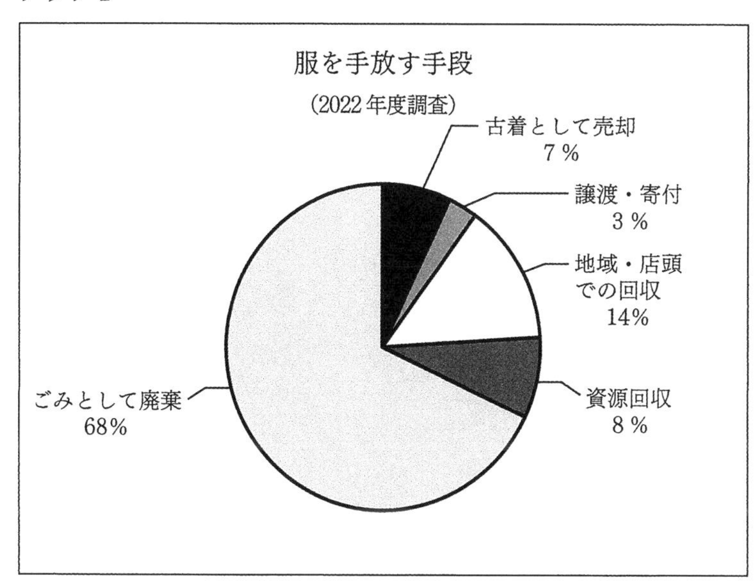

(環境省ウェブページにより作成。)

1　本文中の [A] に当てはまる数値を、次の**ア**～**エ**の中から選び、その記号を書きなさい。

ア 7　　**イ** 14　　**ウ** 8　　**エ** 68

2　下線部①について、その内容を表している最も適切な英文を、次の**ア**～**エ**の中から選び、その記号を書きなさい。

ア　Taro and Haruka decided to throw away used clothes.

イ　Taro and Haruka had to remove some clothes from the used clothes given by the students at their school and send the rest to an NPO.

ウ　Taro and Haruka found an NPO that donates used clothes to some foreign countries.

エ　Taro and Haruka got money by selling the used clothes given by the students at their school.

3　本文中の [B] に当てはまる最も適切な英語を、次の**ア**～**エ**の中から選び、その記号を書きなさい。

ア　Why did you do that

イ　How did you do that

ウ　What did you do

エ　Who did that

4　次の英文は、本文中から抜き出したものです。この英文を入れる最も適切なところを本文中の［　あ　］～［　え　］の中から選び、その記号を書きなさい。

We had one problem.

No.2
A: Hi, Yuta. What does this graph show?
B: Hi, Ms. Green. It shows how many books students in my class read each month.
A: Students read more than three hundred books in both August and January.
B: We had vacations and had a lot of time to read books.
A: I see. Oh, students read only about one hundred books in June. Why?
B: We had tests and also had to practice for Sports Day after school, so we were very busy.

Question No.2: Which graph are Yuta and Ms. Green looking at?

No.3
A: Tom, I heard that you are going to go to the Christmas party at Kenta's house today.
B: Yes. I know Emily will join it, too. Do you know how many people are going to join the party?
A: Five people. You, Kenta, Emily, Nozomi, and me.
B: Oh, Emily told me that Nozomi is not going to come because she is sick.
A: I didn't know that. I hope she will get better soon.

Question No.3: How many people are going to join the Christmas party?

これで、問題Ａを終わります。
次に問題Ｂに入ります。これから放送する対話は、高校生の信一と留学生のカレンが、ある話題に関して話したときのものです。下の【対話】に示されているように、まず①で信一が話し、次に②でカレンが話し、そのあとも交互に話します。⑤では信一が話す代わりにチャイムが１回鳴ります。あなたが信一なら、この話題に関しての対話を続けるために、⑤でカレンにどのような質問をしますか。⑤に入る質問を４語以上の英文で書きなさい。

問題Ｂ
Shinichi: Hi, Karen. Did you have a nice weekend?
Karen : Yes, I did. I saw a movie with my family.
Shinichi: Did you see the new movie that you wanted to see?
Karen : No. We watched a different one.
Shinichi: （チャイム１点）

もう１回くりかえします。

問題Ｂ
Shinichi: Hi, Karen. Did you have a nice weekend?
Karen : Yes, I did. I saw a movie with my family.
Shinichi: Did you see the new movie that you wanted to see?
Karen : No. We watched a different one.
Shinichi: （チャイム１点）

これで、問題Ｂを終わります。30秒後に問題Ｃに入ります。

問題Ｃに入ります。これから放送する英文は、留学生のルーシーが高校生の次郎に対して話したときのものです。ルーシーの質問に対して、あなたならどのように答えますか。あなたの考えをその理由とともに英文で書きなさい。なお、２文以上になっても構いません。

問題Ｃ
I have been studying Japanese since I came to Japan three months ago. I can read Japanese better now, but I am still not good at listening to it. I want to listen to Japanese and understand it better. What should I do?

もう１回くりかえします。

問題Ｃ
I have been studying Japanese since I came to Japan three months ago. I can read Japanese better now, but I am still not good at listening to it. I want to listen to Japanese and understand it better. What should I do?

これで、１番の問題の放送を全て終わります。
受検番号を問題用紙と解答用紙の両方に記入しなさい。このあとは、２番以降の問題に進んでも構いません。

（チャイム１点）

国解

国語解答用紙

受検番号
第　　番

一

1 ㋐ ㋑ かに ㋒ ㋓ れ ㋔

2

3

4

5

6 Ⅲ Ⅳ

1．１点×５
2．２点
3．２点
4．２点
5．４点
6．Ⅲ．３点
　Ⅳ．４点

※50点満点

得点

3	1	(2)	
		(3)	
	2	(1)	
		(2)	

4	1		
	2		
	3		
	4		
	5	A	
		B	

1．２点
2．２点
3．３点
4．２点
5．２点×２

4	〔証　明〕

5点

6	(1)	nを整数とすると，連続する3つの整数は，n，n＋1，n＋2と表される。 したがって，連続する3つの整数のそれぞれの2乗の和から2をひいた数は，その連続する3つの整数の中央の数を2乗して3倍した数と等しくなる。
	(2) ア	
	(2) イ	
	(3)	

(1)3点
(2)完答2点
(3)2点

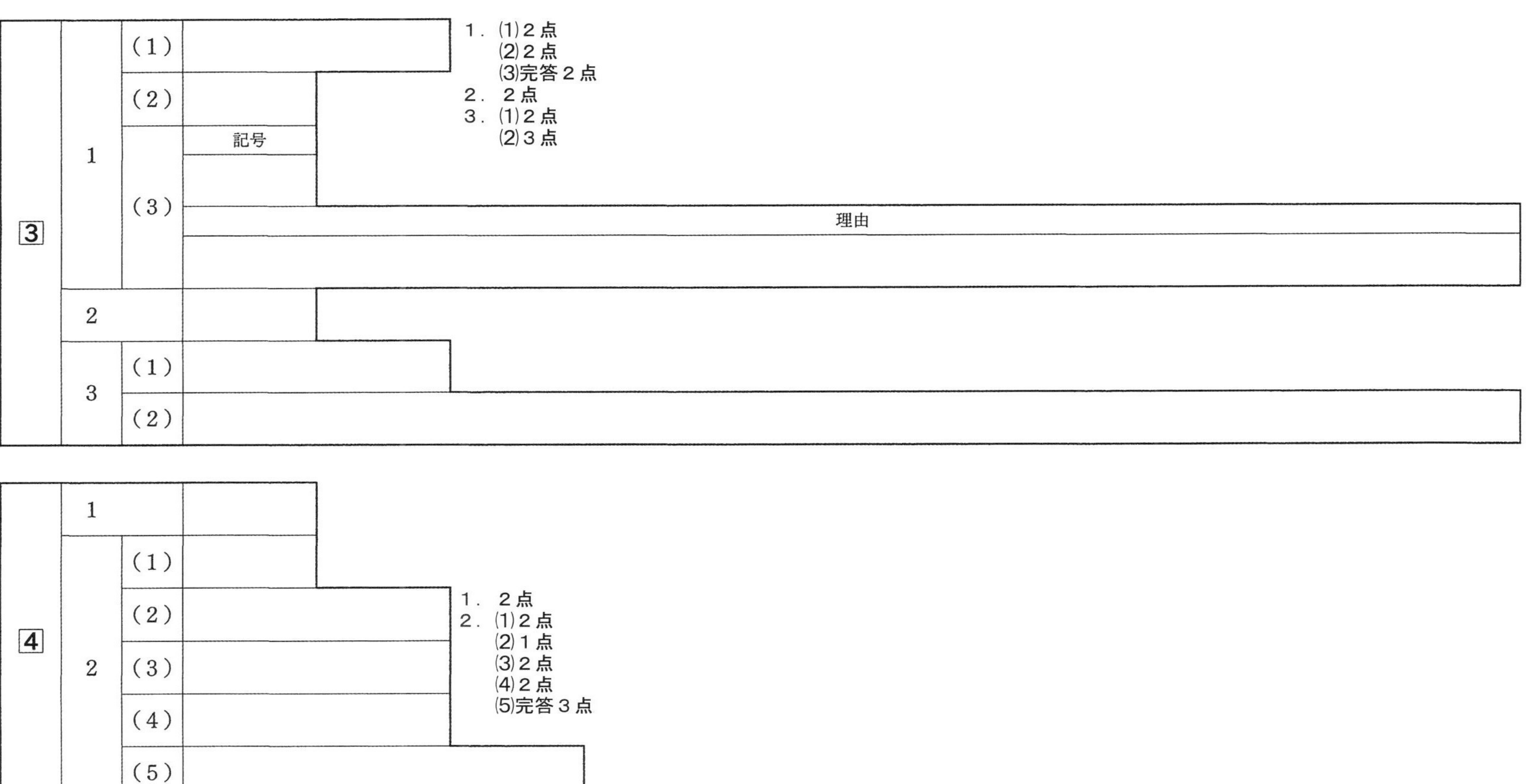
3
1
(1)
(2)
(3)
記号
理由
2
3
(1)
(2)
1．⑴２点
⑵２点
⑶完答２点
2． ２点
3．⑴２点
⑵３点
4
1
2
(1)
(2)
(3)
(4)
(5)
1． ２点
2．⑴２点
⑵１点
⑶２点
⑷２点
⑸完答３点

		d	

3	1	(1)	
		(2)	
	2		I knew (　　　) better.
	3		
	4		
	5		
	6	(1)	
		(2)	

1．２点×２
2．２点
3．完答２点
4．２点
5．２点
6．⑴２点
⑵３点

4	________ ________ ________ ________ ________ ________ ________ ________
	________ ________ ________ ________ ________ ________ ________ ________
	________ ________ ________ ________ ________ ________ ________ ________
	________ ________ ________ ________ ________ ________30 ________ ________
	________ ________ ________ ________ ________ ________ ________ ________
	________ ________ ________ ________ ________ ________ ________ ________
	________ ________50

８点

受検番号	第　　　　番

英　語　解答用紙

※50点満点

得点	

1	問題A	No.1	
		No.2	
		No.3	
	問題B		
	問題C		

問題A．２点×３
問題B．３点
問題C．４点

2	1		
	2		
	3		
	4		
		a	

1．２点
2．２点
3．２点
4．２点
5．１点×４

【解答

受検番号	第　　　　番

理　科　解答用紙

※50点満点

得点	

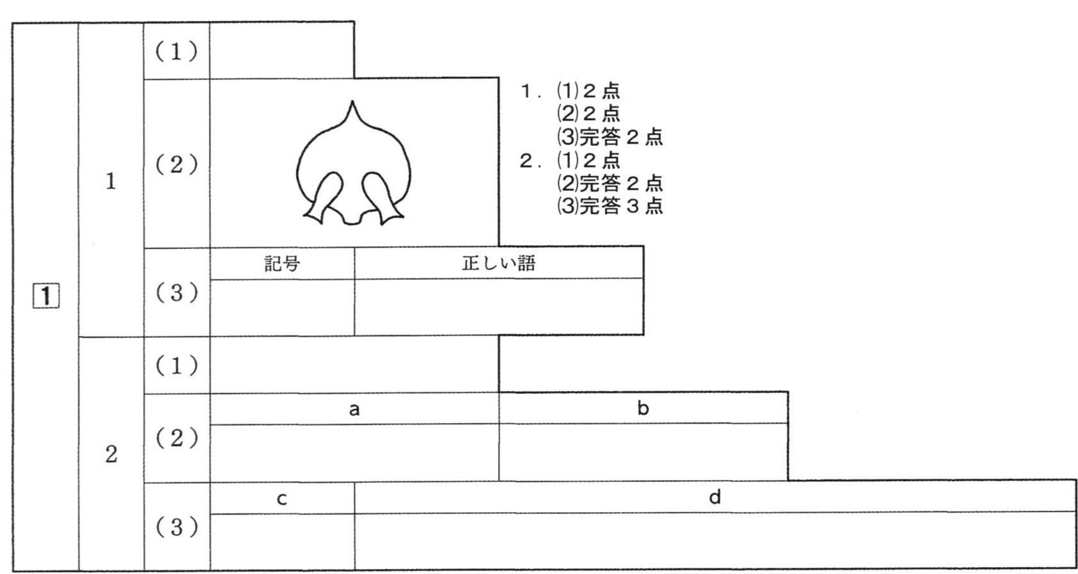

1	1	(1)		
		(2)		
		(3)	記号	正しい語
	2	(1)		
		(2)	a	b
		(3)	c	d

1．(1)２点
(2)２点
(3)完答２点
2．(1)２点
(2)完答２点
(3)完答３点

2	1	(1)	
		(2)	
		(3)	
	2		→　→　→

1．(1)２点
(2)２点
(3)２点
2．完答２点
3．２点×２

【解答

受検番号	第　　　　　番

数　学　解答用紙

※50点満点

得点	

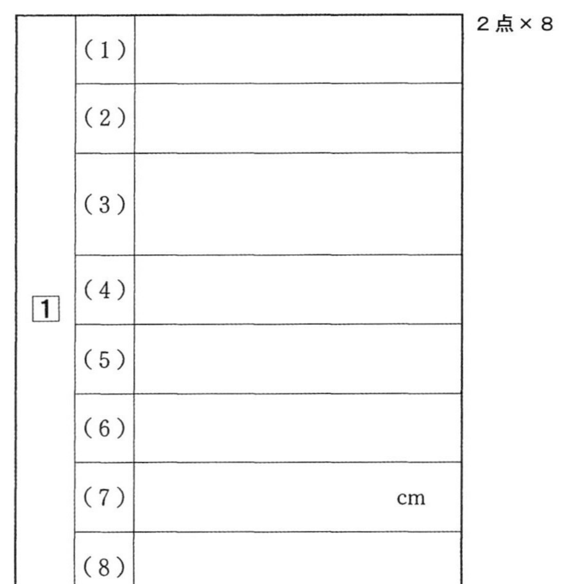

2点×8

1	(1)	
	(2)	
	(3)	
	(4)	
	(5)	
	(6)	
	(7)	cm
	(8)	

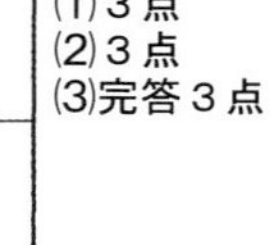

(1)3点
(2)3点
(3)完答3点

2	(1)	cm^2
	(2)	
	(3)	

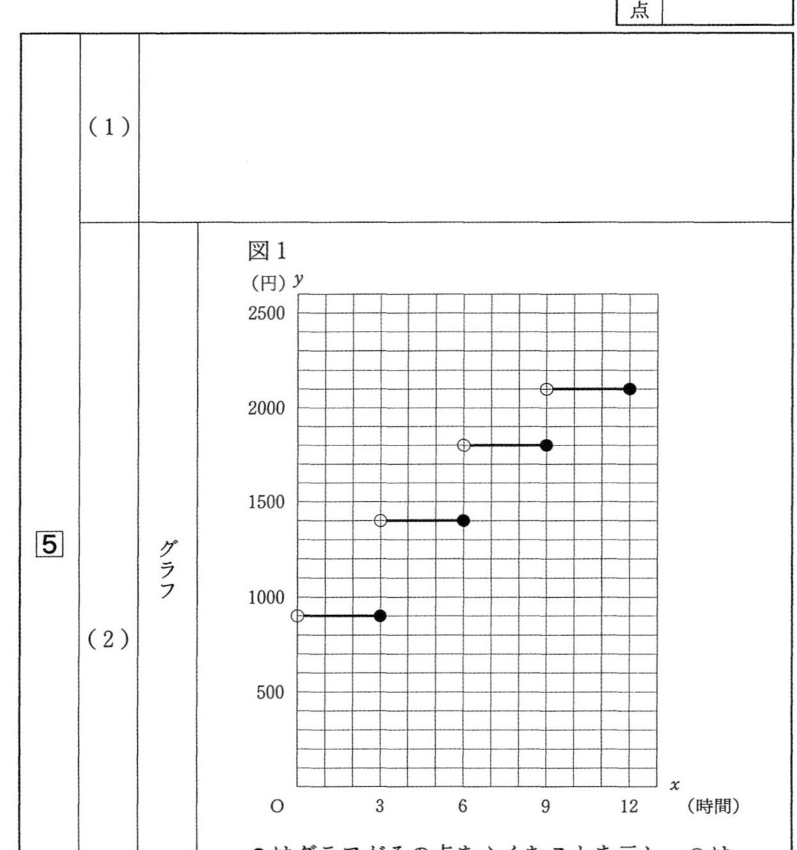

5	(1)		
	(2)	グラフ	

受検番号	第　　　　番

社　会　解答用紙

※50点満点

得点	

1	1	(1)	
		(2)	
	2		
	3		
	4		

1．２点×２
2．２点
3．２点
4．４点

2	1	
	2	
	3	
	4	
	5	
	6	

1．２点
2．２点
3．２点
4．２点
5．３点
6．２点

【解答

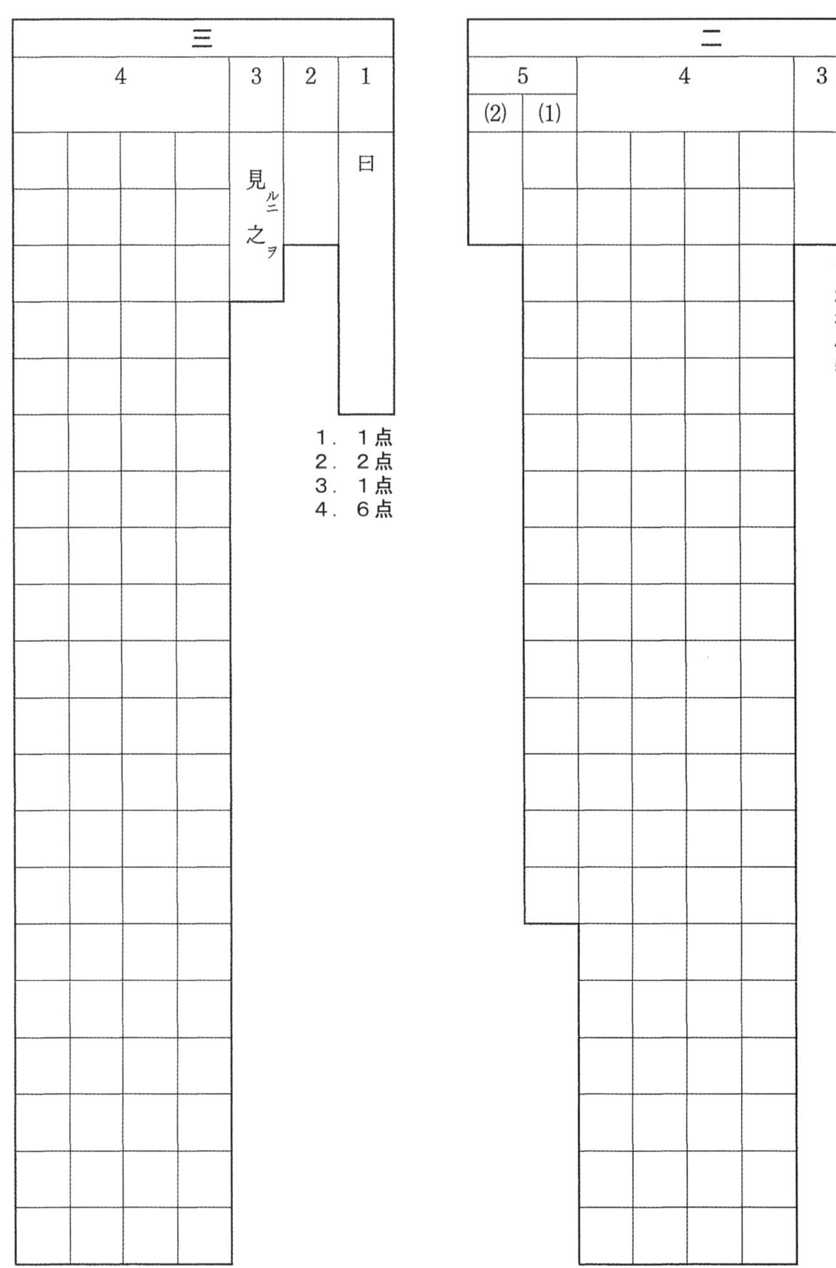

1．1点
2．2点
3．1点
4．6点

英語聞き取り検査台本

(チャイム２点)

※教英出版注
音声は，解答集の書籍ＩＤ番号を教英出版ウェブサイトで入力して聴くことができます。

英語の検査を開始します。問題用紙の１ページを開きなさい。
１番の問題は放送による問題です。
はじめに、１番の問題についての説明を行います。
１番の問題には、問題Ａ、問題Ｂ、問題Ｃの３種類の問いがあります。
問題Ａは対話と質問、問題Ｂは対話、問題Ｃは英文を放送します。これらはすべて２回ずつ放送します。メモをとっても構いません。
では、問題Ａを始めます。

(チャイム１点)
問題Ａ
これから、No.1～No.3まで、対話を３つ放送します。それぞれの対話を聞き、そのあとに続く質問の答えとして最も適切なものを、下のア～エの中から選んで、その記号を書きなさい。

No.1
A: Can we have dinner at a restaurant, Mom?
B: Sure, Jack. What did you have for lunch today?
A: I had a hamburger.
B: Well, we will not have hamburgers for dinner, then. How about pizza or spaghetti?
A: I want to eat something else today. How about Japanese food?
B: OK. Let's go to a sushi restaurant, then.
A: Great idea!

Question No.1: What are Jack and his mother going to eat for dinner?

No.2
A: Hi, Yuta. What does this graph show?
B: Hi, Ms. Green. It shows how many books students in my class read each month.
A: Students read more than three hundred books in both August and January.
B: We had vacations and had a lot of time to read books.
A: I see. Oh, students read only about one hundred books in June. Why?
B: We had tests and also had to practice for Sports Day after school, so we were very busy.

Question No.2: Which graph are Yuta and Ms. Green looking at?

No.3
A: Tom, I heard that you are going to go to the Christmas party at Kenta's house today.
B: Yes. I know Emily will join it, too. Do you know how many people are going to join the party?
A: Five people. You, Kenta, Emily, Nozomi, and me.
B: Oh, Emily told me that Nozomi is not going to come because she is sick.
A: I didn't know that. I hope she will get better soon.

Question No.3: How many people are going to join the Christmas party?

もう１回くりかえします。

問題Ａ
No.1
A: Can we have dinner at a restaurant, Mom?
B: Sure, Jack. What did you have for lunch today?
A: I had a hamburger.
B: Well, we will not have hamburgers for dinner, then. How about pizza or spaghetti?
A: I want to eat something else today. How about Japanese food?
B: OK. Let's go to a sushi restaurant, then.
A: Great idea!

Question No.1: What are Jack and his mother going to eat for dinner?

5　太郎は、アメリカに帰国したジョンに次のメールを送りました。本文の内容を踏まえて、このメール中の（　a　）～（　d　）に当てはまる最も適切な語を、下の**ア**～**エ**の中からそれぞれ選び、その記号を書きなさい。

> Dear John,
>
> Thank you for visiting our school last week. We were glad to (　a　) our experiences with you. As we discussed with you, to help others, we should understand what they (　b　). So, before we donate used clothes next time, we will (　c　) for more information about people who will receive the clothes. If we know more about them and their lives, we can (　d　) them clothes that are useful.
>
> Let's talk again soon!
>
> Taro

（注）as we discussed　私たちが話したように

ア　give　　**イ**　look　　**ウ**　share　　**エ**　need

3 次の英文は、高校生の健一が、英語の授業で「心に残る思い出」というテーマで書いた英作文です。これに関して、あとの1～6に答えなさい。

Did you know that geese fly in a V-formation? I heard about this formation in our high school class for the first time and learned that they can fly farther in this way. While geese are flying in the V-formation, they take turns leading the formation. When the lead goose is tired, it goes to the back and another goose comes to the front. In this way they can share the load and fly farther.

When I listened to this story, I remembered the chorus contest I had when I was a junior high school student. In that contest, I became a class leader because I was a member of the brass band and thought that ①I knew (to the how chorus make) better.

In May, we began to practice singing the song for the contest. I said to my classmates, "Let's practice hard and win first prize!" We practiced singing every day, but I thought our chorus was not getting better. I always told my classmates what was bad about our chorus.

One day, when we had two weeks before the contest, we were going to practice singing in the music room, and I asked everyone to come. However, only half of the class came. I got angry and said, "We cannot practice today." Then, one of my classmates said, "What? We came here to practice!" I didn't say anything. Then, Kyoka, another classmate, said, "Kenichi is tired because he is always thinking about our chorus. We should help him." She came to the front and said, "What do you want to practice today?" Some students told her they wanted to practice the beginning of the song. She said, "OK. We'll practice that part. Is it OK, Kenichi?" I said, "Yes...." Kyoka said, "Everyone, smile! Yes! That's perfect!" All of them smiled and sang louder. She said, "Our chorus is getting better! We can win first prize!"

After practicing, I went to her and said, "Thank you for helping me." She just smiled. I said, "You should be the leader instead of me because you understand them." She said, "I think you are a good leader, because you have a strong passion. We still have two weeks before the contest. We can win first prize!" After I talked to Kyoka, I wondered what was the best for the class and ②made some decisions.

The next day, I asked Kyoka to take turns leading the class with me. I said to her, "You can say [   ] things to our classmates when we practice singing. If both you and I are leaders, our chorus will be better." Kyoka thought about it for a few minutes and said yes. Kyoka and I spoke to the class about our chorus in turn.

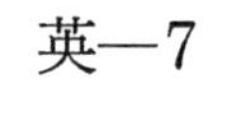

2024(R6) 広島県公立高
教英出版

I also asked the other classmates to say what they thought about our chorus to the class. A lot of classmates did so, and some of them cheered the class on. That improved our chorus.

At the chorus contest, we did our best and our chorus was great. We didn't win first prize, but everyone in the class said that the chorus contest was a good memory.

From this experience, I have learned that it is hard for only one member to improve the performance of the team. When each member shares the responsibility with the other members, the team can perform better.

（注）goose　雁（がん）（渡り鳥の一種、複数形は geese）
V-formation　V字型の隊形　for the first time　初めて
farther　より遠くへ　take turns〜　交替で〜する　lead　先導する
lead goose　先頭の雁　back　後ろ　load　負担　leader　リーダー
brass band　吹奏楽部　loud　大きな声で　instead of〜　〜の代わりに
passion　情熱　wonder　あれこれ考える　make a decision　決心をする
in turn　交替で　cheer〜on　〜を応援する　responsibility　責任
perform better　よりよい結果を出す

1　次の（1）・（2）に対する答えを、それぞれ英文で書きなさい。

（1）Did Kenichi learn about the V-formation of geese in junior high school?

（2）Why did Kenichi get angry and say, "We cannot practice today"?

2　下線部①が意味の通る英語になるように、（　　）内の語を並べかえなさい。

3　下線部②について、その内容を表している英文を、次の**ア**〜**エ**の中から２つ選び、その記号を書きなさい。

ア　Kenichi decided to tell his classmates to smile and sing louder.

イ　Kenichi decided to tell Kyoka that Kyoka and Kenichi should be leaders.

ウ　Kenichi decided to ask his classmates to share what they thought about their chorus with the class.

エ　Kenichi decided to stop practicing the song for the chorus contest.

4　本文中の［　　　］に適切な語を１語補って、英文を完成しなさい。

5　次のア～エの中で、本文の内容に合っているものを１つ選び、その記号を書きなさい。

ア　When geese fly in a V-formation, the lead goose never feels tired.

イ　In May, Kenichi's class started to practice singing for the chorus contest.

ウ　Kyoka did not think that Kenichi was a good leader.

エ　Kenichi's class won first prize in the chorus contest.

6　健一のクラスは、英語の授業で、ペアで互いの英作文を読み、読んだ感想を伝え合うことになりました。次の対話は、健一が、ペアを組んだ広子と、健一の英作文について話したときのものです。これを読んで、下の (1)・(2) に答えなさい。

Hiroko : Your essay was really good!

Kenichi : Thank you.

Hiroko : I like the beginning of your essay. I didn't know about the V-formation of geese. Have you ever [a] geese in a V-formation?

Kenichi : No, but I want to see them someday.

Hiroko : I also like your idea about improving the team performance. I am captain of the volleyball club, and I want our team to get stronger. After I read your essay, I realized that it is important for each team member to [b] . If we do so, our team will perform better, right?

Kenichi : Yes, I think that it is important for each member to do so.

（注）essay　作文　　captain　キャプテン

(1)　対話の流れに合うように、[a] に入る適切な英語を１語で書きなさい。

(2)　本文を踏まえて、[b] に入る適切な英語を７語以内で書きなさい。

2024(R6) 広島県公立高
教英出版

問題は、次のページに続きます。

4　あなたは、英語の授業で、次のテーマについてクラスで意見交換をすることになりました。このテーマについて、賛成または反対のいずれかの立場で、あなたの意見を30語以上50語以内のまとまりのある英文で書きなさい。なお、2文以上になっても構いません。ただし、下の【条件】と【注意事項】に従って書くこと。

紙の本より電子書籍の方がよい。 E-books are better than paper books.

（注）e-book　電子書籍

【条件】

（1）　賛成か反対かの立場を明確にすること。

（2）　賛成か反対を選んだ理由を２つ挙げること。

【注意事項】

英文は次の記入例のように各下線上に１語ずつ書くこと。短縮形（I'll や don't など）は１語と数え、符号（．や？など）は語数に含めません。

（記入例）　I'll　go　there.　（３語）

令和５年度

広島県公立高等学校

国　　　語

（９：１０～１０：００）

注　　意

1　検査開始のチャイムが鳴るまで開いてはいけません。

2　問題用紙の１ページから 10 ページに，問題が一から三まであります。
これとは別に解答用紙が１枚あります。

3　問題用紙と解答用紙に受検番号を書きなさい。

4　答えはすべて解答用紙に記入しなさい。

受検番号	第　　　　番

2023(R5) 広島県公立高
K 教英出版

一　次の文章を読んで、あとの問いに答えなさい。

> 中学二年生のソラは、同級生のハセオに誘われて、俳句を創作するようになり、俳句の魅力に引き込まれていく。ソラたちは、ヒマワリ句会を作り、同級生のユミも参加することになった。三人は、意欲的に俳句を創作している。
> 学校で行われた俳句大会で優勝したユミは、校長先生からの〝豪華景品〟を受け取りに行った。

そういえば、今年は雪が降っただろうか。ひどく寒い日に一日降ったようにも、けっきょく一度も降らなかったようにも思う。ハセオは、ああいう句を作ったということは、どこかで雪を見たのかもしれない。校長先生から聞かされた、ハセオの話を、ユミは思い出していた。春休み前、〝豪華景品〟を受け取りに行ったときのことだ。なんのことはない、校長先生が学生時代に出した詩集を、自費出版で立派な装丁[注1]の本にしたものだった。タイトルは、『青春はがんもどき』。気持ちはうれしいけど、こういうのをもらって、喜ぶ子はいるんだろうか……。でも、「造本に㋐凝って、時間がかかってしまったよ、ほらこのフランス装[注2]がきれいでしょう?」とうれしそうな校長先生を前にして、［　　］顔を見せるわけには、いかなかった。

それよりも、ユミにとって重要だったのは、「ヒマワリ句会のハセオくんなんだけどね。」と前置きをして始まった話のほうだった。「俳句大会の開会宣言のあとですぐ、私に直談判(じかだんぱん)を求めてきたんだ。」校長室に、いきなりやってきたハセオは、言いたいことがあるという。校長先生の発言を取り消してほしい、と。俳句は伝統文化。そう言った先生の言葉が、どうしても許せないのだという。伝統文化と言ったとたんに、祠(ほこら)[注3]の中の神様みたいになるのが、自分はいやだ。俳句は確かに昔からあるけれど、いまの自分の気持ちや、体験を盛るための器として、自分は俳句をやっている。校長先生の発言は、①〝いま、ここの詩〟として、俳句を作っている自分たちを、ないがしろにするものだ。「彼の言葉が、ぐさっと胸に突き刺さってね。」俳句とはなにか、詩とはなにか。生徒から問われた気がしたのだという。「あの生徒も、やはり、わが校の㋑誇りだよ。」校長先生は、私も考えがあって言ったことなので、発言の取り消しはしないが、あなたから与えられた〝宿題〟として、あなたの卒業の日までに、考えておくと返したそうだ。ハセオは、それでいちおう、満足した様子だったという。校長先生に自分が〝宿題〟を出したというのが、うれしかったのかも、などとユミは思う。あいつは、いつも宿題に苦しめられていたから。「この本を出そうと思ったのも、彼の言葉がきっかけだったんだ。――ところで、俳句大会に彼が出した句を、君は知ってる?」ユミは頭(かぶり)を振る。本人に聞いても、適当にはぐらかされたまま、いまに至っていた。

校長先生は少し考えてから、「君は彼と同じ句会の仲間、つまり句友だしね。俳句大会の優勝者でもある。感想を聞いてみたい。彼には、私が伝えたことは、内緒にしておいてくれよ。」と断ってから、「こんな句なんだ。」と、一枚の短冊(たんざく)を渡した。俳句大会の投稿用紙として、使われたものだ。短冊の裏に、クラスと名前を書く欄があるから、それを手掛かりにボックスの中の大量の投句の中から、ハセオの句を探しだしたのだろう。ユミにとっては、記名欄を確認する必要はなかった。まぎれもなく、ハセオのくせの強い字で、

雪がふる ②そらのことば を受け止める

と書いてある。「その句はね、大会では、三点しか入っていなかったんだ。でも、私はいい句だと思う。あなたはどうかな？」ユミは、その短冊の字を、何度も目で追った。追うだけではなくて、思わず一度、口に出してもみた。まちがいない。それは、ユミが、③自分のサクラシールを貼った句だった。ヒマワリ句会に出るようになって、たくさんの言葉とめぐりあった。誰かの言葉にも、そして自分の中に潜んでいた言葉にも。今まで聞いたことのない言葉もあった。なじみのある言葉であっても、それががらりと違って見えたこともあった。言葉は、とても頼りない。形がなくて、すぐに消えてしまう。まさに、雪のように。でも、その言葉を受け止めて、一歩踏み出すことができたのも、ゆるがない事実だ。この学校に、自分と同じように言葉に助けられた人がいたということがうれしくて、最終的にこの句を選んだのだった。やっぱり、ふざけなければ、いい句も書けるじゃないか。もしいまここに、ハセオがいたなら、その背中をばーん！と叩いてやるところだ。

「てのひらに降ってくる雪。それを、『そらのことば』と言いかえてみせたのは、あっと驚くマジックじゃないかい？ふつうは『空の言葉』と書くところ、ひらがなにしているのはきっと、そのことで、雪のつぶのやわらかさを表現したかったんだと、私は思う。」校長先生は、ユミの感想も待たないで、少し興奮した㋒口調で、鑑賞の弁を述べた。

たしかに、その通りだ。でも、ハセオの句と知ったいま、ユミは隠された意図をそこに読み取っていた。これは挨拶なんだ。ハセオから、ソラへの。「そら」には、かけがえのない友人の名前を、掛けてあるのだ。もうすぐやってくる、あのふたり。たぶん、たがいにそのことを知らない。ユミが知っていることも、知らないだろう。そして、④知らないままでいい。私たちは、句友だ。たがいへの思いは、だらだらと語らなくても、じゅうぶんにわかっている。

（髙柳克弘「そらのことばが降ってくる」による。）

（注1）装丁 ＝ 書物の外側のデザイン。
（注2）フランス装 ＝ 製本方法の一つ。
（注3）祠 ＝ 神をまつった小堂。

1　㋐～㋒の漢字の読みを書きなさい。

2　[　　]に当てはまる最も適切な表現を、次のア～エの中から選び、その記号を書きなさい。

ア　物知り　　**イ**　得意げな
ウ　不満げな　　**エ**　何食わぬ

2023(R5) 広島県公立高
教英出版

3　①〝いま、ここの詩〟とあるが、ハセオが、このように言ったのはなぜですか。その理由について述べた次の文の空欄Ⅰに当てはまる適切な表現を、十五字以内で書きなさい。また、空欄Ⅱに当てはまる最も適切な表現を、本文中から二十字以内で抜き出して書きなさい。

俳句を伝統文化と言ってしまうと、俳句が、祠の中の神様のように（　　Ⅰ　　）存在になってしまうが、ハセオにとって俳句とは、（　　Ⅱ　　）であるから。

4　②そらのことばとあるが、次の文は、ハセオが作った俳句のこの部分に対する校長先生の解釈をまとめたものです。空欄Ⅲに当てはまる適切な表現を、三十五字以内で書きなさい。

「そらのことば」は、てのひらに降ってくる雪を言いかえたものであり、（　　Ⅲ　　）のではないかと、校長先生は解釈した。

5　③自分のサクラシールを貼った句とあるが、本文中にユミが俳句大会でサクラシールを貼り、この句を選んだ理由が述べられている一文があります。その文のはじめの五字を抜き出して書きなさい。

6　④知らないままでいいとあるが、この描写について、国語の時間に生徒が班で話し合いをしました。次の【生徒の会話】はそのときのものです。これを読んで、あとの(1)・(2)に答えなさい。

【生徒の会話】

清水：ユミが「知らないままでいい」と思っているのは、俳句大会のハセオの句は、（　　Ⅳ　　）ということと、それをユミが知っているということだよね。「知らないままでいい」ということは、ユミはそのことをソラとハセオには伝えないんだよね。

川上：三人は、仲の良い友人だから、伝えなくてもいいということだと思うよ。

藤井：そうかな。ユミは「私たちは、句友だ」といっているよね。ユミは、三人が、俳句を通してつながっているということを強く意識しているのだと思うよ。句友であることを踏まえて、三人の関係を考えたらいいと思うよ。

清水：句友ということは、俳句の特徴も関係するのかな。

(1)　空欄Ⅳに当てはまる適切な表現を、五十字以内で書きなさい。

(2)　次の【ノート】は、【生徒の会話】のあとに、清水さんたちが、話し合いの内容を踏まえて、ノートに書いたものです。この【ノート】の空欄Ⅴに当てはまる適切な表現を、俳句の特徴を踏まえて、六十字以内で書きなさい。

【ノート】

○ユミが「知らないままでいい」と思った理由

三人は、（　　　Ⅴ　　　）という関係にあるから。

二　次の【文章1】・【文章2】を読んで、あとの問いに答えなさい。

【文章1】

自然環境の保全は、その担い手である地域社会にとってまさに「言うは易く行うは難し」なテーマの一つだと思います。部外者がその生き物は大事だ、保全しろ、と言ったところで地域社会にとってメリットがなければ、貴重な時間やお金を投じるのは躊躇[注1]するのではないでしょうか。逆に言えば、自然環境の保全を充実させるためには、①地域社会が保全を通じて持続的に経済的な利益を得られる仕組みを構築することが求められているのです。

自然環境を活用した観光は自然を直接消費せず、保全成果を直接的な経済収益に繋げることのできる数少ない産業ですが、実際には無秩序な観光の促進によって自然環境が劣化する事例が散見されています。その原因は多岐にわたりますが、関係者がその地域の自然環境の質と観光の経済効果を十分に紐[注2]づけて理解していないこと、その地域で環境保全を強化・促進することが地域経済にどれだけ影響をもたらすのか具体化できていないこと等が理由として挙がるのではないでしょうか。

（国立環境研究所ウェブページによる。）

（注1）躊躇　＝　ためらうこと。

（注2）紐づける　＝　二つ以上の事柄の間につながりをもたせること。

【文章2】

ネグロス島のダウインでは、サンゴ礁を保護して海洋生物に対する㋐フカを減らしつつ、沿岸の集落の生活を維持する努力が実を結んでいた。

この試みを始めたのは、フィリピン人の生物学者で、地元の自治体が管理する小規模な海洋保護区（ＭＰＡ）の設置を提唱したアンヘル・アルカラだ。こうした保護区の主な目的は生物多様性を守ることだが、彼の念頭にあったのは漁業に利益をもたらすことだった。「フィリピンの人々は魚が主食です。」ダウインの北にあるシリマン大学の研究所で所長を務めるアルカラは私にそう言った。「それを維持するために、海洋保護区が必要なのです。」

一九七〇年代初頭、アルカラは二つの保護区を試験的に設定した。一つは人間が㋑クらしている島（ダウイン沖のアポ島）の近くで、もう一つは無人島（セブ島近くのスミロン島）の近くだ。どちらもいかなる手段による漁も禁止にした。

その結果は目覚ましいものだった。Ⓐ十年後、二つの保護区では生物量が増え、少なくとも六倍になった魚種もあった。生息密度が高くなったことは、漁師に恩恵を与えた。保護区から外の海域に〝あふれ出した〟魚は、合法的に捕獲できるからだ。

この成功に注目したのが、二〇〇一年にダウインの町長に選ばれたロドリゴ・アラナノだ。アラナノはダウインの海岸線に沿って保護区を増やすことに決めた。

しかし、自給自足で漁をする人々に対し、昔からの漁場の一部を諦めるよう、どうやって説得したのだろう。私の問いかけにアラナノはこう答えた。「Ⓑ魚を捕るだけでなく、育てる場所も必要だと言いました。『保護区をつくれば、そこで魚が増えて、外にあふれてくる。それは皆さんのものです。保護区の海は魚だけでなく、皆さんや未来を育ててくれるんです。』とね。保護区はいずれダイビング・スポットになるから、その収入も見込めると説明しました。」

［　　］、将来的に利益が得られる保証はなく、沿岸住民の多くは保護区に反対だった。アラナノは訴訟をいくつも起こされ、脅迫も受けた。それでも彼は、「町長になったとき、私はこの仕事に命を預けましたから。」と意に介さない。

「漁師の家に生まれたわけでもないのに、なぜそこまで㋒ジョウネツを傾けるんですか？」と、私はアラナノに尋ねた。

「私は鉱山技術者なんです。」と、アラナノは語り始めた。「Ⓒ政治の世界に入る前は採掘会社で十二年働き、多くの山を爆破しました。たくさん環境破壊をしてきたんです。一度壊された環境は人間の手で元に戻すことができないと、そのとき学びました。お金がいくらあっても食べていけないことに気づくのは、最後の魚を殺した後でしょう。」

アラナノは在職中の九年間に、ダウイン沿岸のMPAを四カ所から十カ所に増やした。そのいくつかに潜ってみると、小規模ながらも、チンアナゴなどの珍しい生き物が見られた。

予想通り、保護区の美しい景観は観光客を呼び込んだ。フィリピンを構成する七六四一の島々のなかで、人気のダイビング・スポットは数十カ所もあるが、ダウインもその一つになった。この町のMPAには、タツノオトシゴMPAなど、各海域の呼び物である魚の名前がついている。

観光業がさかんになるにつれて、サービス業に転じる漁師も出てきた。Ⓓセブ島沿岸のオスロブでは、漁業組合の組合員で実際に魚を捕っている者はほとんどいない。観光客がジンベエザメと泳ぐツアーで十分稼げるのだ。ミンドロ島のプエルト・ガレラの近くでは、漁師が観光客をカヌーに乗せて、シュノーケリングでシャコガイを見られるポイントまで運んでいた。

（「ナショナル　ジオグラフィック日本版二〇二二年六月号」による。）

1　㋐～㋒のカタカナに当たる漢字を書きなさい。

2　［　　］に当てはまる最も適切な語を、次の**ア**～**エ**の中から選び、その記号を書きなさい。

ア　たとえば　**イ**　さらに　**ウ**　なぜなら　**エ**　だが

3　Ⓐ～Ⓓを、事実と意見に分けたときに、事実であるものには**ア**を、意見であるものには**イ**を、それぞれ書きなさい。

2023(R5) 広島県公立高
教英出版

4　①地域社会が保全を通じて持続的に経済的な利益を得られる仕組みとあるが、【文章2】で述べられているアンヘル・アルカラが考えた同様の仕組みを、五十字以内で書きなさい。

5　次の【ノート】は、ある生徒が【文章1】・【文章2】を読んで考えたことをノートに書いたものです。この【ノート】の空欄Ⅰに当てはまる適切な表現を、四十五字以内で書きなさい。

【ノート】

【文章2】では、ロドリゴ・アラナノの海洋保護区の取り組みの成功によって、ダウインの保護区には美しい景観がもたらされ、観光業がさかんになったことが書かれていた。たしかに、この取り組みは、地域に新たな産業をもたらし、地元の人々に、新たな収入源を与えたという面では意義深い。

しかし、【文章1】の内容を踏まえて、ダウインのその美しい景観の今後について考えてみると、（　　　Ⅰ　　　）ということが起こるおそれがあるのではないか。

問題は，次のページに続きます。

2023(R5) 広島県公立高
教英出版

三　次の文章を読んで、あとの問いに答えなさい。

およそ［ a ］を見わけて善悪を定むる事は、殊に大切の事にて候（さうらふ）。ただ人毎（ごと）に（どの人も）推量ばかりにてぞ侍（はべ）ると見えて候。その［ b ］は、上手と①いはるる人の歌をばいとしもなけれども（大したこともないのに）讃（ほ）めあひ、いたく用ゐられぬたぐひ（あまり世間で認められないような人）の詠作をば、抜群の歌なれども、結句難をさへとりつけて譏（そし）り侍るめり（かえって欠点までも指摘して非難するようです）。ただ②主によりて歌の善悪をわかつ人のみぞ候める（ばかりおりますようです）。まことにあさましき（あきれた）事とおぼえ侍る。これは、ひとへに是非（自分の主体的な評価）にまどへる故なるべし。おそらくは、寛平[注]以往の先達（せんだち）（すぐれた歌人）の歌にも善悪思ひわかたむ人ぞ歌の趣を存ぜるにては侍るべき（価値が分かる人でございましょう）。

（「毎月抄」による。）

（注）寛平＝平安時代に用いられた年号の一つ。

1　［ a ］・［ b ］に当てはまる語の組み合わせとして最も適切なものを、次のア～エの中から選び、その記号を書きなさい。

ア（a 歌　b 故）　イ（a 故　b 歌）
ウ（a 主　b 歌）　エ（a 歌　b 主）

2　①いはるるを、現代仮名遣いで書きなさい。

3　②主によりて歌の善悪をわかつとあるが、「主」によって「善悪をわかつ」ということについて、歌以外の例を日常生活の中から一つ挙げて、あなたの考えを書きなさい。ただし、次の条件1・2に従って書くこと。

条件1　二段落構成とし、第一段落には、歌以外の例を一つ挙げて書き、第二段落には、「主」によって「善悪をわかつ」ことに対するあなたの考えを書くこと。

条件2　現代の言葉を用いて、二百字以内で書くこと。

※　左の枠は、下書きに使っても構いません。解答は必ず解答用紙に書きなさい。

200

㊏

社　　　会

（１０：２０〜１１：１０）

注　　　意

1　検査開始のチャイムが鳴るまで開いてはいけません。

2　問題用紙の1ページから12ページに，問題が[1]から[4]まであります。

これとは別に解答用紙が1枚あります。

3　問題用紙と解答用紙に受検番号を書きなさい。

4　答えはすべて解答用紙に記入しなさい。

受検番号	第　　　　番

1 資源・エネルギーに関して，あとの１～３に答えなさい。

1　発電に関して，次の（１）・（２）に答えなさい。

（１）次のグラフⅠは，2019年における日本，アメリカ，中国，ノルウェー，ブラジルの総発電量とその内訳を示したものです。グラフⅠ中の**あ**～**え**は，アメリカ，中国，ノルウェー，ブラジルのいずれかの国と一致します。**あ**～**え**のうち，ブラジルに当たるものはどれですか。その記号を書きなさい。

グラフⅠ

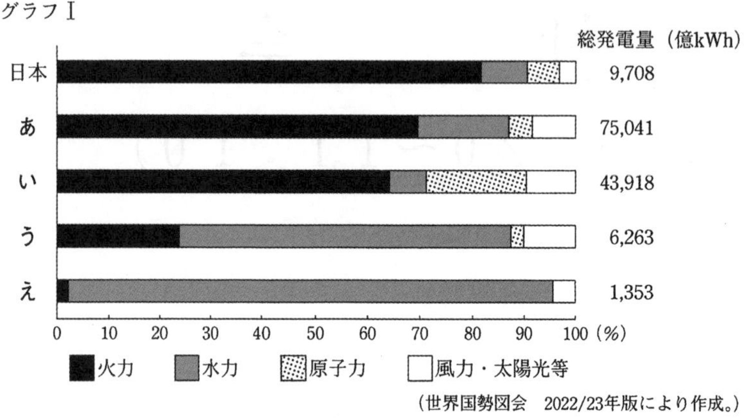

（世界国勢図会　2022/23年版により作成。）

（２）日本で，石油や石炭，天然ガスを燃料とする主な火力発電所（最大出力150万kW以上）が多く立地しているのはどのような場所ですか。次の**ア**～**エ**の中から，最も適切なものを選び，その記号を書きなさい。

ア　海の沿岸　**イ**　川の上流部の沿岸　**ウ**　山間部のダム付近　**エ**　内陸部の空港付近

2　鉱産資源に関して，あとの（１）・（２）に答えなさい。

（１）右のグラフⅡは，2021年におけるＸ国の鉄鉱石の総輸出量に占める輸出相手国の割合を示しています。Ｘ国の国名は何ですか。その国名を書きなさい。

（２）レアメタルの一つに，プラチナがあります。あとの**ア**～**エ**の地図は，プラチナ，オレンジ，自動車，綿糸のいずれかの品目の，2021年における輸出額が世界で最も多かった国からの輸出先上位５か国への輸出を示したものです。**ア**～**エ**のうち，プラチナの輸出に当たるものはどれですか。その記号を書きなさい。

グラフⅡ

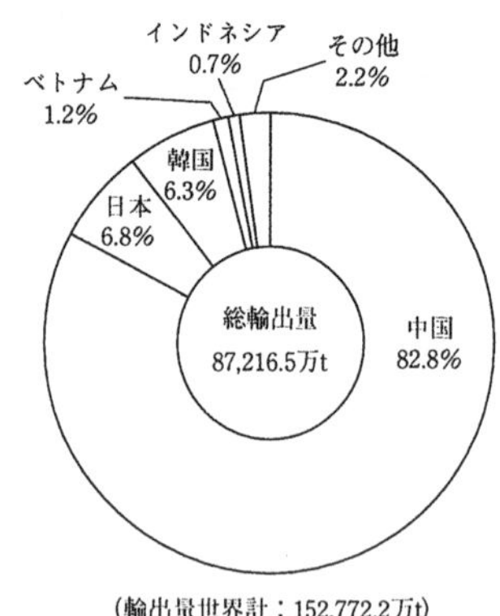

（輸出量世界計：152,772.2万t）

（UN Comtradeウェブページにより作成。）

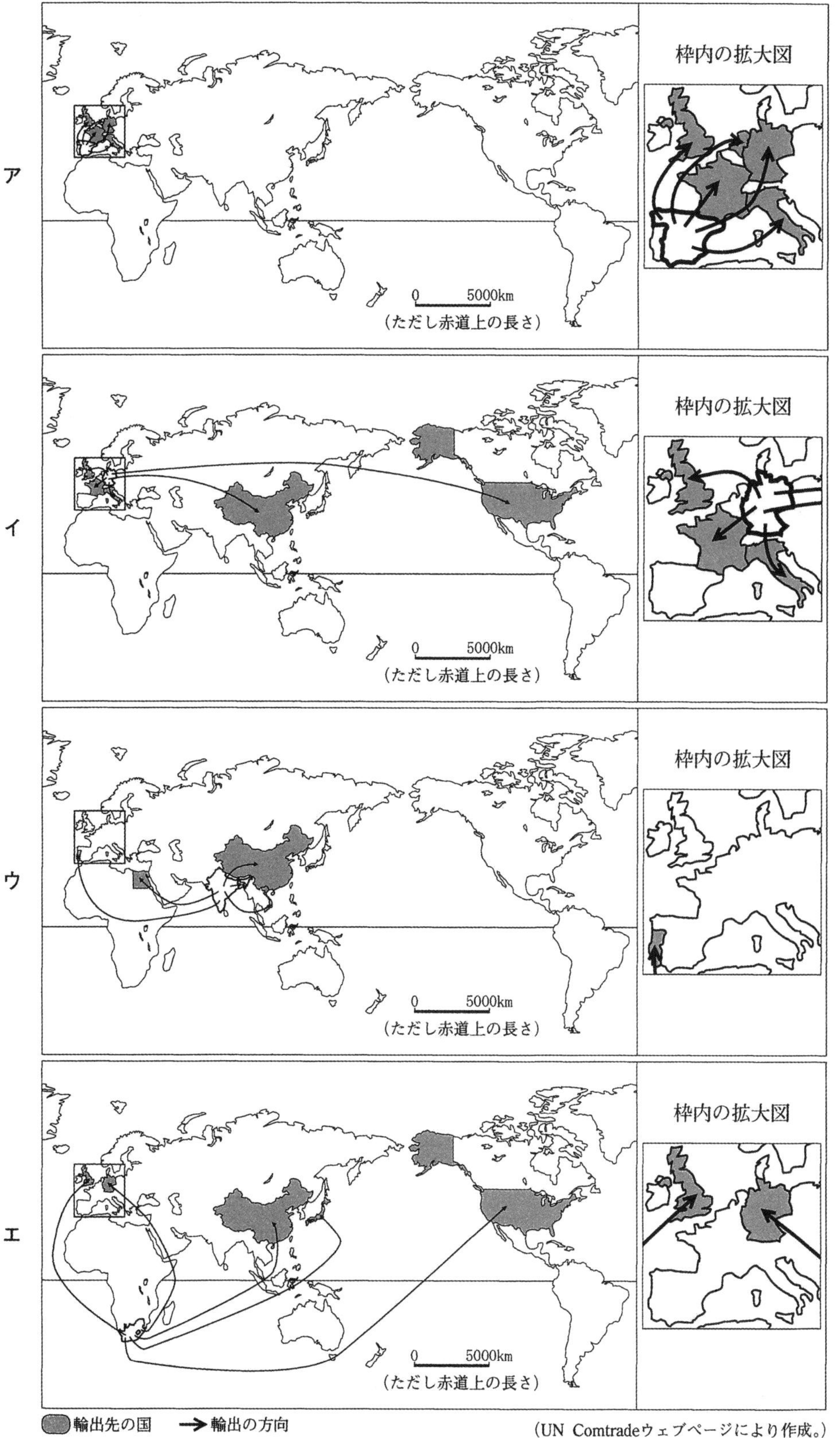

(UN Comtradeウェブページにより作成。)

3　バイオマス資源に関して，次の資料Ⅰ・Ⅱは，それぞれ地域の特色を生かしたバイオマス資源の活用の取り組みについて述べたものです。また，下の文章は，これらの取り組みがバイオマス資源の活用における問題点の解決にどのようにつながっているかについて述べたものです。文章中の ［　　　　］ にはどのような内容が当てはまりますか。資料Ⅰ・Ⅱを基に簡潔に書きなさい。

資料Ⅰ

北海道鹿追(しかおい)町にあるバイオガス発電設備では，町内の乳牛の排せつ物を回収し，微生物による発酵で発生させたバイオガスを利用して発電する。この発電設備には，1日に乳牛約1,300頭分の排せつ物を処理する能力がある。

資料Ⅱ

香川県高松市には多くの製麺所やうどん店が集中しており，工場でうどんを製造する工程で麺の切れ端が出たり，うどん店が時間をおいたうどんを提供しなかったりするために，年間推計6,000トン（小麦粉換算）以上のうどんが廃棄されている。高松市にあるバイオガス発電設備では，廃棄されるうどんを回収し，バイオガス化して発電を行う。

一般的に，動植物に由来するバイオマス資源は薄く広く存在しているため，収集や運搬に高い費用がかかったり，資源の供給が不安定であったりすることなどが，バイオマス資源の活用における問題点である。資料Ⅰ・Ⅱの二つの地域では，ともに地域に ［　　　　］ されるため，バイオマス資源が地域内に安定的に供給されている。このことから，これらの取り組みは，バイオマス資源の活用における問題点の解決につながっているといえる。

問題は，次のページに続きます。

2 次のA～Eは，それぞれ日本の法に関わることがらについて述べた文です。あとの1～6に答えなさい。

A　大宝律令が定められ，律令に基づいて政治を行う律令国家となった。
B　執権北条泰時により，武士の社会の慣習に基づいて，御成敗式目が定められた。
C　戦国大名によって，領国を支配するために分国法が定められることがあった。
D　武家諸法度が定められ，幕府に無断で大名家どうしが結婚することなどが禁じられた。
E　明治政府によって，国の仕組みの整備が進められるなか，大日本帝国憲法が発布された。

1　Aに関して，次の**ア**～**エ**のうち，大宝律令が制定された8世紀初めの日本のできごとについて述べた文として最も適切なものはどれですか。その記号を書きなさい。

ア　葛飾北斎が浮世絵の風景画を描いた。
イ　遣唐使が唐の制度や文化をもち帰った。
ウ　宋で学んだ栄西らが禅宗を伝えた。
エ　紫式部が「源氏物語」を書いた。

2　Bに関して，次の文章は，御成敗式目が制定された背景について述べたものです。下の**ア**～**エ**のうち，［　　　　］に当てはまる内容として最も適切なものはどれですか。その記号を書きなさい。

承久の乱の後，鎌倉幕府の支配が西日本に広がり，［　　　　］の間で土地をめぐる争いが増加した。幕府は，このような争いに対応するため，武士の社会の慣習に基づいて御成敗式目を制定し，裁判の基準とした。

ア　諸国の武士と朝廷を思うように動かすようになった平氏
イ　国内の武士と一国を支配するようになった守護大名
ウ　荘園の領主と地頭に任命された武士
エ　都から派遣された国司と地方の豪族から任命された郡司

3　Cに関して，次の資料Ⅰは，分国法の一つである朝倉孝景条々の一部を示したものであり，下の文章は，資料Ⅰ中の下線部①の内容による影響について述べたものです。文章中の［　　　　］に当てはまる適切な語を書きなさい。

資料Ⅰ
わが朝倉の館のほかには，領国内に城を構えてはならない。①<u>すべて所領のある者は，一乗谷に移り住み，それぞれの領地には代官だけを置くべきである</u>。

下線部①の内容により，戦国大名の朝倉氏の家臣は，朝倉氏の本拠地である一乗谷に集められた。また，一乗谷には商工業者も集まり，本拠地の一乗谷は朝倉氏の［　　　　］として繁栄していくことになった。

2023(R5) 広島県公立高
K 教英出版

4　Dに関して，次の文章は，武家諸法度について述べたものであり，下の資料Ⅱは，武家諸法度の一部とこの部分に関連するできごとについて述べたものです。文章中の［　　　　］にはどのような内容が当てはまりますか。資料Ⅱを基に簡潔に書きなさい。

> 江戸幕府は，武家諸法度を定めて厳しく大名の統制をした。資料Ⅱのできごとのように，幕府が，武家諸法度や幕府の命令に［　　　　］ことは，幕府の権力を示すことになり，幕藩体制の確立につながった。

資料Ⅱ

〔武家諸法度の一部〕

一　諸国の城は，修理する場合であっても，必ず幕府に申し出ること。

〔関連するできごと〕

広島藩の大名であった福島正則は，幕府に申し出ずに広島城を修理したため，幕府から城を壊すように命じられていた。しかし，石垣を少し壊しただけにしておいたため，幕府によって広島藩の大名の地位を奪われた。

5　Eに関して，1873年から地租改正が行われ，税を納めさせる方法が，一定量の米によるものから現金によるものに変わりました。税を納めさせる方法が変わったのはなぜですか。その理由を，右のグラフⅠを基に簡潔に書きなさい。

グラフⅠ　米価の推移

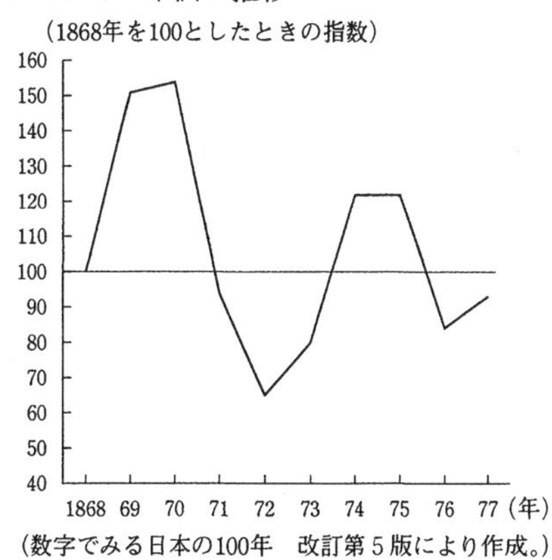

(数字でみる日本の100年　改訂第５版により作成。)

6　次のａ～ｅのうち，主君が家臣に土地の支配を認めることによって，家臣が主君に従う関係で成り立っていた社会はどれですか。下のア～エの組み合わせの中から最も適切なものを選び，その記号を書きなさい。

ａ　律令国家によって政治が行われていた社会

ｂ　鎌倉幕府によって政治が行われていた社会

ｃ　戦国大名によって政治が行われていた社会

ｄ　江戸幕府によって政治が行われていた社会

ｅ　明治政府によって政治が行われていた社会

ア　ａ・ｂ・ｃ　　**イ**　ｂ・ｃ・ｄ　　**ウ**　ｂ・ｃ・ｅ　　**エ**　ｃ・ｄ・ｅ

3 人権と日本国憲法に関して，あとの１～５に答えなさい。

1　次の文章は，日本国憲法施行の翌年に発行された，中学生や高校生が民主主義について学ぶための教科書である「民主主義」の一部です。下の**ア**～**エ**のうち，この文章の内容について述べたものとして最も適切なものはどれですか。その記号を書きなさい。

政治のうえでは，万事の調子が，「なんじ臣民」から「われら国民」に変わる。国民は，自由に選ばれた代表者をとおして，国民自らを支配する。国民の代表者は，国民の主人ではなくて，その公僕である。

ア　法の下の平等が掲げられたこと
イ　平和主義が掲げられたこと
ウ　国民主権の考え方が取り入れられたこと
エ　三権分立の考え方が取り入れられたこと

2　次の文章は，人権を保障するための考え方と日本国憲法の内容について述べたものです。この文章中の［ a ］・［ b ］に当てはまる語はそれぞれ何ですか。下の**ア**～**エ**の組み合わせの中から最も適切なものを選び，その記号を書きなさい。

国の政治の基本的なあり方を定める憲法によって国家権力を制限して，人権を保障するという考え方を，［ a ］という。そして，日本国憲法では，［ b ］であるこの憲法に違反する法律などは無効であることや，天皇または摂政及び国務大臣，国会議員，裁判官その他の公務員はこの憲法を尊重し擁護する義務を負うことが定められている。

ア［a　資本主義　b　国際法規］　**イ**［a　資本主義　b　最高法規］　**ウ**［a　立憲主義　b　国際法規］　**エ**［a　立憲主義　b　最高法規］

3　製品の欠陥によって消費者が被害を受けた場合，企業は消費者に賠償しなければならないという法律が定められています。この法律を何といいますか。次の**ア**～**エ**の中から選び，その記号を書きなさい。

ア　製造物責任法　　**イ**　情報公開法　　**ウ**　独占禁止法　　**エ**　消費者契約法

4　次の資料Ⅰは，ある道路の開通後に，周辺住民と道路の設置者との間で争われた裁判の最高裁判所の判断について述べたものです。下の**ア**～**エ**の新しい人権のうち，資料Ⅰの内容と最も関係が深いと考えられるものはどれですか。その記号を書きなさい。

資料Ⅰ

この道路の周辺住民は，道路開通前に比べて，自動車騒音等により睡眠，会話，テレビの聴取等に対する妨害及びこれらの悪循環による精神的苦痛等の被害を受けている。この道路は，産業物資流通のための地域間交通に役立っているが，地域住民の日常生活の維持に不可欠とまではいうことのできない道路である。周辺住民が道路の存在によってある程度の利益を受けているとしても，被害は社会生活上我慢できる限度を超えていると判断できる。

ア　自己決定権　　**イ**　知る権利　　**ウ**　環境権　　**エ**　プライバシーの権利

5　次の資料Ⅱは，労働契約について述べたものです。日本国憲法第28条で，労働者の団結権が保障されているのはなぜですか。その理由を，資料Ⅱを踏まえて，簡潔に書きなさい。

資料Ⅱ

みなさんが会社に就職しようとする場合，みなさん（労働者）と会社との間で，「働きます」「雇います」という約束＝労働契約が結ばれます。どういう条件で働くか等の契約内容も労働者と会社の合意で決めるのが基本です。

（厚生労働省ウェブページにより作成。）

4 ある学級の社会科の授業で,「地域の伝統的な生活・文化」について班ごとに分かれて学習をしました。中野さんの班では,伝統的な計算用具である「そろばん」に注目し,調べたことを基に次のカードA～Cを作成しました。あとの1～4に答えなさい。

カードA　日本に伝来する以前のそろばん	カードB　庶民に広まった頃のそろばん	カードC　高度経済成長期以後のそろばん
紀元前300年頃から,ローマなど地中海地方の①交易で現在に近いかたちの溝そろばんが使われていた。 日本には室町時代に中国から伝わったとされる。	「読み・書き・そろばん」と言われるように②江戸時代には町人などにも広まった。 明治時代以後も学校・職場などに幅広く普及した。	③高度経済成長期の金融業でも計算用具としてそろばんが重視されていた。 しかし,コンピュータが普及した後は,あまり職場で使われなくなった。

1　下線部①に関して,中野さんは,そろばんのような計算用具が日本に伝来する前から交易で使われていたことに注目し,交易について調べました。次の**ア**～**エ**のうち,室町時代が始まった14世紀前半までの世界や日本における交易について述べた文として最も適切なものはどれですか。その記号を書きなさい。

ア　イギリスはインドのアヘンを清で売り,清から茶を買った。

イ　日本の商人が宋の商人と貿易を行い,宋銭が流入するようになった。

ウ　日本は生糸をアメリカなどに輸出し,世界最大の生糸の輸出国になった。

エ　ポルトガルの商人は日本で火薬や鉄砲を売り,日本から主に銀を持ち帰った。

2　下線部②に関して,西村さんは,なぜそろばんが町人などに広まったのかについて疑問をもって調べ,右の資料Ⅰを見付け,資料Ⅰから読み取れることと当時の子どもたちの学びを関連付けて,その理由を次のようにまとめました。まとめの中の［　　　］に当てはまる適切な語を書きなさい。

（新潮日本古典集成により作成。）

> 西村さんのまとめ
>
> 江戸時代には,東日本で金が,西日本で銀が主に流通しており,金貨は枚数を数えて使用する貨幣,銀貨は重さを量って使用する貨幣であった。金と銀の価値は日々変動したので,資料Ⅰで描かれているような作業を通して［　　　］をしたり,金貸しをしたりすることで大名をしのぐほどの経済力をもつ商人が現れた。貨幣の流通が進み,商売に必要な計算用具となったそろばんの技能は,寺子屋で子どものころから学ぶことができ,そろばんは町人などに広まった。

2023(R5) 広島県公立高
教英出版

3　下線部③に関して，村田さんは，高度経済成長期以後にそろばんに代わって電卓が使われ始めたことを知り，電卓の普及について調べ，調べたことについて西村さんと話し合いました。次の会話とグラフⅠ～Ⅲは，そのときのものです。会話中の［ a ］・［ b ］に当てはまる語はそれぞれ何ですか。下のア～エの組み合わせの中から最も適切なものを選び，その記号を書きなさい。

村田：電卓の出荷台数の推移を示したグラフⅠを見付けたよ。

西村：1980年代半ばに出荷台数が急激に減少しているね。

村田：電卓の輸出台数の推移を示したグラフⅡも見付けたんだけど，同じ時期に輸出台数も急激に減少しているよ。

西村：出荷台数の急激な減少は，輸出台数の急激な減少が主な要因だと考えられるね。

村田：でも，1980年代半ばに輸出台数が急激に減少したのはなぜだろう。

グラフⅠ　電卓の出荷台数の推移

(万台)

10,000 / 9,000 / 8,000 / 7,000 / 6,000 / 5,000 / 4,000 / 3,000 / 2,000 / 1,000 / 0

1965　70　75　80　85　90 (年)

(機械統計年報により作成。)

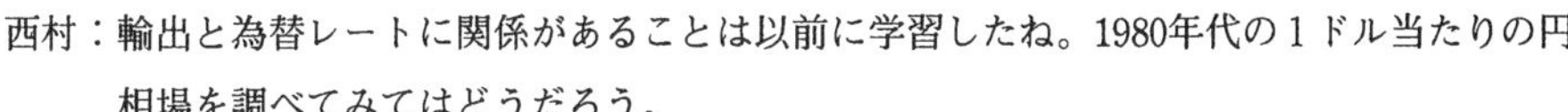

西村：輸出と為替レートに関係があることは以前に学習したね。1980年代の1ドル当たりの円相場を調べてみてはどうだろう。

村田：1ドル当たりの円相場の推移を示したグラフⅢを見付けたよ。これを見ると，1980年代半ばに，［ a ］が進んで，電卓の輸出が［ b ］になったといえるかもしれないね。それも輸出台数が急激に減少した理由の一つだと考えられるね。

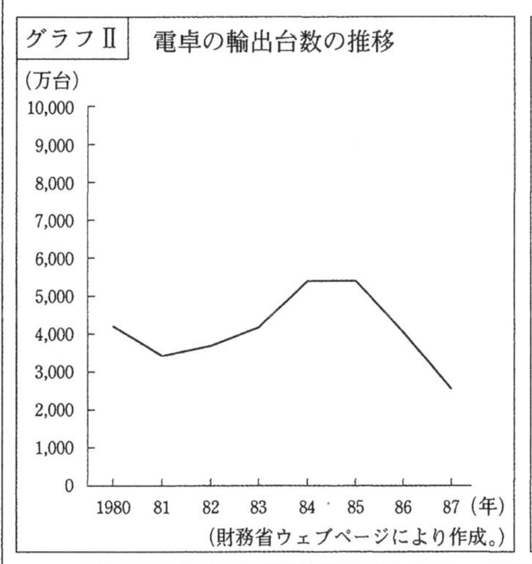

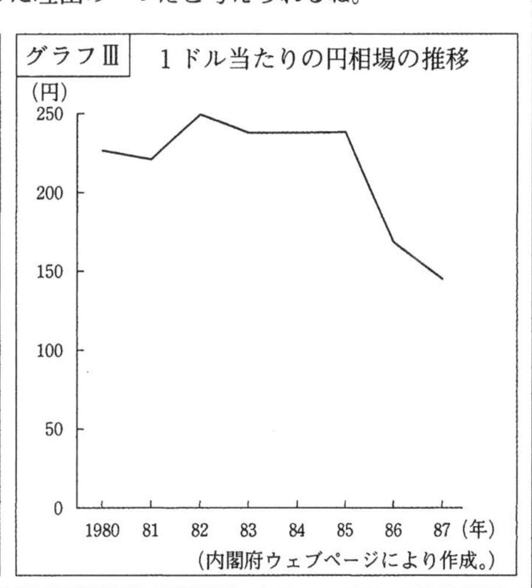

ア［a 円高　b 有利］　イ［a 円高　b 不利］　ウ［a 円安　b 有利］　エ［a 円安　b 不利］

4　中野さんの班では，伝統的工芸品として指定されている兵庫県小野市の播州(ばんしゅう)そろばんについて調べ，伝統的工芸品としてのそろばんは木を主な材料としていることを知りました。あとの（1）・（2）に答えなさい。

（1）中野さんの班では，なぜ小野市でそろばんの生産がさかんになったのかについて疑問をもち，小野市と，雲州そろばんが伝統的工芸品として指定されている島根県奥出雲町について調べたことを次の表Ⅰにまとめ，これらの地域でそろばんの生産がさかんになった理由を二つの地域の共通点を基に説明しました。中野さんの班の説明はどのようなものだと考えられますか。表Ⅰを基に簡潔に書きなさい。

表Ⅰ　二つの地域の江戸時代までの様子

兵庫県 小野市	・なだらかな丘陵があり，林が広がっていた。 ・ハサミなどの家庭用刃物類が家内工業として生産されていた。 ・豊臣秀吉による城攻めから逃れた人々が，近江国（滋賀県）のそろばんの製法を習得してもち帰った。
島根県 奥出雲町	・山間部で，森林に囲まれていた。 ・製鉄業がさかんで，小刀などの刃物が生産されていた。 ・大工が安芸国（広島県）のそろばんを参考に大工道具を使って製作を始めた。

2023(R5) 広島県公立高
K 教英出版

（2）中野さんの班では，播州そろばんの製造業者にオンラインでインタビューを行い，伝統的工芸品としての播州そろばんの生産を続けていくことが製造業者にとって困難になっていることが分かりました。次のノートは，聞き取ったことをまとめたものです。中野さんの班では，この製造業者に対して，播州そろばんの生産を継続していく上での問題点の解決に向けた取り組みを提案することとしました。あなたならどのような取り組みを提案しますか。下の条件1～3に従って，あとの提案書を作成しなさい。

ノート

〔播州そろばんの生産を継続していく上での問題点〕

X　昭和30年代後半～40年代前半には，年間約350万丁の播州そろばんを製造していたが，時代の変化とともに減少し，現在は年間約7万丁にとどまっている。

Y　そろばん生産は「玉削り」「玉仕上げ」「ヒゴ竹作り」「総合組立て」と四つの工程で分業されており，一人の職人は一つの工程にしか習熟していない。また，それぞれの工程の職人の数が少なくなっている。

〔播州そろばんを取り巻く現在の状況〕

・海外でも，そろばん学習で集中力や判断力，持続力が向上する効果が注目されている。
・首都圏でそろばん教室の運営に乗り出す大手学習塾が登場した。
・伝統的な技術で作られたそろばんの玉を使用した合格お守りが生産されている。
・そろばんの製造業者の中には，10～20代の若手が職人として入社した業者がある。

条件1　次の伝統的工芸品として認定される条件のうち，少なくとも一つを踏まえること。

・生活に豊かさと潤いを与える工芸品。
・100年以上前から今日まで続いている伝統的な技術で作られたもの。

条件2　提案書中の播州そろばんの生産を継続していく上での問題点の欄には，ノート中のX・Yのうち，提案の対象とする問題点をいずれか一つ選び，その記号を書くこと。

条件3　提案書中の取り組みの欄には，条件2で選んだ問題点を解決するための取り組みを，ノート中の〔播州そろばんを取り巻く現在の状況〕の内容を踏まえて，具体的に書くこと。

播州そろばんの生産を継続していく上での問題点の解決に向けた取り組みの提案書	
播州そろばんの生産を継続していく上での問題点	
取り組み	

数　　学

（１１：３０～１２：２０）

注　　意

1　検査開始のチャイムが鳴るまで開いてはいけません。

2　問題用紙の１ページから10ページに，問題が[1]から[6]まであります。
これとは別に解答用紙が１枚あります。

3　問題用紙と解答用紙に受検番号を書きなさい。

4　答えはすべて解答用紙に記入しなさい。

受検番号	第　　　　番

1 次の（1）～（8）に答えなさい。

（1） $-8-(-2)+3$ を計算しなさい。

（2） $28x^2 \div 7x$ を計算しなさい。

（3） $\sqrt{50}-\dfrac{6}{\sqrt{2}}$ を計算しなさい。

（4） $(x-6y)^2$ を展開しなさい。

（5） 方程式 $x^2+3x-5=0$ を解きなさい。

2023(R5) 広島県公立高
K 教英出版

(6)　関数 $y = \frac{16}{x}$ のグラフ上の点で，x 座標と y 座標がともに整数である点は何個ありますか。

(7)　右の図のように，底面の対角線の長さが 4 cm で，高さが 6 cm の正四角すいがあります。この正四角すいの体積は何 cm^3 ですか。

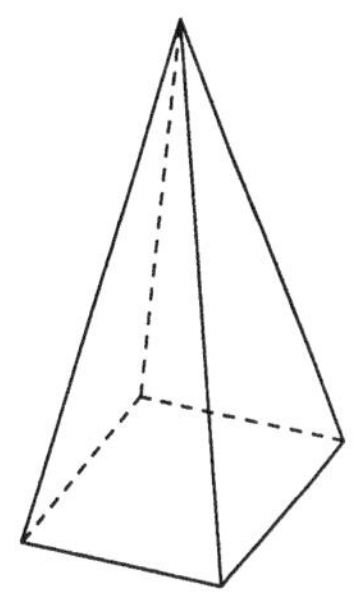

(8)　右の図は，A市，B市，C市，D市について，ある月の日ごとの最高気温を調べ，その結果を箱ひげ図に表したものです。この月の日ごとの最高気温の四分位範囲が最も大きい市を，下の**ア**～**エ**の中から選び，その記号を書きなさい。

ア　A市
イ　B市
ウ　C市
エ　D市

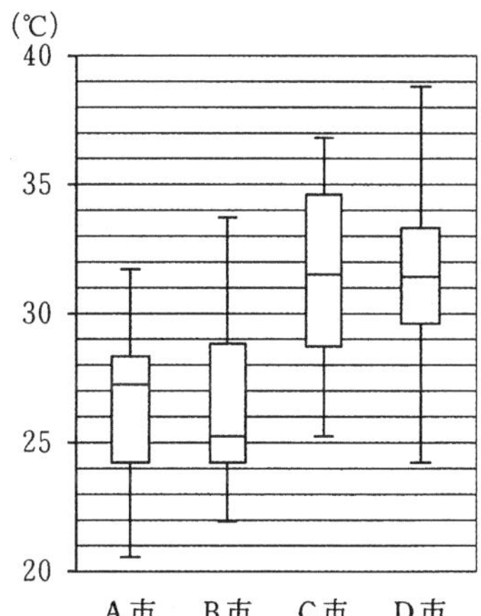

2 次の（1）～（3）に答えなさい。

（1） 下の図のように，点A（3，5）を通る関数 $y = ax^2$ のグラフがあります。この関数について，x の変域が $-6 \leqq x \leqq 4$ のとき，y の変域を求めなさい。

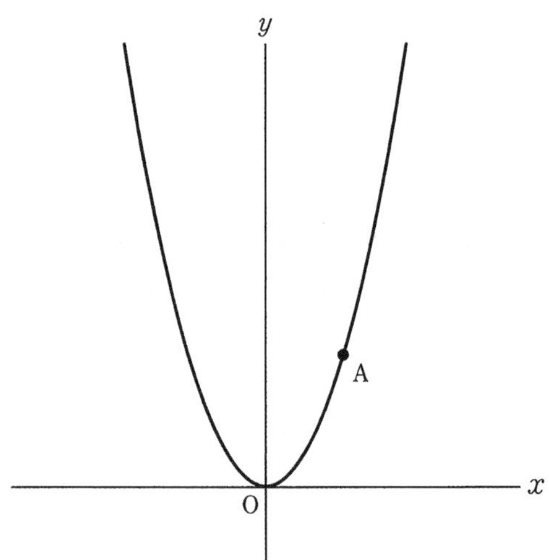

（2） ある中学校の50人の生徒に，平日における1日当たりのスマートフォンの使用時間についてアンケート調査をしました。下の表は，その結果を累積度数と累積相対度数を含めた度数分布表に整理したものです。しかし，この表の一部が汚れてしまい，いくつかの数値が分からなくなっています。この表において，数値が分からなくなっているところを補ったとき，度数が最も多い階級の階級値は何分ですか。

階級(分) 以上　未満	度数(人)	相対度数	累積度数(人)	累積相対度数
0 ～ 60	4	0.08	4	0.08
60 ～ 120	11			
120 ～ 180				0.56
180 ～ 240				0.76
240 ～ 300		0.10	43	0.86
300 ～ 360	7	0.14	50	1.00
計	50	1.00		

（3）　2桁の自然数があります。この自然数の十の位の数と一の位の数を入れかえた自然数をつくります。このとき，もとの自然数を4倍した数と，入れかえた自然数を5倍した数の和は，9の倍数になります。このわけを，もとの自然数の十の位の数を a ，一の位の数を b として，a と b を使った式を用いて説明しなさい。

3 下の図のように，平行四辺形ＡＢＣＤがあり，点Ｅは辺ＡＤの中点です。辺ＢＣを３等分する点を，点Ｂに近い方から順にＦ，Ｇとし，線分ＡＧと線分ＥＦとの交点をＨとします。

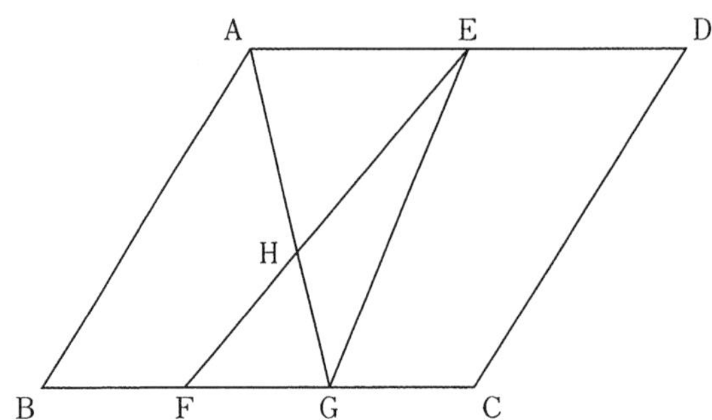

次の（１）・（２）に答えなさい。

（１） ∠ＡＧＢ ＝ 70°，∠ＢＡＧ ＝ ∠ＤＡＧ となるとき，∠ＡＤＣの大きさは何度ですか。

（２） △ＡＨＥの面積が ９ となるとき，△ＥＦＧの面積を求めなさい。

2023(R5) 広島県公立高
K 教英出版

4 下の図のように，y 軸上に点A（0，8）があり，関数 $y = \frac{2}{3}x + 2$ のグラフ上に，$x > 0$ の範囲で動く2点B，Cがあります。点Cの x 座標は点Bの x 座標の4倍です。また，このグラフと x 軸との交点をDとします。

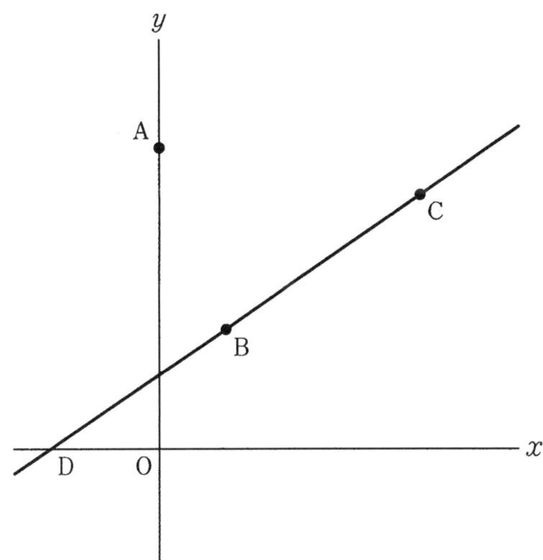

次の（1）・（2）に答えなさい。

（1） 線分ACが x 軸に平行となるとき，線分ACの長さを求めなさい。

（2） DB ＝ BC となるとき，直線ACの傾きを求めなさい。

5 A高校の生徒会役員の中川さんと田村さんは，生徒会を担当する先生からの依頼を受け，長さ15分の学校紹介動画を作成することになりました。下の表1は，昨年度の生徒会役員が作成した長さ18分の学校紹介動画の構成表です。2人は，昨年度作成された長さ18分の学校紹介動画の内容や配分時間を参考にして，長さ15分の学校紹介動画を作成しようと考えています。

表1　昨年度の生徒会役員が作成した学校紹介動画（18分）の構成表

順番	内容	配分時間
1	オープニング	30秒
2	生徒会長挨拶	1分20秒
3	学校の特色紹介	6分
4	学校行事紹介	3分
5	在校生インタビュー	2分40秒
6	部活動紹介	4分
7	エンディング	30秒
合計		18分

2人は，作成する学校紹介動画が，昨年度の生徒会役員が作成したものよりも時間が短くなることを踏まえ，下のように【学校紹介動画（15分）の作成方針】を決めました。

【学校紹介動画（15分）の作成方針】

(Ⅰ) オープニング，学校の特色紹介，学校行事紹介，エンディングの配分時間は，昨年度の生徒会役員が作成した学校紹介動画と同じにする。
(Ⅱ) 生徒会長挨拶は動画の内容に入れない。
(Ⅲ) 在校生インタビューでは，配分時間を代表生徒3人に均等に割り当てる。
(Ⅳ) 部活動紹介では，配分時間のうち30秒を，A高校にどのような部活動があるかについての紹介に割り当てる。また，部活動紹介の配分時間の残りを，A高校にある部活動のうち代表の部活動3つに均等に割り当てる。
(Ⅴ) 部活動紹介における代表の部活動1つに割り当てる時間は，在校生インタビューにおける代表生徒1人に割り当てる時間の1.5倍にする。

2人は【学校紹介動画（15分）の作成方針】に従って構成表を作り，学校紹介動画を作成することにしました。

2023(R5) 広島県公立高
教英出版

次の（1）・（2）に答えなさい。

（1） 在校生インタビューにおける代表生徒3人のうち1人は，生徒会長に決まりました。残りの代表生徒2人を校内で募集したところ，Pさん，Qさん，Rさん，Sさん，Tさんの5人が立候補しました。この5人の中から，くじ引きで2人を選ぶとき，Pさんが選ばれる確率を求めなさい。

（2） 下の表2は，中川さんと田村さんが【学校紹介動画（15分）の作成方針】に従って作成した長さ15分の学校紹介動画の構成表です。

表2　中川さんと田村さんが作成した学校紹介動画（15分）の構成表

順番	内容	配分時間
1	オープニング	30秒
2	学校の特色紹介	6分
3	学校行事紹介	3分
4	在校生インタビュー ・代表生徒3人	ア
5	部活動紹介 ・A高校にある部活動の紹介 ・代表の部活動3つ	イ
6	エンディング	30秒
合計		15分

表2の ア ・ イ に当てはまる配分時間をそれぞれ求めなさい。なお，答えを求める過程も分かるように書きなさい。

6 中村さんは，ある数学の本に掲載されていた下の【問題】に興味をもち，この【問題】について考えることにしました。

【問題】

右の図のように，1つの平面上に大きさの異なる正方形ＡＢＣＤと正方形ＣＥＦＧがあり，点Ｆと点Ｇが正方形ＡＢＣＤの内部にあります。7つの点Ａ，Ｂ，Ｃ，Ｄ，Ｅ，Ｆ，Ｇから2点を選び，その2点を結んでできる線分の中で，線分ＤＥと長さが同じであるものを答えなさい。

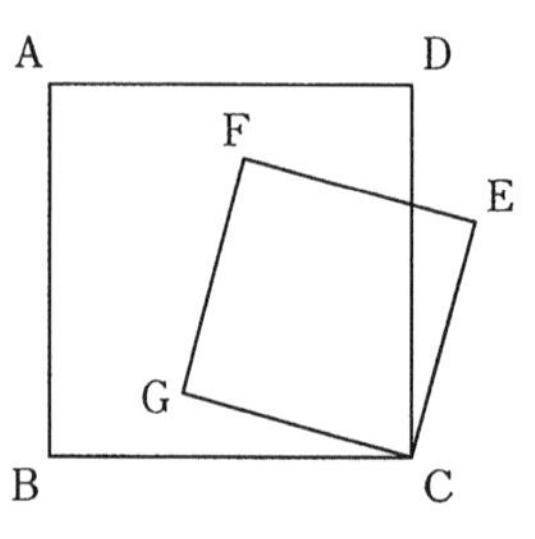

中村さんは，下のことを予想しました。

【予想】

1つの平面上に大きさの異なる正方形ＡＢＣＤと正方形ＣＥＦＧがあり，点Ｆと点Ｇが正方形ＡＢＣＤの内部にあるとき，ＤＥ ＝ ＢＧ である。

次の（1）・（2）に答えなさい。

（1） 中村さんは，下のように △ＣＥＤ ≡ △ＣＧＢ を示し，それを基にして，この【予想】が成り立つことを証明しました。

【中村さんの証明】

△ＣＥＤと△ＣＧＢにおいて

（点線の枠）

合同な図形の対応する辺は等しいから
ＤＥ ＝ ＢＧ

【中村さんの証明】の ⁝⁝⁝ に証明の続きを書き，証明を完成させなさい。

2023(R5) 広島県公立高
教英出版

中村さんは，【問題】中の図で辺ＣＤと辺ＥＦとの交点をＨとしたとき，線分ＣＨと長さが同じである線分がないか考えることにしました。そこで，△ＣＥＨに着目し，この三角形と合同な三角形を見つけるために辺ＦＧを延長し，辺ＦＧの延長と辺ＢＣとの交点をＩとした下のような図をかきました。中村さんは，自分がかいた図について，△ＣＥＨ ≡ △ＣＧＩ であることがいえるので，それを基にして，ＣＨ ＝ ＣＩ であることが分かりました。

中村さんがかいた図

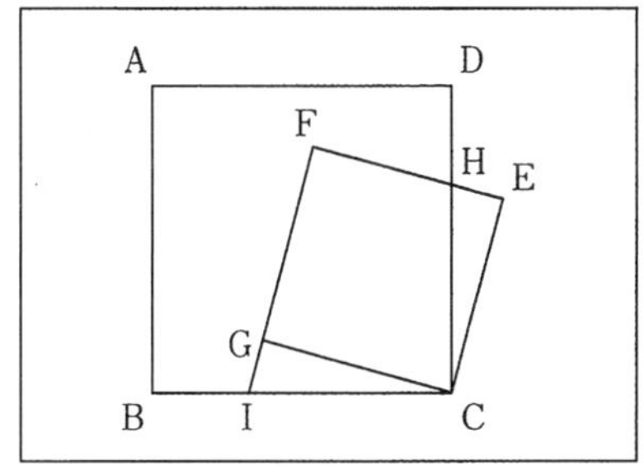

さらに，中村さんは，自分がかいた図について，ＣＨ ＝ ＣＩ 以外にも成り立つことがらがあるのではないかと考えました。

（2） 下の**ア**～**オ**のことがらの中で，中村さんがかいた図について成り立つことがらを全て選び，その記号を書きなさい。

ア 四角形ＡＩＣＨはひし形である。
イ 四角形ＡＩＣＨの面積は，三角形ＣＤＩの面積の２倍である。
ウ 線分ＢＤと線分ＩＨは平行である。
エ △ＢＩＨ ≡ △ＤＨＧ である。
オ ４点Ｃ，Ｈ，Ｆ，Ｉは１つの円周上にある。

理　　　科

（１４：００～１４：５０）

注　　　意

1　検査開始のチャイムが鳴るまで開いてはいけません。

2　問題用紙の１ページから11ページに，問題が**1**から**4**まであります。
これとは別に解答用紙が１枚あります。

3　問題用紙と解答用紙に受検番号を書きなさい。

4　答えはすべて解答用紙に記入しなさい。

受検番号	第　　　　番

1 酸化物が酸素をうばわれる化学変化に関して，あとの１～３に答えなさい。

１　小林さんと上田さんは，酸化銅から銅を取り出す実験を，次に示した手順で行いました。下の（１）～（３）に答えなさい。

Ⅰ　酸化銅 3.0 g と炭素 0.1 g を混ぜて混合物をつくる。
Ⅱ　右の図１に示した装置を用いて，混合物を加熱する。
Ⅲ　反応が終わったら，①石灰水の外へガラス管を取り出してから加熱をやめ，ピンチコックでゴム管をとめて試験管Ａを冷ます。

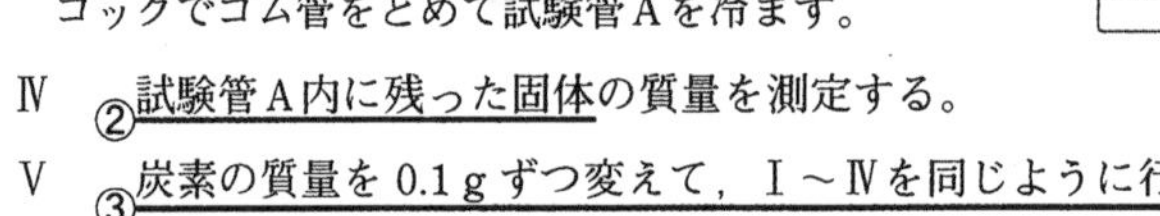

Ⅳ　②試験管Ａ内に残った固体の質量を測定する。
Ⅴ　③炭素の質量を 0.1 g ずつ変えて，Ⅰ～Ⅳを同じように行う。

図１

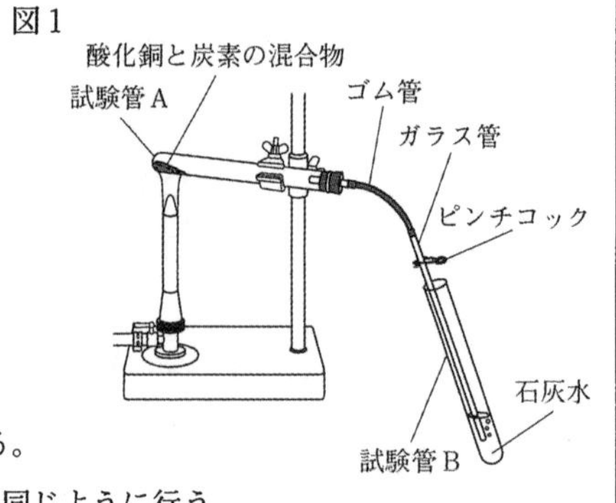

（１）下線部①について，この操作を加熱をやめる前に行うのは，石灰水がどうなることを防ぐためですか。簡潔に書きなさい。

（２）下線部②について，この固体を観察したところ，赤色の物質が見られました。次の文は，この赤色の物質について述べたものです。文中の［　　］に当てはまる適切な語を書きなさい。

加熱後の試験管Ａ内に残った赤色の物質を厚紙の上に取り出し，赤色の物質を薬さじの裏で強くこすると［　　］が見られることから，この赤色の物質が銅であることが分かる。

（３）下線部③について，次の表１は，炭素の質量，加熱前の試験管Ａ内の混合物の質量，加熱後の試験管Ａ内に残った固体の質量をそれぞれ示したものです。また，下の文章は，表１を基に，小林さんと上田さんが考察したことをまとめたものです。文章中の［ a ］に当てはまる内容を，「気体」の語を用いて簡潔に書きなさい。また，［ b ］に当てはまる内容として適切なものを，あとの**ア**～**エ**の中から選び，その記号を書きなさい。

表１

炭素の質量〔g〕	0.1	0.2	0.3	0.4	0.5
加熱前の試験管Ａ内の混合物の質量〔g〕・・・ⓘ	3.1	3.2	3.3	3.4	3.5
加熱後の試験管Ａ内に残った固体の質量〔g〕・・・ⓘⓘ	2.8	2.6	2.5	2.6	2.7

表１中のⓘの値とⓘⓘの値の差から，炭素をある質量より増やしても，［ a ］は変わらなくなっているといえるので，取り出せる銅の質量も変わらなくなると考えられる。このことから，酸化銅 3.0 g から取り出す銅の質量を最大にするために必要な最小の炭素の質量を X g とすると，X は［ b ］の範囲内の値になると考えられる。

ア　0.1 ＜ X ≦ 0.2　　**イ**　0.2 ＜ X ≦ 0.3　　**ウ**　0.3 ＜ X ≦ 0.4　　**エ**　0.4 ＜ X ≦ 0.5

教英出版

2　次の【ノート】は，小林さんと上田さんが，日本古来の製鉄方法であるたたら製鉄について調べてまとめたものであり，下の【会話】は，小林さんと上田さんと先生が，酸化物が酸素をうばわれる化学変化について話したときのものです。あとの（1）・（2）に答えなさい。

【ノート】

④たたら製鉄という製鉄方法は，右の図2のように，炉の下部からふいごという道具で空気を送り込みながら，砂鉄（酸化鉄）と木炭（炭素）を交互に炉の中に入れ，3日間ほど燃やし続けることで，鉄が炉の底にたまる仕組みになっている。たたら製鉄で作られた良質な鉄は玉鋼（たまはがね）とよばれ，日本刀などの材料になる。

図2

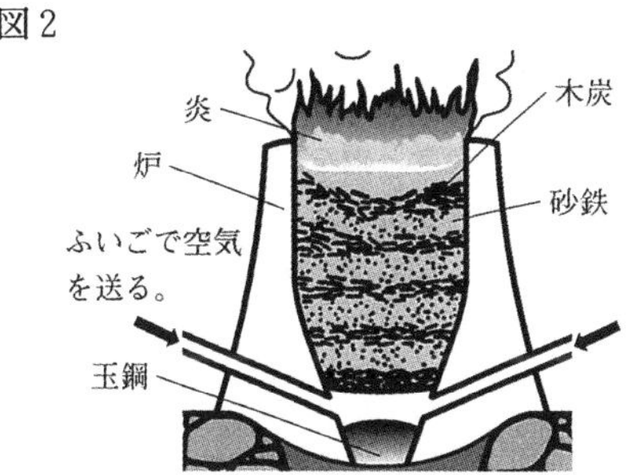

【会話】

小林：たたら製鉄も，酸化銅と炭素の混合物を加熱して銅を取り出す実験のように，酸化鉄と炭素の混合物を加熱することにより，炭素が酸素をうばうことで，鉄が取り出されるんだね。逆に，炭素の酸化物が他の物質によって，酸素をうばわれることはあるのかな。

上田：私も同じ疑問を抱いていたから，その疑問を先生に伝えたんだよ。すると，空気中で火をつけたマグネシウムリボンを，集気びんに入れた二酸化炭素の中で燃焼させる実験を紹介してくれたんだ。先生にお願いして実験をやってみよう。

小林：マグネシウムリボンは，二酸化炭素の中なのに激しく燃えて，燃焼後に白い物質に変わるんだね。あと，この白い物質の表面には黒い物質もついているね。

上田：⑤白い物質は，マグネシウムリボンを空気中で燃焼させたときにできる物質と同じような物質だから酸化マグネシウムで，黒い物質は炭素かな。

先生：そのとおりです。

小林：ということは，さっきの実験では，炭素の酸化物である二酸化炭素がマグネシウムによって酸素をうばわれたことになるね。

上田：そうだね。物質によって，酸素との結びつきやすさが違うんだね。

（1）下線部④について，たたら製鉄では，砂鉄（酸化鉄）は酸素をうばわれ，鉄に変わります。このように，酸化物が酸素をうばわれる化学変化を何といいますか。その名称を書きなさい。

（2）下線部⑤について，マグネシウム原子のモデルを Mg ，酸素原子のモデルを O として，マグネシウムを空気中で燃焼させたときの化学変化をモデルで表すと，次のようになります。□内に当てはまるモデルをかきなさい。

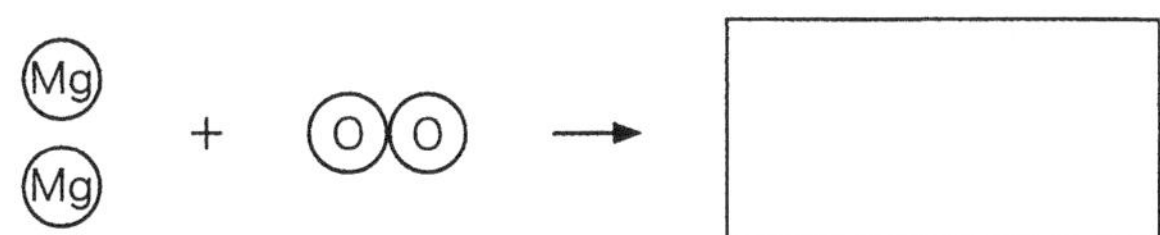

3　次の**ア**～**オ**の中で，図１の酸化銅と炭素の混合物を加熱して銅を取り出す実験，たたら製鉄について調べた【ノート】及び小林さんと上田さんと先生の【会話】を基に，物質の酸素との結びつきやすさについて説明している文として適切なものはどれですか。その記号を全て書きなさい。

ア　炭素は，全ての金属よりも酸素と結びつきやすい。

イ　マグネシウムと鉄を比べると，マグネシウムの方が酸素と結びつきやすい。

ウ　炭素と鉄を比べると，炭素の方が酸素と結びつきやすい。

エ　炭素と銅を比べると，銅の方が酸素と結びつきやすい。

オ　鉄と銅では，どちらの方が酸素と結びつきやすいかは判断できない。

2 遺伝の規則性や自然界のつり合いに関して，あとの１～３に答えなさい。

1 右の図１は，エンドウの丸の種子としわの種子をそれぞれ模式的に示したものです。エンドウの種子の形の丸としわのように，どちらか一方しか現れない形質どうしを対立形質といいます。また，エンドウの種子の形では，丸が顕性形質で，しわが潜性形質です。次の（1）・（2）に答えなさい。

図１

丸の種子

しわの種子

（1）エンドウの種子の形は，染色体の中に存在する遺伝子によって決まります。次の文は，遺伝子の本体について述べたものです。文中の［　　］に当てはまる適切な語を書きなさい。

染色体の中に存在する遺伝子の本体は，［　　］という物質である。

（2）次の文章は，丸の種子から育てたエンドウが，純系か，純系でないかを調べるための方法と，その方法で調べたときの結果から分かることについて述べたものです。文章中の［　a　］・［　b　］に当てはまる適切な内容を，下のア～ウの中からそれぞれ選び，その記号を書きなさい。

> ある丸の種子から育てたエンドウＸが，純系か，純系でないかを調べるには，エンドウＸと，しわの種子から育てたエンドウをかけ合わせるとよい。この方法で調べたときの結果として，［　a　］ができれば，エンドウＸは純系であったことが分かり，［　b　］ができれば，エンドウＸは純系でなかったことが分かる。

ア　全て丸の種子　　**イ**　全てしわの種子　　**ウ**　丸の種子としわの種子の両方

2 生物どうしは，食べる・食べられるの関係でつながっています。あとの（1）・（2）に答えなさい。

（1）右の図２は，生態系における炭素の循環について模式的に示したものです。図２中の矢印は，炭素を含む物質の移動を表しています。図２中の矢印Ｙで示される炭素を含む物質の移動は，植物の何というはたらきによるものですか。その名称を書きなさい。また，このはたらきにおいてつくり出される気体は何ですか。その名称を書きなさい。

図２

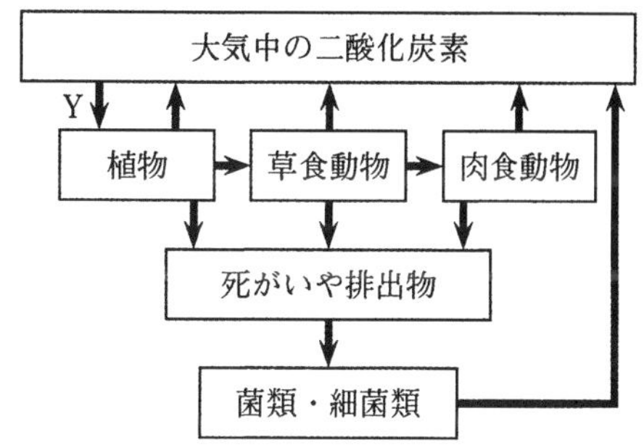

（2）右の図3は，ある地域で食べる・食べられるの関係でつながっている，植物，草食動物，肉食動物の数量的なつり合いが保たれた状態をピラミッドの形に表したものです。図3の状態から植物の数量が一時的に減った場合，その後，もとのつり合いが保たれた状態に戻るまでに，どのような変化が起こると考えられますか。次の［　　］中のⅰ～ⅳに示された変化が起こる順番として最も適切なものを下の**ア**～**エ**の中から選び，その記号を書きなさい。

図3

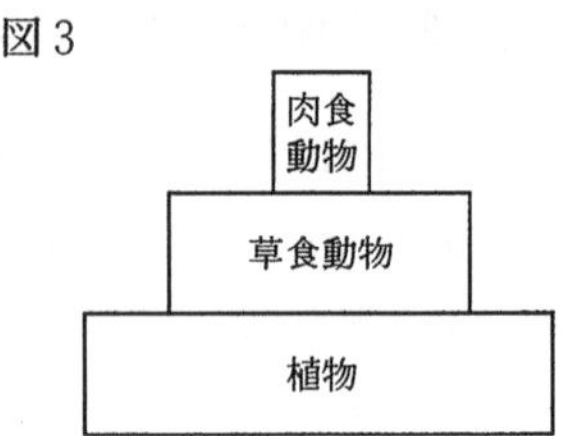

ⅰ　草食動物の数量が増える。	ⅱ　肉食動物の数量が増え，植物の数量が減る。
ⅲ　草食動物の数量が減る。	ⅳ　肉食動物の数量が減り，植物の数量が増える。

ア　ⅰ → ⅱ → ⅲ → ⅳ　　**イ**　ⅰ → ⅳ → ⅲ → ⅱ

ウ　ⅲ → ⅱ → ⅰ → ⅳ　　**エ**　ⅲ → ⅳ → ⅰ → ⅱ

3　金子さんは，学校の畑とグラウンドとでは，畑の方が，植物などの数量が多いことから土の中の微生物の数量も多くなり，土の中の微生物によって一定時間内に分解されるデンプンなどの有機物の量が多くなるだろうと考えました。そこで，それぞれの土において分解されるデンプンの量の違いを調べる実験を行い，レポートにまとめました。次に示したものは，金子さんのレポートの一部です。あとの（1）・（2）に答えなさい。

〔方法〕

Ⅰ　畑の土とグラウンドの土を同量取って，別々のビーカーに入れ，それぞれに水を加えてかき混ぜる。各ビーカーに加える水は同量とする。

Ⅱ　Ⅰの畑の土を入れたビーカーの上澄み液を取って試験管Aと試験管Bに入れ，Ⅰのグラウンドの土を入れたビーカーの上澄み液を取って試験管Cと試験管Dに入れる。試験管A～Dに入れる上澄み液は全て同量とする。

Ⅲ　試験管A～Dに入れた上澄み液と同量の水を，試験管Eと試験管Fに入れる。

Ⅳ　試験管A，C，Eにヨウ素液を数滴加え，反応の様子を調べる。

Ⅴ　試験管B，D，Fに0.1％のデンプン溶液を加え，各試験管にふたをして室温で2日間置いた後，ヨウ素液を数滴加え，反応の様子を調べる。試験管B，D，Fに加える0.1％のデンプン溶液は全て同量とする。

〔結果〕

試験管	A	B	C	D	E	F
各試験管に入れた液体	畑の土を入れたビーカーの上澄み液		グラウンドの土を入れたビーカーの上澄み液		水	
方法Ⅳにおける反応の様子	反応なし	／	反応なし	／	反応なし	／
方法Ⅴにおける反応の様子	／	反応なし	／	反応なし	／	青紫色に変化

2023(R5) 広島県公立高
教英出版

〔考察〕

〔結果〕で，試験管Aと試験管Cでは，方法Ⅳにおける反応がともになかったことから，畑とグラウンドのいずれの土においても，方法Ⅳを行ったときに［ c ］ことが分かる。

また，①試験管Bと試験管Dでは，方法Ⅴにおける反応がともになかったことから，畑とグラウンドのいずれの土においてもデンプンが分解されていたことが分かる。

（1）〔考察〕中の［ c ］に当てはまる内容を簡潔に書きなさい。

（2）下線部①について，金子さんは，レポート中の〔方法〕では，この2つの試験管において得られた結果が同じであったが，調べる方法を変更することで，一定時間内に分解されるデンプンの量の違いを確かめられると考え，レポート中の〔方法〕の一部に変更を加えて，追加の実験を行いました。次の文章は，金子さんが，追加の実験の結果とその結果を基に考察したことをまとめたものです。文章中の［ d ］に当てはまる適切な内容を，下の**ア**～**エ**の中から選び，その記号を書きなさい。

［ d ］という変更を加えた追加の実験では，方法Ⅴにおける反応の様子は，試験管Bでは反応がなかったが，試験管Dでは青紫色に変化した。この結果から，畑の土の方が，一定時間内に分解されるデンプンの量が多いと考えられる。

ア 方法Ⅰでビーカーに入れる土の量を2倍にする

イ 方法Ⅱで試験管A～Dに入れる上澄み液の量をそれぞれ半分にする

ウ 方法Ⅴで試験管B，D，Fに加える0.1％のデンプン溶液の量をそれぞれ半分にする

エ 方法Ⅴで試験管B，D，Fにふたをして室温で置く日数を3日間にする

3 火山活動に関して，あとの１～４に答えなさい。

1　様々な発電方法の１つに，地下のマグマの熱でつくられた高温・高圧の水蒸気を利用した発電があります。この発電方法を何といいますか。その名称を書きなさい。

2　次に示したものは，ある火成岩について説明したものです。下の（１）・（２）に答えなさい。

> 右の図１は，ある火成岩をスケッチしたものである。この火成岩は，肉眼でも見分けられるぐらいの大きさの鉱物が組み合わさっており，全体的な色は白っぽい。また，組み合わさっている鉱物は，クロウンモ，チョウ石及びセキエイである。
>
> 図１
>
> 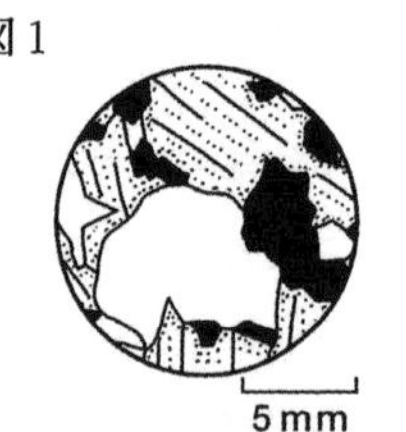
>

（１）この火成岩は，どのようにしてできたと考えられますか。次のア～エの中から適切なものを選び，その記号を書きなさい。

ア　マグマが地表または地表付近で，急に冷え固まってできた。

イ　マグマが地表または地表付近で，ゆっくり冷え固まってできた。

ウ　マグマが地下深くで，急に冷え固まってできた。

エ　マグマが地下深くで，ゆっくり冷え固まってできた。

（２）この火成岩の種類は何だと考えられますか。次のア～エの中から適切なものを選び，その記号を書きなさい。

ア　花こう岩　　**イ**　流紋岩　　**ウ**　玄武岩　　**エ**　はんれい岩

3　火山の形，噴火の様子及び火山噴出物の色は，その火山のマグマの性質と関係があります。このことについて述べた次の文章中の［ a ］に当てはまる適切な内容を，「ねばりけ」の語を用いて簡潔に書きなさい。また，文章中の［ b ］・［ c ］に当てはまる内容はそれぞれ何ですか。下のア～エの組み合わせの中から適切なものを選び，その記号を書きなさい。

> 一般に，［ a ］火山ほど，吹き出した溶岩は流れにくく，盛り上がった形の火山となる。このような火山では，［ b ］噴火になることが多く，溶岩や火山灰などの火山噴出物の色が［ c ］ことが多い。

ア ［ b ］：比較的穏やかな　［ c ］：白っぽくなる

イ ［ b ］：比較的穏やかな　［ c ］：黒っぽくなる

ウ ［ b ］：激しく爆発的な　［ c ］：白っぽくなる

エ ［ b ］：激しく爆発的な　［ c ］：黒っぽくなる

2023(R5) 広島県公立高
教英出版

4　次の図2は，ある地域の地形を等高線で表した地図上に，ボーリング調査が行われた地点A～Dを示したものです。地図上で地点A～Dを結んだ図形は正方形になっており，地点Aは地点Bの真北の方向にあります。下の図3は，ボーリングによって得られた試料を基に作成した各地点の柱状図です。この地域では，断層やしゅう曲，地層の逆転はなく，各地点で見られる凝灰岩の層は，同じ時期の同じ火山による噴火で火山灰が堆積してできた同一のものとします。あとの（1）・（2）に答えなさい。

図2

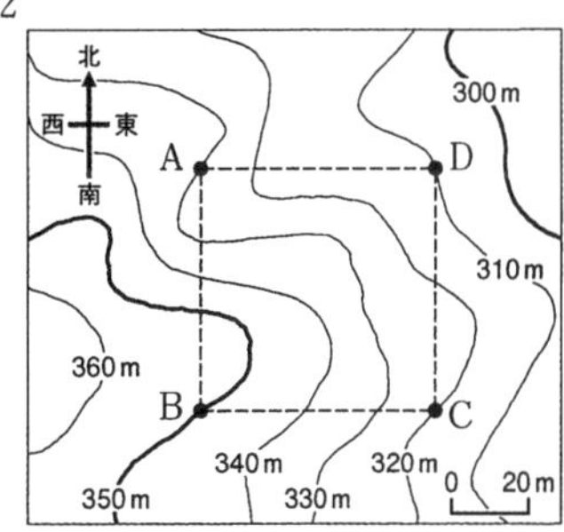

図3

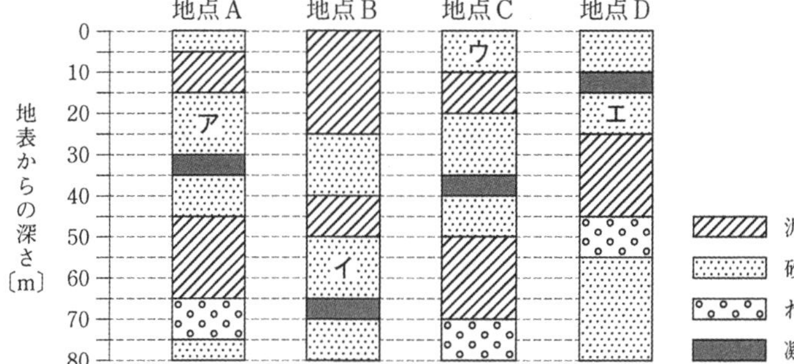

（1）図3中のア～エの中で，堆積した時代が最も古い砂岩の層はどれだと考えられますか。その記号を書きなさい。

（2）次の文章は，図2で示した地域における凝灰岩の層について述べたものです。文章中の［ d ］・［ e ］に当てはまる最も適切な内容を下のア～カの中からそれぞれ選び，その記号を書きなさい。また，［ f ］に当てはまる最も適切な方位を，東・西・南・北から選び，その語を書きなさい。

> 地点A～Dの「地表の標高」はそれぞれ異なるが，「凝灰岩の層の標高」は2地点ずつで同じである。そのうち，「凝灰岩の層の標高」が高い方の2地点は［ d ］m で同じであり，「凝灰岩の層の標高」が低い方の2地点は［ e ］m で同じである。このことから，この凝灰岩の層は，［ f ］が低くなるように傾いていると考えられる。

ア　275 ～ 280　　イ　280 ～ 285　　ウ　285 ～ 290
エ　290 ～ 295　　オ　295 ～ 300　　カ　300 ～ 305

4 水圧や浮力に関して，あとの1～4に答えなさい。

1　右の図1は，直方体の物体Aを糸でつるし，物体A全体を水中に沈めて静止させているときの様子を模式的に示したものです。次のア～エの中で，この物体Aにはたらく水圧を矢印で表したものとして適切なものはどれですか。その記号を書きなさい。ただし，矢印の長さは，水圧の大きさに比例しているものとします。

図1

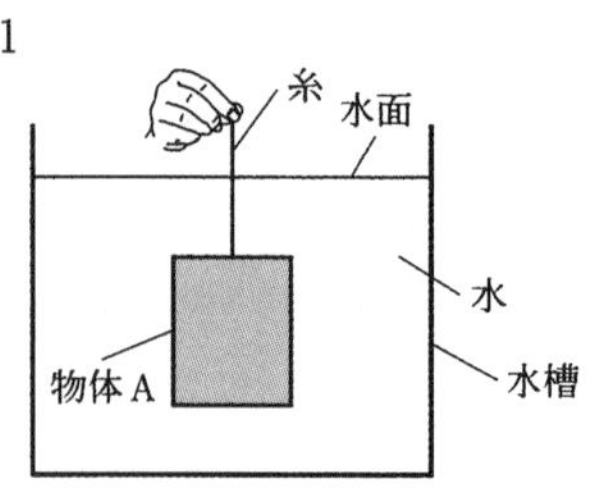

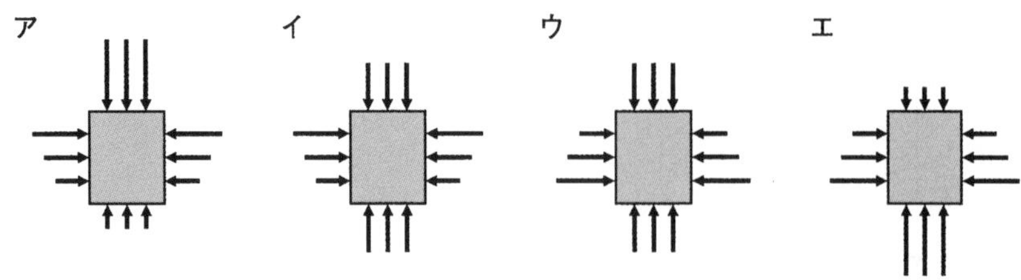

2　次の図2のように，質量30 g，底面積1 cm²，高さ10 cmの直方体の物体Bに糸をつけ，ばねばかりでつるした装置を下方に動かして物体Bをゆっくりと水中に沈め，水面から物体Bの底面までの距離を2 cmずつ変えてそれぞれ静止させたときの物体Bにはたらく力を調べる実験をしました。表1は，水面から物体Bの底面までの距離と，そのときのばねばかりの示す値をそれぞれ示したものです。あとの（1）～（3）に答えなさい。ただし，質量100 gの物体にはたらく重力の大きさを1 Nとします。

図2

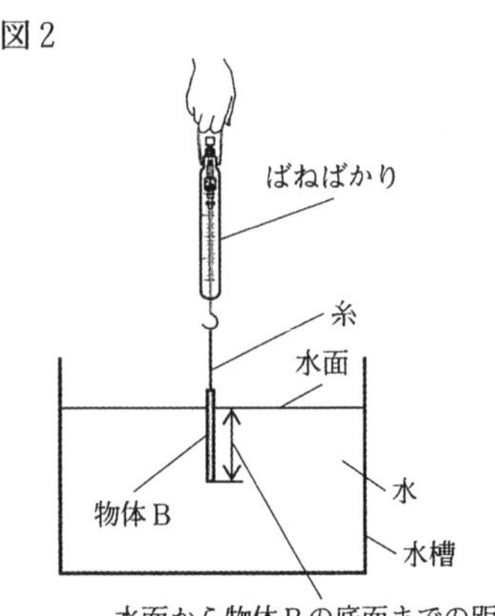

表1

水面から物体Bの底面までの距離〔cm〕	0	2	4	6	8	10
ばねばかりの示す値〔N〕	0.30	0.28	0.26	0.24	0.22	0.20

（1）この実験で用いたばねばかりは，フックの法則を利用してつくられています。次の文は，フックの法則を説明したものです。文中の［a］・［b］に当てはまる語はそれぞれ何ですか。下のア～エの組み合わせの中から適切なものを選び，その記号を書きなさい。

ばねの［a］は，ばねを引く力の大きさに［b］する。

ア ［a］：長さ　［b］：比例
イ ［a］：長さ　［b］：反比例
ウ ［a］：のび　［b］：比例
エ ［a］：のび　［b］：反比例

2023(R5) 広島県公立高
教英出版

（2）水面から物体Bの底面までの距離が 10 cm の位置に物体Bを静止させているとき，物体Bにはたらく浮力の大きさは何 N ですか。

（3）右の図3のように，図2と同じ装置を用いて，水面から物体Bの底面までの距離が 10 cm の位置から，水槽に当たらないように物体B全体をゆっくりと水中に沈め，水面から物体Bの底面までの距離を変えて静止させたときの物体Bにはたらく力を調べる実験をします。この実験で得られる結果と，表1を基にして，水面から物体Bの底面までの距離と，そのときのばねばかりの示す値との関係をグラフで表すと，どのようなグラフになると考えられますか。次の**ア**～**エ**の中から適切なものを選び，その記号を書きなさい。

図3

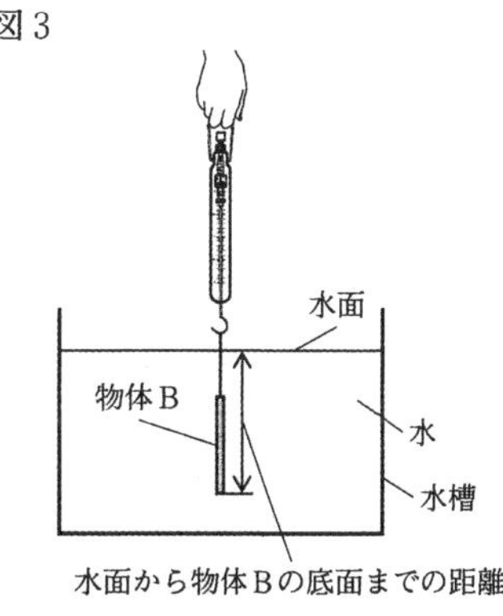

ア

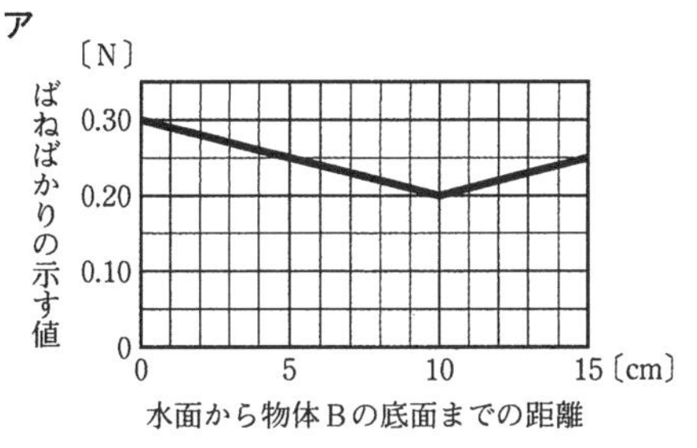

イ

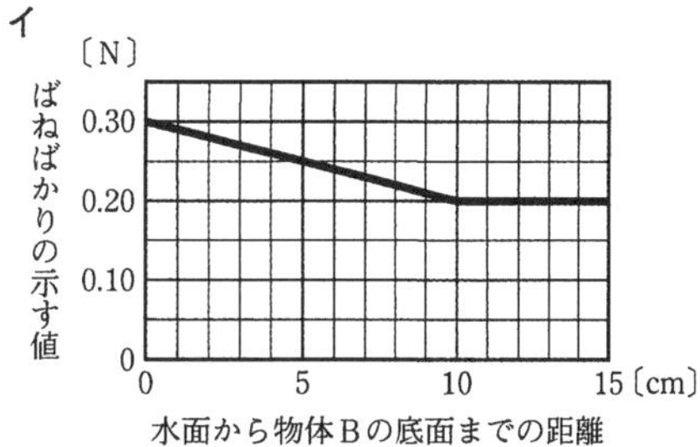

ウ

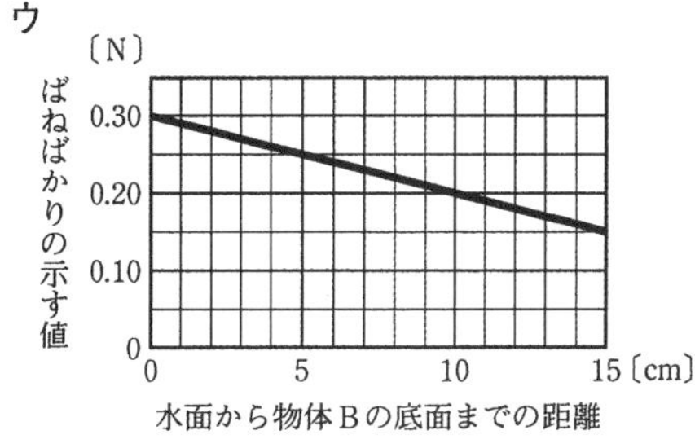

エ

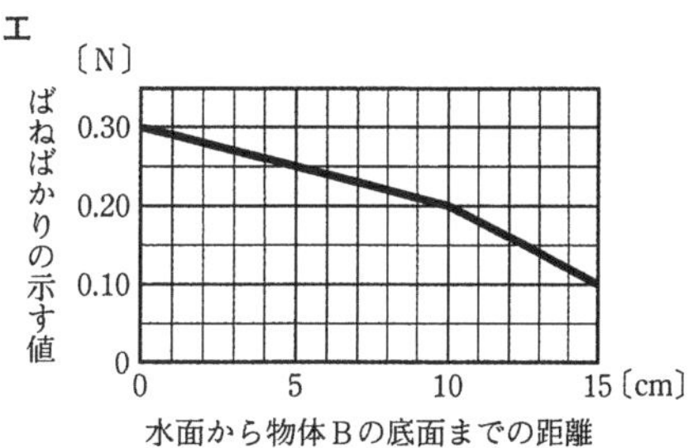

3　質量が同じで，形がともに直方体である物体Xと物体Yがあり，この2つの物体は，いずれか一方は亜鉛で，もう一方は鉄でできています。次の図4のように，この2つの物体を1本の棒の両端に取り付けた同じ長さの糸でそれぞれつるし，棒の中央に付けた糸を持って棒が水平につり合うことを確認した後，図5のように，この2つの物体全体を水中に沈め，棒が水平になるように手で支えました。

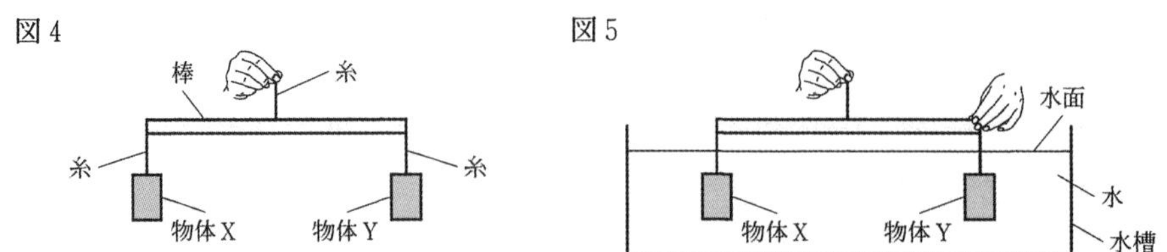

次の文章は，図5で棒を支える手をはなした後の2つの物体の様子と，その様子から分かることについて述べたものです。文章中の［ c ］に当てはまる内容を，「質量」，「体積」，「密度」の語を用いて簡潔に書きなさい。また，［ d ］に当てはまる語は亜鉛・鉄のうちどちらですか。その語を書きなさい。ただし，亜鉛の密度は 7.14 g/cm^3，鉄の密度は 7.87 g/cm^3 とします。

> 棒を支えている手をはなすと，物体Xが上に，物体Yが下に動き始めた。これは，水中にある物体の体積が大きいほど，浮力が大きくなるためである。このことから，2つの物体のうち，物体Xの方が［ c ］ことが分かり，物体Xが［ d ］であることが分かる。

4　水に浮く直方体の物体Zがあります。次の図6は，物体Zを水中に沈めて静かに手をはなしたときの物体Z全体が水中にある様子を，図7は，物体Zの一部が水面から出た状態で静止している様子を，それぞれ模式的に示したものです。図6における物体Zにはたらく重力と浮力をそれぞれ重力ⅰ，浮力ⅰとし，図7における物体Zにはたらく重力と浮力をそれぞれ重力ⅱ，浮力ⅱとしたとき，下の**ア**～**オ**の中で，物体Zにはたらく力について説明している文として適切なものはどれですか。その記号を全て書きなさい。ただし，物体Zの形や質量は常に変わらないものとします。

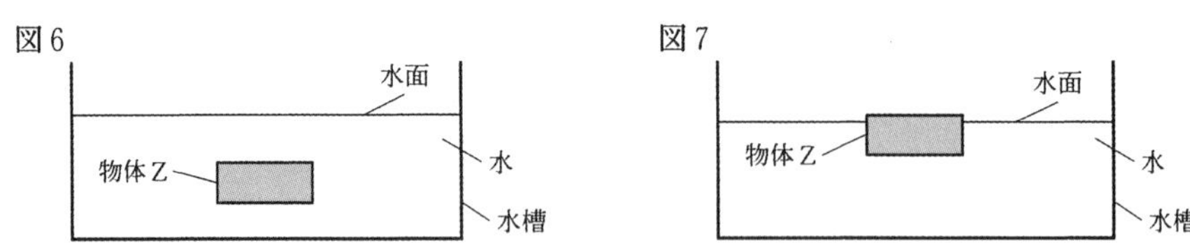

ア　重力ⅰと浮力ⅰの大きさを比べると，浮力ⅰの方が大きい。
イ　重力ⅰと浮力ⅱの大きさを比べると，浮力ⅱの方が大きい。
ウ　重力ⅱと浮力ⅰの大きさを比べると，重力ⅱの方が大きい。
エ　重力ⅱと浮力ⅱの大きさを比べると，大きさが等しい。
オ　浮力ⅰと浮力ⅱの大きさを比べると，大きさが等しい。

2023(R5) 広島県公立高
K 教英出版

英　　　語

（15：10～16：00）

注　　　意

1　検査開始のチャイムが鳴るまで開いてはいけません。

2　最初に，放送による聞き取りテストを行います。検査開始のチャイムが鳴ったらすぐに 英—1 ページを開きなさい。

3　受検番号は，放送による聞き取りテストの終了後に，問題用紙と解答用紙の両方に記入しなさい。

4　問題用紙の1ページから12ページに，問題が1から4まであります。これとは別に解答用紙が1枚あります。

5　答えはすべて解答用紙に記入しなさい。

受検番号	第　　　　番

※教英出版注
音声は，解答集の書籍ＩＤ番号を教英出版ウェブサイトで入力して聴くことができます。

1 放送を聞いて答えなさい。

問題A　これから，No.1 ～ No.3 まで，対話を３つ放送します。それぞれの対話を聞き，そのあとに続く質問の答えとして最も適切なものを，下の**ア**～**エ**の中から選んで，その記号を書きなさい。

No.1	ア 　イ 　ウ 　エ 
No.2	ア　One notebook. イ　Two notebooks. ウ　Three notebooks. エ　Five notebooks.
No.3	ア　She will cook lunch. イ　She will practice the guitar. ウ　She will walk the dog. エ　She will wash her dishes.

問題B　これから放送する対話は，留学生のジョンと高校生の春花が，ある話題に関して話したときのものです。下の【対話】に示されているように，まず①でジョンが話し，次に②で春花が話し，そのあとも交互に話します。⑤ではジョンが話す代わりにチャイムが１回鳴ります。あなたがジョンなら，この話題に関しての対話を続けるために，⑤で春花にどのような質問をしますか。⑤に入る質問を英文で書きなさい。

【対話】

John	:	①
Haruka	:	②
John	:	③
Haruka	:	④
John	:	⑤ チャイム

問題C　これから放送する英文は，アメリカからの留学生のジェーンが高校生の健太に対して話したときのものです。ジェーンの質問に対して，あなたならどのように答えますか。あなたの答えを英文で書きなさい。なお，２文以上になっても構いません。

2 次の対話は，高校生の太郎と留学生のエリックが，太郎の自宅でキャッシュレス決済について話したときのものです。また，グラフ1とグラフ2は，そのとき太郎たちが見ていたウェブページの一部です。これらに関して，あとの1～5に答えなさい。

Taro : Erik, my aunt told me that most payments in many countries will be cashless in the future. Can you imagine that?

Erik : Yes. Cashless payments are very [A] in my country, Sweden. A lot of families don't use notes or coins. For example, my parents usually use smartphones for payments and I have a debit card.

Taro : Really? I think many people still use cash in Japan. [B] .

Erik : Then, how about looking for some information about cashless payments on the Internet?

Taro : That's a good idea. Oh, look at this graph. It shows that cashless payments are increasing in Japan. Over 30% of payments were cashless in [C] .

Erik : I see. Look! I found a graph about payments in my country. Only 13% of people used cash for their most recent payments in 2018.

Taro : Oh! Why do so many people choose cashless payments? [あ]

Erik : Because it is easier to pay without cash. You don't have to carry a wallet when you go shopping and don't spend so much time when you pay.

Taro : I think it is easier for people from abroad to buy things without cash. [い]

Erik : Cashless payments are also good for store staff. They don't have to prepare change and check notes and coins in the register, so they can save time.

Taro : That's great. Cashless payments have a lot of good points, but I think there are some problems, too. [う]

Erik : What are they?

Taro : If you lose your smartphone or debit card, someone who finds them may spend your money.

Erik : Oh, that's right. We should be careful. Anything else?

Taro : You can't see notes and coins when you use cashless payments, so you sometimes don't realize you are spending too much money. [え]

Erik : I think so, too. Especially, children may not be able to have a sense of money.

Taro : I see. I will try to find more information about cashless payments to use them in the future.

2023(R5) 広島県公立高
K 教英出版

(注) most　たいていの　payment　支払い　cashless　現金のいらない
imagine　想像する　Sweden　スウェーデン　note　紙幣　coin　硬貨
smartphone　スマートフォン　debit card　デビットカード　cash　現金
increase　増える　recent　最近の　wallet　財布　spend　使う
staff　従業員　prepare　準備する　change　つり銭　register　レジ
save　節約する　be able to ～　～することができる　sense　感覚

グラフ1

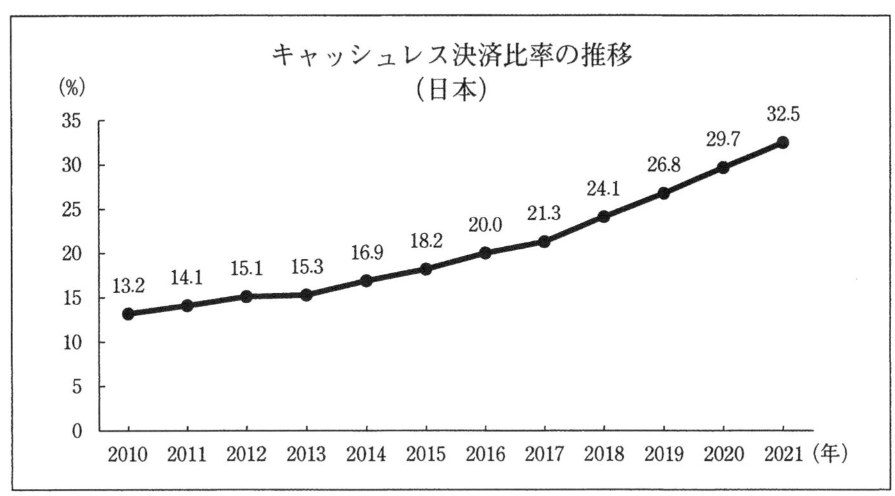

(経済産業省ウェブページにより作成。)

グラフ2

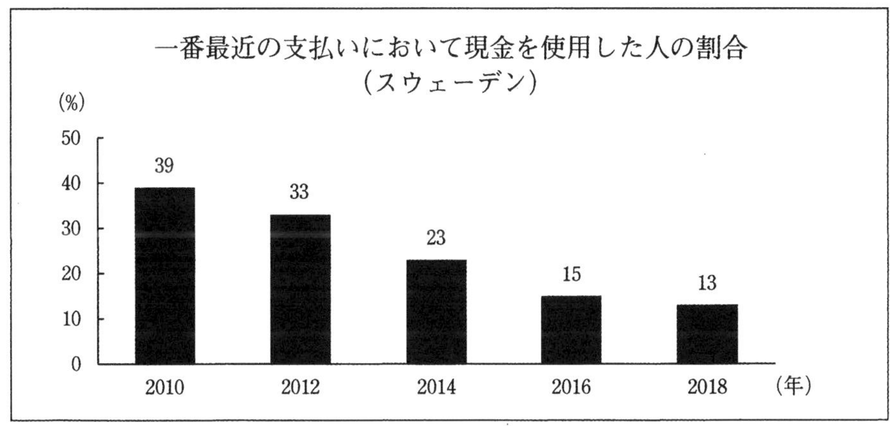

(財務省財務総合政策研究所「デジタル時代のイノベーションに関する研究会」報告書(2019年)により作成。)

1　本文中の [A] に当てはまる最も適切な語を，次のア～エの中から選び，その記号を書きなさい。

ア　exciting　　イ　expensive　　ウ　popular　　エ　weak

2　本文中の [B] に当てはまる最も適切な英語を，次のア～エの中から選び，その記号を書きなさい。

ア　I can't imagine life with cash

イ　I can't imagine life without cash

ウ　I know how to live without cash in Sweden

エ　I know how to use cash in Sweden

3　本文中の [C] に当てはまる最も適切な数字を，次のア～エの中から選び，その記号を書きなさい。

ア　2010　　イ　2012　　ウ　2020　　エ　2021

4　次の英文は，本文中から抜き出したものです。この英文を入れる最も適切なところを本文中の［　あ　］～［　え　］の中から選び，その記号を書きなさい。

They don't have to bring a lot of notes and coins from their countries.

5　太郎は，英語の授業で，「日本はキャッシュレス決済を推進すべきである」というテーマでディベートを行うことになりました。次のメモは，太郎がその準備として，エリックと話した内容をまとめたものの一部です。このメモ中の（　a　）～（　d　）に当てはまる最も適切な英語を，あとの**ア**～**エ**の中からそれぞれ選び，その記号を書きなさい。

Good points of cashless payments

for us

We don't need a wallet for shopping.
We (　a　) quickly.

for store staff

・They don't need change.

・They don't need to check the money in the register.

↓

They (　b　).

Bad points of cashless payments

for us

If we lose our smartphone or debit card, someone (　c　) and we may lose our money.

・We can't see notes and coins when we pay.

↓

We may spend too much money and may not realize it.
It (　d　) to understand how important money is.

ア　can save time

イ　can pay

ウ　may be difficult

エ　may use them

3 次の英文は，高校生の次郎が，校内英語スピーチコンテストで発表したときの原稿です。これに関して，あとの1～6に答えなさい。

What are you interested in? Music, video games, or sports? When I was five years old, I found the most interesting thing in a forest near my house. It was a mushroom. I remember exactly how the mushroom I first found looked. It was red and looked beautiful. I tried to pick it, but my father stopped me. He said to me, "It is a poisonous mushroom." He taught me that there are dangerous mushrooms. After I got home, I read a book about mushrooms and was surprised. The book had pictures of more than 700 different mushrooms. I thought, "Why are there so many beautiful mushrooms?" and "Why are there some poisonous mushrooms?" This was the beginning of my curiosity about mushrooms.

Since then, I have read many books about mushrooms and learned that there are many mushrooms in the world. I have also learned that there are still a lot of mushrooms that have no names. I often walk in the forest near my house and try to find such mushrooms.

Now, I'll introduce two of my favorite mushrooms. The first one is *yakoutake*. The mushrooms are found on some islands in Japan and emit a beautiful green light. Many people travel to the islands to see them. Why do they emit a beautiful green light? ①We don't have a clear answer, but some people say the mushrooms may do it to attract insects which carry the spores of the mushrooms. Spores are necessary for new mushrooms to grow.

My other favorite mushroom is *benitengutake*. This is the mushroom I first found in the forest near my house. The caps of the mushrooms are a beautiful red, and people in some countries believe that the mushrooms bring happiness. However, they are poisonous and dangerous for many animals. For example, if a dog eats them, it will feel sick. Why are they poisonous? Maybe they don't want animals to eat them.

I feel each mushroom has different messages to insects and animals. For example, the message of *yakoutake* is "Come to me!" and the message of *benitengutake* is "Don't [　　　] me!" Insects and animals cannot hear these messages, but they can feel them.

By the way, how do mushrooms communicate with each other? A scientist says that mushrooms use electrical signals. I don't know the truth, but maybe they are talking with each other to protect themselves. ②It (if fun I be would) could understand what mushrooms are talking about.

I'd like to study more about mushrooms at university. My dream is to visit many places around the world and find mushrooms that I have never seen. I also want to learn more about their way of communicating. I have not lost the curiosity that I had when I was a

2023(R5) 広島県公立高
K 教英出版

B: No, I haven' t. Have you been there?
A: Yes. I went there yesterday. I bought five pens.
B: I see. I think I will go there tomorrow.
A: Do you have anything you want to buy?
B: Well, I want to buy two notebooks for my sister.
A: That' s nice!
B: Oh, I also have to buy a new notebook for science class.

Question No. 2: How many notebooks is Lucy going to buy?

No. 3
A: Emily, finish your lunch! You have to arrive at the stadium by one o' clock.
B: Yes, Dad.
A: Did you walk the dog this morning?
B: No, I practiced the guitar this morning. I' m going to walk him after I come home.
A: OK, but please wash your dishes before you leave.
B: I will.

Question No. 3: What will Emily do before she goes to the stadium?

これで，問題Aを終わります。
次に問題Bに入ります。これから放送する対話は，留学生のジョンと高校生の春花が，ある話題に関して話したときのものです。下の【対話】に示されているように，まず①でジョンが話し，次に②で春花が話し，そのあとも交互に話します。⑤ではジョンが話す代わりにチャイムが１回鳴ります。あなたがジョンなら，この話題に関しての対話を続けるために，⑤で春花にどのような質問をしますか。⑤に入る質問を英文で書きなさい。

問題B
John : Good morning, Haruka.
Haruka : Oh, good morning, John! We're on the same bus!
John : I have never seen you on the bus.
Haruka : Well, I usually go to school by bike.
John : （チャイム１点）

もう１回くりかえします。

問題B
John : Good morning, Haruka.
Haruka : Oh, good morning, John! We're on the same bus!
John : I have never seen you on the bus.
Haruka : Well, I usually go to school by bike.
John : （チャイム１点）

これで，問題Bを終わります。30秒後に問題Cに入ります。

問題Cに入ります。これから放送する英文は，アメリカからの留学生のジェーンが高校生の健太に対して話したときのものです。ジェーンの質問に対して，あなたならどのように答えますか。あなたの答えを英文で書きなさい。なお，２文以上になっても構いません。

問題C
When I first came to Japan, I was surprised because students clean their school. I talked about this with my family in America, and they said, "That' s good. Students should clean their school." What do you think about this idea? And why do you think so?

もう１回くりかえします。

問題C
When I first came to Japan, I was surprised because students clean their school. I talked about this with my family in America, and they said, "That' s good. Students should clean their school." What do you think about this idea? And why do you think so?

これで，１番の問題の放送を全て終わります。
受検番号を問題用紙と解答用紙の両方に記入しなさい。このあとは，２番以降の問題に進んでも構いません。

（チャイム１点）

国解

国語 解答用紙

受検番号
第　　番

一

1			2	3		4	5	6	
㋐	㋑	㋒		Ⅰ	Ⅱ			(1)	(2)
って	り								

1．１点×３
2．２点
3．２点×２
4．３点
5．２点
6．３点×２

※50点満点

得点

3	4		
	5		

4	1			
	2			
	3			
	4	(1)		
		(2)	問題点	
			取り組み	

1．２点
2．２点
3．２点
4．⑴３点
⑵完答４点

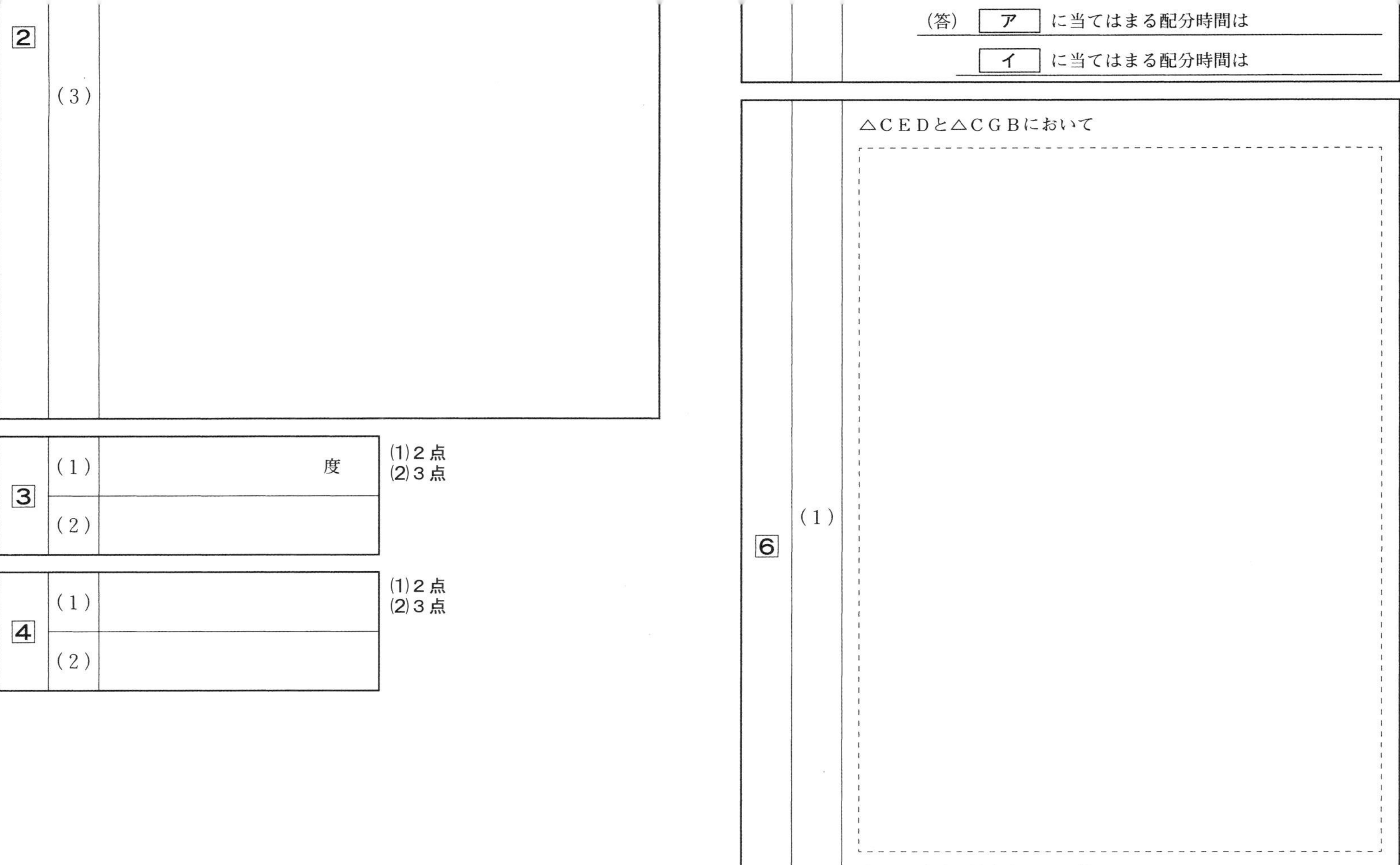

(1) 2 点
(2) 3 点

(1) 2 点
(2) 3 点

(1) 4 点
(2)完答 3 点

3	(2)	

3	1		
	2	(1)	
		(2)	
	3	a	
		記号	
	4	(1)	
		(2)	d / e / f

1．１点
2．２点×２
3．a．２点
記号…１点
4．⑴２点
⑵完答３点

4	1		
	2	(1)	
		(2)	N
		(3)	
	3	c	
		d	
	4		

1．２点
2．⑴１点
⑵２点
⑶２点
3．完答３点
4．完答２点

3			
	1	(1)	
		(2)	
	2		
	3		
	4		It ( ) could understand what mushrooms are talking about.
	5		
	6		

1．２点×２
2．２点
3．２点
4．２点
5．完答２点
6．４点

4			
	問題A	ア	
		イ	
	問題B		

問題A．ア．２点
イ．３点
問題B．４点

受検番号	第　　　　番

英　語　解答用紙

※50点満点

得点	

1	問題A	No.1	
		No.2	
		No.3	
	問題B		
	問題C		

問題A．２点×３
問題B．３点
問題C．４点

2	1		
	2		
	3		
	4		
		a	
		b	

1．２点
2．２点
3．２点
4．２点
5．１点×４

【解答

受検番号	第　　　　　番

理　科　解答用紙

※50点満点

得点	

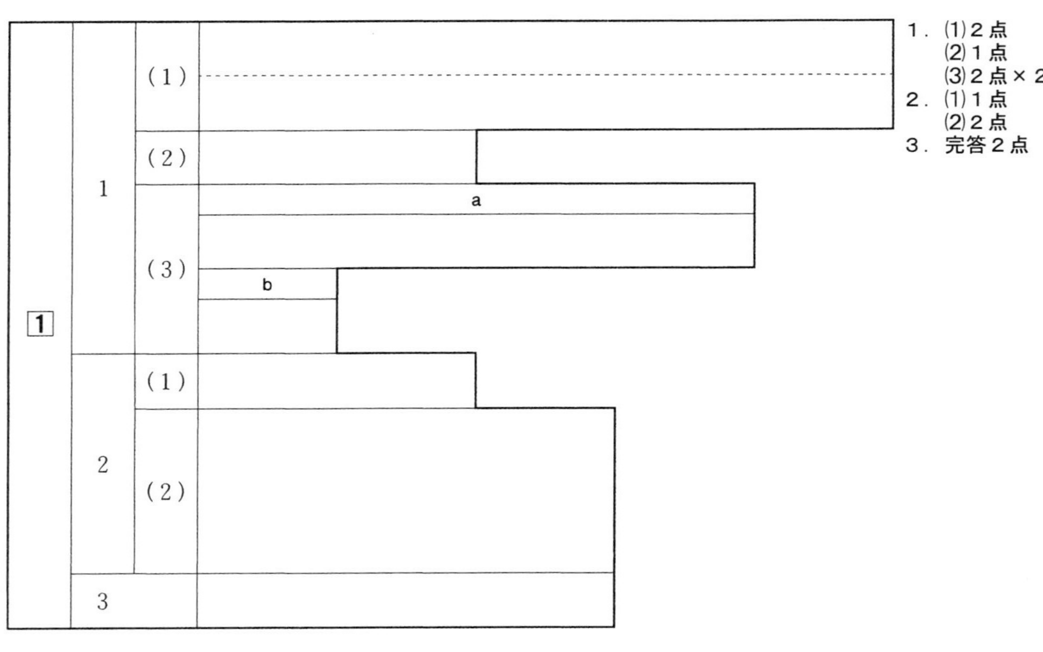

1．(1)２点
(2)１点
(3)２点×２
2．(1)１点
(2)２点
3．完答２点

1．(1)１点
(2)完答３点
2．(1)完答２点
(2)２点
3．(1)２点
(2)３点

【解答

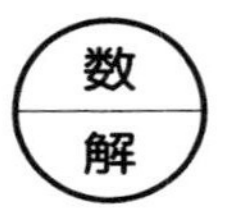

受検番号	第　　　　番

数　学　解答用紙

※50点満点

得点	

1	(1)		2点×8
	(2)		
	(3)		
	(4)		
	(5)		
	(6)	個	
	(7)	cm^3	
	(8)		

	(1)		(1)3点 (2)3点 (3)4点
	(2)	分	

5	(1)		(1)3点 (2)4点
	(2)	（求める過程）	

【解答

社
解

受検番号	第　　　　番

社　会　解答用紙

※50点満点

得点	

1	1	(1)	
		(2)	
	2	(1)	
		(2)	
	3		

1．２点×２
2．２点×２
3．４点

2	1	
	2	
	3	
	4	
	5	
	6	

1．２点
2．２点
3．２点
4．２点
5．３点
6．２点

	1	

1．２点

【解答

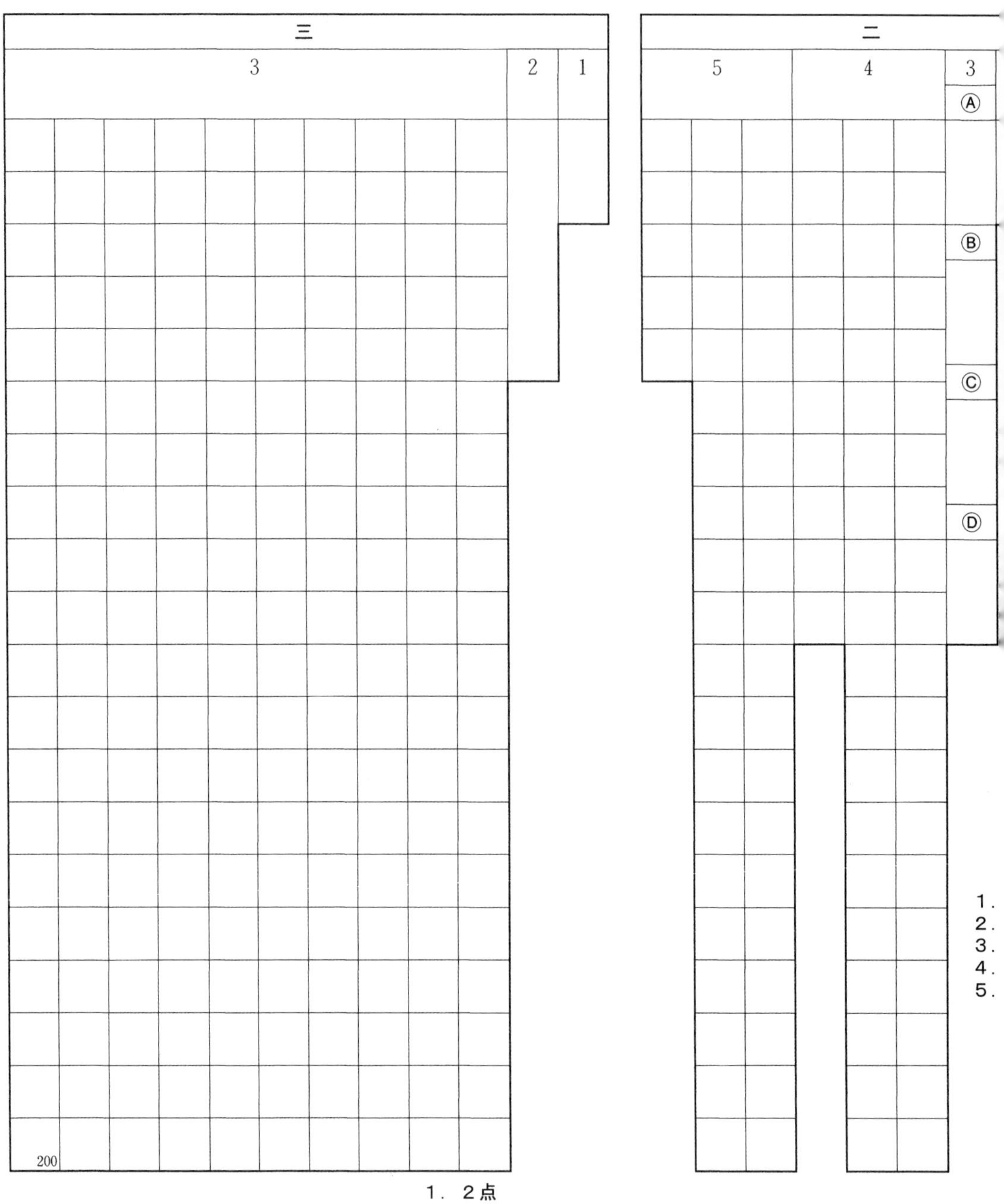

１．２点
２．１点
３．９点

１．
２．
３．
４．
５．

英語聞き取り検査台本

(チャイム２点)

※教英出版注
音声は，解答集の書籍ＩＤ番号を教英出版ウェブサイトで入力して聴くことができます。

英語の検査を開始します。問題用紙の１ページを開きなさい。
１番の問題は放送による問題です。
はじめに，１番の問題についての説明を行います。
１番の問題には，問題Ａ，問題Ｂ，問題Ｃの３種類の問いがあります。
問題Ａは対話と質問，問題Ｂは対話，問題Ｃは英文を放送します。これらはすべて２回ずつ放送します。メモをとっても構いません。
では，問題Ａを始めます。

(チャイム１点)
問題Ａ
これから，No.1～No.3まで，対話を３つ放送します。それぞれの対話を聞き，そのあとに続く質問の答えとして最も適切なものを，下のア～エの中から選んで，その記号を書きなさい。

No.1
A: Hi, Miki. What did you do last weekend?
B: Hi, Jack. I visited my grandmother last Saturday. Here is a picture we took that day.
A: Oh, your grandmother looks kind.
B: She is always kind to me. I love her so much.
A: Miki, you are holding a cute cat. Is it yours?
B: No. It's hers.

Question No.1: Which picture are Miki and Jack looking at?

No.2
A: Hi, Lucy. Have you been to the new 100-yen shop near the station?
B: No, I haven't. Have you been there?
A: Yes. I went there yesterday. I bought five pens.
B: I see. I think I will go there tomorrow.
A: Do you have anything you want to buy?
B: Well, I want to buy two notebooks for my sister.
A: That's nice!
B: Oh, I also have to buy a new notebook for science class.

Question No.2: How many notebooks is Lucy going to buy?

No.3
A: Emily, finish your lunch! You have to arrive at the stadium by one o'clock.
B: Yes, Dad.
A: Did you walk the dog this morning?
B: No, I practiced the guitar this morning. I'm going to walk him after I come home.
A: OK, but please wash your dishes before you leave.
B: I will.

Question No.3: What will Emily do before she goes to the stadium?

もう１回くりかえします。

問題Ａ
No.1
A: Hi, Miki. What did you do last weekend?
B: Hi, Jack. I visited my grandmother last Saturday. Here is a picture we took that day.
A: Oh, your grandmother looks kind.
B: She is always kind to me. I love her so much.
A: Miki, you are holding a cute cat. Is it yours?
B: No. It's hers.

Question No.1: Which picture are Miki and Jack looking at?

No.2
A: Hi, Lucy. Have you been to the new 100-yen shop near the station?

child. It led me to my dream for the future. Now, I'll ask you the question again. "What are you interested in?" Your curiosity will help you find your dreams.

(注) forest 森　mushroom キノコ　exactly 正確に　poisonous 有毒な
curiosity 好奇心　emit 発する　clear 明白な　attract 引き寄せる
insect 昆虫　spore 胞子　grow 育つ　cap (キノコの) かさ
happiness 幸福　electrical 電気の　signal 信号　truth 真実
themselves 彼ら自身を　led 導いた

1　次の (1)・(2) に対する答えを，それぞれ英文で書きなさい。

(1) Did Jiro find the most interesting thing when he was five years old?

(2) Who stopped Jiro when he tried to pick the mushroom he first found?

2　下線部①について，その内容を表している最も適切な英文を，次の**ア**～**エ**の中から選び，その記号を書きなさい。

ア　We do not know exactly where we can see *yakoutake*.

イ　We want to know when the beautiful green light of *yakoutake* can be seen.

ウ　We do not know exactly why a beautiful green light is emitted by *yakoutake*.

エ　We want to know how we can get *yakoutake*.

3　本文中の [　　　] に適切な語を1語補って，英文を完成しなさい。

4　下線部②が意味の通る英文になるように，(　　) 内の語を並べかえなさい。

5　次の**ア**～**エ**の中で，本文の内容に合っているものを2つ選び，その記号を書きなさい。

ア　There are many mushrooms which do not have names.

イ　*Yakoutake* and *benitengutake* are Jiro's favorite mushrooms.

ウ　Some people believe that *yakoutake* and *benitengutake* bring happiness.

エ　Jiro's dream is to protect all of the mushrooms around the world.

6　校内英語スピーチコンテストに聴衆として参加した生徒たちは，英語の授業で，発表者にあててスピーチの感想を感想用紙に書くことになりました。あなたなら，次郎がスピーチで話した内容についてどのような感想を書きますか。次の感想用紙中の [　　　　] にあなたの感想を25語程度の英文で書きなさい。なお，2文以上になっても構いません。また，(　　　　　) にはあなたの名前が書いてあるものとし，語数には含めません。

Speaker：Jiro　　　　Your name：(　　　　　)

[　　　　　　　　　　　　　　　　]

問題は，次のページに続きます。

4 あとの問題A・Bに答えなさい。

問題A　高校生の明子と留学生のエマは，ＳＮＳ上で２人の住む地域の春祭りについてやり取りを行いました。次のやり取りはそのときのものです。上から順にやり取りが自然につながるように，［ア］・［イ］にそれぞれ適切な英語を書いて，やり取りを完成しなさい。ただし，［イ］については，15語程度で書きなさい。

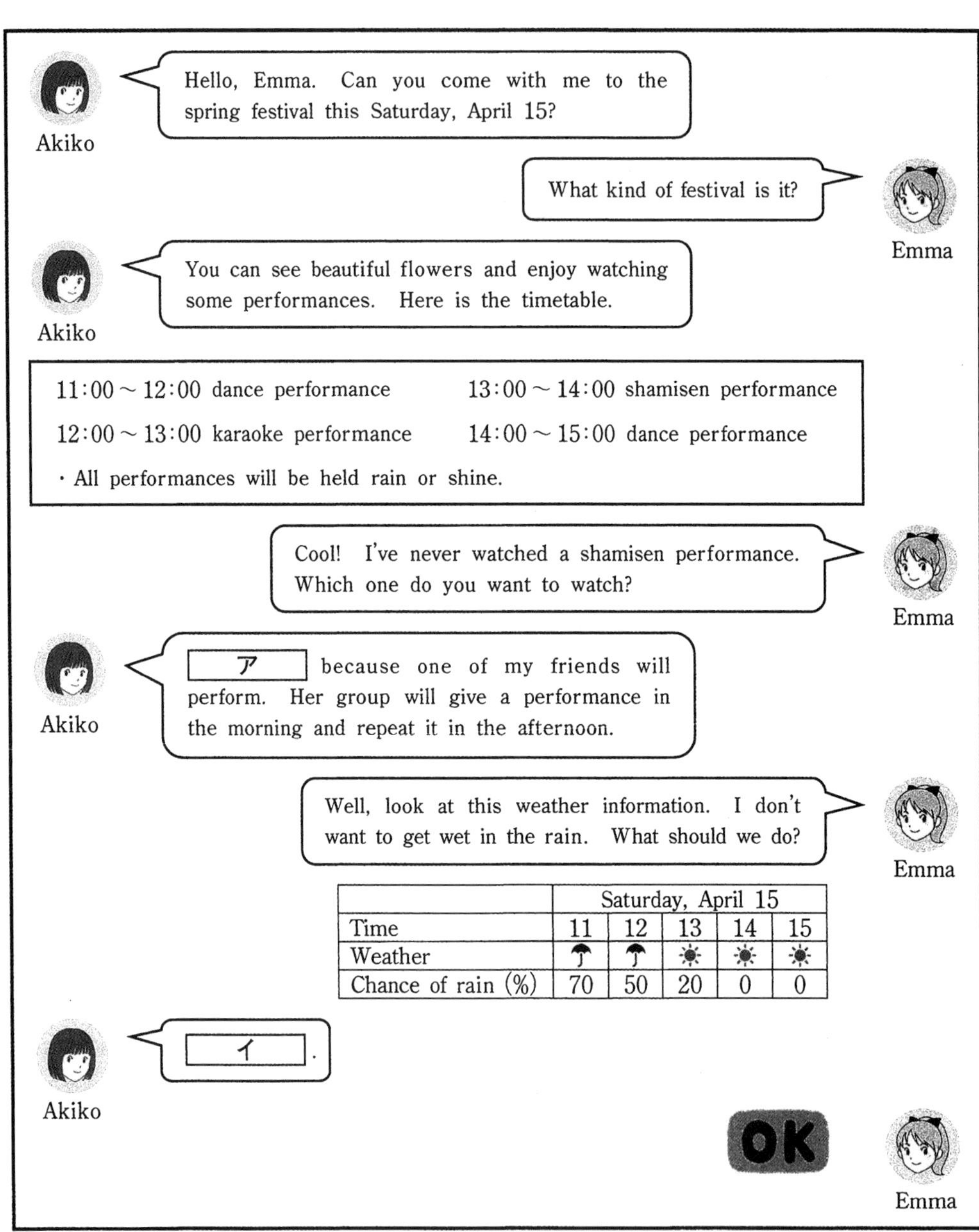

2023(R5) 広島県公立高
教英出版

(注) timetable　予定表　　be held　催される　　rain or shine　晴雨にかかわらず
perform　上演する　　give　行う　　chance　可能性

問題B　高校生の勇太と，来月オーストラリアに帰国予定の留学生のトムは，トムの帰国後，電子メールで連絡を取り合おうと考えています。勇太は英語と日本語のうち，どちらの言語を用いて電子メールのやり取りをするかについて，トムに提案するつもりです。あなたが勇太なら，トムに対してどのような提案をしますか。次の【勇太とトムの使用言語に関する情報】を参考にし，その提案を理由も含めて，20語程度の英文で書きなさい。なお，2文以上になっても構いません。

【勇太とトムの使用言語に関する情報】

・勇太とトムは，普段2人で会話をするとき，英語を用いている。
・トムは，日常的な話題については日本語で読み書きをすることができ，帰国後も日本語の学習を続けたいと考えている。

令和４年度

広島県公立高等学校

第　１　日

国　　　語

（９：３０～１０：２０）

注　　　意

1　検査開始のチャイムがなるまで開いてはいけません。

2　問題用紙の1ページから13ページに，問題が一から四まであります。
これとは別に解答用紙が1枚あります。

3　問題用紙と解答用紙に受検番号を書きなさい。

4　答えはすべて解答用紙に記入しなさい。

受検番号	第　　　　番

教英出版

一　次の文章を読んで、あとの問いに答えなさい。

何もやる気になれず、鬱々とした日々を過ごしていた篤(あつし)は、叔父に勧められるままに呼出(よびだし)[注1]の見習いとして相撲部屋に入門し、坂口や武藤といった力士たちと一緒に生活することになった。呼出の兄弟子[注2]に当たる直之(なおゆき)や、ベテランの進(すすむ)に憧れ、彼らのようになりたいと意識し始めた篤だが、客が自分の呼び上げを下手だと笑うのを聞いてしまう。進から、直之が毎晩練習していると聞いた篤は、自主的に練習を始めたが、翌日、四股名(しこな)[注3]を間違えて呼び上げてしまい、篤は師匠の自室に呼び出された。

「お前、今日みたいに四股名間違えるんじゃねえぞ。気を抜くからああいうことになるんだ。」と叱られた。

はい。すみません。今朝審判部に注意されたときのように、師匠に向かって頭を下げる。「顔上げろ。」言われた通り顔を上げると、「心技体」と書かれた書が見えた。同じものが稽古場の上がり座敷にも㋐飾ってあるが、師匠の知り合いの書道家の作品らしい。「心技体」の文字を篤が目にしたことがわかっているのか、師匠は「力士は、心技体揃(そろ)ってようやく一人前と言われるが、技でも体でもなく、心が一番大事なんだ。心を強くもっていなければ、技も身につかないし、丈夫な体も出来上がらない。」と話を続けた。突然話題が変わったことに戸惑いつつ、はいと頷(うなず)く。「呼出のお前には心技体の体はまあ、そんなに関係ないけれど、それでも心が大事ってのは力士と変わんねえぞ。自分の仕事をしっかりやろうと思わなければ、いつまでたっても半人前のままだ。お前だって、できないことを叱られ続けるのは嫌だろう。」

はいと弱々しく返事をすると、師匠は語気を強めて篤に言い聞かせた。

「だったら、自分がどうすべきかちゃんと考えろ。」黒々とした大銀杏(おおいちょう)が結わえられていた現役時代に比べ、今の師匠は髪の毛がずいぶん薄い。加齢で顔の皮膚もたるんでいる。しかし、いつぞやインターネットで見た若かりし頃の写真と同様に、師匠の目には人を黙らせるほどの強い光があった。何度目かのはい、という返事を口にすると、師匠の話が終わった。

①師匠の自室を出て、一階まで降りると、篤は廊下の一番奥にある物置へ向かった。念のため、まわりに誰もいないのを確認する。扉を閉めると、何も持っていない右手を胸の前でかざした。ひがああしいいーー　はああたああのおおーー……にいいしいいいーーー……息を継ぐ合間に、扉を叩(たた)く音が聞こえた。

「篤、そこにいるんだろ。」声がするのとほぼ同時に、扉が開いた。扉の外にいたのは坂口さんだった。手には、ミルクティーのペットボトル。二十四時間ほど前にも見た、デジャヴ[注4]のような光景だ。「ほれ、差し入れ。お前、昨日も欲しそうな顔してたから買ってきてやったんだぞ。感謝しろよ。」坂口さんがぶっきらぼうに言ってペットボトルを差し出す。ありがとうございますと軽く頭を下げ、それを受け取った。結局今日はミルクティーを飲み㋑損ねていたので、この差し入れはありがたい。顔を上げると坂口さんと目が合った。

「お前、今日も練習するんだな。」「ああ、はい。」「嫌になんねえの。

せっかくやる気出した途端、失敗してめちゃくちゃ怒られて。」さきほどよりも声を落として、坂口さんが尋ねる。「……なんか失敗したからこそ、やらなきゃいけない気がして。」光太郎と呼ばれた兄弟子の嫌味[注5]な口調を思い出すと、胃がきゅっと(ウ)絞られるように痛む。それでも、進さんが助けてくれた。師匠も、わざわざ篤に話をしてくれた。明日こそは失敗してはいけない。そう自分に言い聞かせ、篤は物置に籠もった。

※1「まあ、そうだよな。」坂口さんは頭を掻くと、もしも、と言葉を続けた。「お前が昨日の一回きりで練習やめてたら、俺も今日普通にゲームしてたかもしれない。」え？　と聞き返すと坂口さんは遠くをちらりと見て、重々しく口を開いた。「俺、一緒にトレーニングしたいって武藤に言おうと思う。」坂口さんの視線の先には、電気のついた一室があった。武藤さんが毎晩籠もっているトレーニングルームだ。あの部屋で、武藤さんは今もダンベルを持ち上げているのだろう。「そうなんすか。」坂口さんは真剣な目をしていたのに、ありきたりな相づちしか打てなかった。兄弟子としてのプライドをいったん捨て、弟弟子と一緒にトレーニングをしようと決意するまでに、当然葛藤があったはずだ。その葛藤は、きっと坂口さんにしかわからない。「あ、俺のこと見直しただろ？　差し入れも買ってきてやったし、ちゃんと俺を敬えよ。」わざとらしく口を尖らせ、坂口さんが篤の肩をつつく。坂口さんの葛藤はわからなくても、冗談を言って強がろうとしていることはわかった。

頑張ってくださいと坂口さんを送り出してから、篤はふたたび扉を閉めた。さすがに蒸し暑かったので、もらったミルクティーのボトルを開けた。口に含むと、ほのかな甘さが沁みわたった。三分の一ほどを飲むと、また、ひがあぁあしいぃいーー、と何度も繰り返した。※2

秋場所の三日目は前相撲から始まった。前相撲では、新弟子検査に合格したばかりの力士と、怪我などで長期間休場し、番付外に転落した力士が土俵に上がる。最初の一番こそ通常の呼び上げを行うが、その後は東方と西方に分かれて二人の呼出が呼び上げを担当する。しかも白扇を持たず、ただ土俵下に立って声を張り上げるだけなので、他の取組とはずいぶん勝手が違う。前相撲の呼び上げは通常、何年かキャリアのある呼出が担当するので、篤は土俵のそばで控えているだけだった。先場所も見たはずの光景だが、直之さんや他の呼出が自分よりも先に声を発するのを、ⓐ新鮮な気分で眺めた。今場所は番付外に落ちた力士がおらず、新弟子も四名と少なかった。あっという間に前相撲が終了し、序ノ口[注6]の一番が始まった。

いつもと同じように、拍子木がカンカンと場内に響く。ただ、昨日までとは違い、篤は［　　　］で土俵に上がっていった。ふいに篤の呼び上げを下手だと笑った客の声、光太郎と呼ばれた兄弟子の冷ややかに笑う顔が脳裏に浮かびそうになる。それらを振り払うように、見てろよと心の中で呟いた。真っ白な扇を広げて東側を向き、腹から声を出すべく、篤は大きく息を吸った。

（鈴村ふみ「櫓太鼓がきこえる」による。）

（注1）呼出 ＝ 相撲で、力士の名を呼び上げる役の人。
（注2）兄弟子 ＝ 同じ師匠のもとに先に入門した人。
（注3）四股名 ＝ 力士としての呼び名。

（注4）デジャヴ ＝ 以前に見たことがあるように感じられる光景。
（注5）嫌味な口調 ＝ 篤が、四股名を間違えて呼び上げてしまったことに対する嘲るような口調。
（注6）序ノ口 ＝ 相撲の番付で最下級の地位。

1 ㋐〜㋒の漢字の読みを書きなさい。

2 ⓐ新鮮 と熟語の構成が同じものを、次の**ア**〜**エ**の中から選び、その記号を書きなさい。

ア 攻防　**イ** 不振　**ウ** 洗車　**エ** 到達

3 ①師匠の自室を出て、一階まで降りると、篤は廊下の一番奥にある物置へ向かった とあるが、このときの篤の気持ちを、四十五字以内で書きなさい。

4 ※1 から ※2 までの部分について、国語の時間に、この部分を演じるための台本を、文章中の描写を基に、登場人物の心情について解釈しながら作成することになりました。次の【台本】は、このとき、ある班が話し合って作成したものです。これを読んで、あとの(1)・(2)に答えなさい。

【台本】

せりふと動作	せりふや動作に込める気持ち
坂口「まあ、そうだよな。」〈頭を掻く。〉	〔**坂口**〕自分のこれまでを振り返りながら、納得したような気持ちで言う。
坂口「もしも、お前が昨日の一回きりで練習やめてたら、俺も今日普通にゲームしてたかもしれない。」	〔**坂口**〕真剣に、これまでの自分と向き合うような気持ちで言う。
篤「え？」	〔**篤**〕不意を突かれ、驚くような感じで言う。
坂口〈遠くをちらりと見て、重々しく口を開く。〉「俺、一緒にトレーニングしたいって武藤に言おうと思う。」〈電気のついた一室を真剣な目で見る。〉	〔**坂口**〕（　　Ⅰ　　）。

台本	演技のポイント
篤〈相づちを打つ。〉 「そうなんすか。」	〔篤〕坂口の真剣さに見合う反応をしたいのに、思い浮かばないという感じで相づちを打つ。
坂口「あ、俺のこと見直しただろ? 差し入れも買ってきてやったし、ちゃんと俺を敬えよ。」 〈わざとらしく口を尖らせて、篤の肩をつつく。〉	〔坂口〕心の葛藤を隠して、何とか明るく、冗談を言って強がるような気持ちで言う。
篤「頑張ってください。」 〈坂口さんを送り出して、扉を閉める。〉 〈もらったミルクティーのボトルを開け、ミルクティーを口に含み、ボトルの三分の一ほどを飲む。〉	〔篤〕ミルクティーを口に含んで、（　Ⅱ　）という気持ちで、ボトルの三分の一ほどを飲み、練習を再開する。
篤「ひがあああしいいいー、」 〈何度も繰り返す。〉	

(1) 空欄Ⅰに当てはまる最も適切な表現を、次の**ア**～**エ**の中から選び、その記号を書きなさい。

ア 思い付きではなく、固く決意したように言う
イ 仕方なく状況を受け入れたように言う
ウ 思いを伝えることができて安心したように言う
エ 高ぶる感情をなんとか抑えるように言う

(2) 空欄Ⅱに当てはまる適切な表現を、六十字以内で書きなさい。

5 ［　　］に当てはまる最も適切な表現を、次の**ア**～**エ**の中から選び、その記号を書きなさい。

ア 重苦しい足取り
イ 軽やかにはずむ足取り
ウ 力のない足取り
エ しっかりとした足取り

二　次の文章を読んで、あとの問いに答えなさい。

私たちは、花の美しさに魅せられ、花を摘みとったり切り花にしたりすることがよくあります。そんなとき、植物たちがせっかく咲かせた花を切り取るのは、植物のいのちの輝きを奪い取るという、すごくひどいことをしているようで、心苦しく感じることがあります。

しかし、私たちが胸を痛めるほど、植物たちは花を切り取られることを気にしていないはずです。植物たちには、花を切り取られても、もう一度、からだをつくりなおし、いのちを復活させるという力が隠されているからです。

その力は、「頂芽優勢」といわれる性質に支えられています。成長する植物の茎の先端部分には、芽があります。この芽は、もっとも先端を意味する「いただき（頂）」という文字を「芽」につけて、「頂芽」とよばれます。植物では、この頂芽の成長がよく目立ちます。

しかし、茎を注意深く観察すると、芽は、茎の先端だけでなく、先端より下にある葉っぱのつけ根にも必ずあります。これらの芽は、頂芽に対して、「側芽」、あるいは、「腋芽（えきが）」とよばれます。側芽は、ふつうには、頂芽のように勢いよく伸び出しません。

頂芽の成長は、勢いがすぐれており、側芽の成長に比べて優勢です。この性質が、頂芽優勢とよばれるものです。発芽した芽生えでは、この性質によって、頂芽がどんどんと成長をして、次々と葉っぱを展開します。

摘みとられる花や切り花にされる花は、多くの場合、頂芽の位置にあります。一本の茎の先端に花を咲かせているキクやヒマワリは、その（ア）テンケイ的な例です。頂芽が花になっているとき、花をつけている茎を切り取って切り花にすると、残された茎の下方には、葉っぱが何枚か残ってついています。

その葉っぱのつけ根には、花が切り取られるまでは、側芽とよばれていた芽があります。上にあった花と茎が切り取られると、今度は、側芽の中で一番上にあったものが、一番先端の芽となります。□、頂芽となるのです。

すると、頂芽優勢によって、その芽が伸び出します。花が咲く季節なら、その芽にツボミができて、花が咲きます。あるいは、側芽のときにすでにツボミはできており、頂芽が（イ）ソンザイするために、成長できなかっただけかもしれません。いずれにしても、この植物は、再び花を咲かせます。

先端の花が摘みとられても、切り花として切り取られても、残された植物では、一番上になった側芽が頂芽として伸び出し、花が咲くのです。これが、「植物たちは、花を摘みとられることや切り取られることを、それほど気にしていない」と思われる理由です。

このことを知ると、花を摘みとったり切り花にしたりするときに、私たちが感じる心苦しさは、軽くなります。頂芽の花を切り取ることは、それまで成長を抑えられていた側芽に、成長のチャンスを与えることになるからです。これらは、頂芽に咲いた花が切り取られなければ、りっぱに花咲くことなく生涯を終える運命にあったものです。

①切り取った花を無駄にすることなく、花として価値ある使い方をす

ることで、心苦しさは心の晴れやかさに変わるでしょう。切り取られた花や枝はⓤヨロコぶはずです。そして、控えていた芽は、ⓐ表舞台に出る機会を与えられたことになるのです。

（田中　修（おさむ）「植物のいのち」による。）

1 ㋐～㋒のカタカナに当たる漢字を書きなさい。

2 [　] に当てはまる最も適切な語を、次のア～エの中から選び、その記号を書きなさい。

ア　または　イ　例えば　ウ　すなわち　エ　なぜなら

3 ⓐ表舞台に出る機会とあるが、これは具体的にどのような機会ですか。三十字以内で書きなさい。

---

4 ①切り取った花を無駄にすることなく、花として価値ある使い方をすることで、心苦しさは心の晴れやかさに変わるでしょうとあるが、次の【ノート】は、なぜ筆者の田中修さんが、心苦しさが心の晴れやかさに変わると述べているのかということについて、ある生徒がまとめたものです。また、【図書館で借りた本の文章】は、その生徒が【ノート】を書くために、準備したものです。この【ノート】の空欄Ⅰ・Ⅱに当てはまる適切な表現を、空欄Ⅰは本文の内容を踏まえて十五字以内、空欄Ⅱは【図書館で借りた本の文章】の内容を踏まえて七十五字以内で書きなさい。

【ノート】

花を切り取ったあとに感じる心苦しさは、植物たちが花を摘みとられたり、切り花にされたりしても（　Ⅰ　）ということを知ることで軽くなる。さらに、切り取った花をいけばなで使用した場合、（　Ⅱ　）ことになるため、切り取った花を無駄にせず、価値ある使い方ができたと言える。このように切り取った花を価値ある使い方をすることで、心苦しさは晴れやかさに変わると、筆者の田中修さんは述べているのではないかと考える。

【図書館で借りた本の文章】

いけばなは、生きている草や木を切って材料とします。たいていの草木は切られても水に養えば、すぐに枯れてしまうことはあ

2022(R4) 広島県公立高
教英出版

りません。しかし、大地から切り離されて、多少ともその生命（いのち）が縮められたことは確かです。いけばなの材料となる花材が、単なる素材と違うのは、まさにこの生命をもっているというところです。草木の花や葉が美しいのは生命のはたらきに裏づけられているからであり、花や葉を観賞することは、同時にその生命の有り様を見つめることでもあります。花をいけるという行為が、まず、何よりも花を生かすことといわれるのも、そこに根拠があるのです。いけばなには、数百年にわたって多くの人々に培（つちか）われてきたさまざまな技法、手法の集積がありますが、そのすべてのものが、花の生命をいつくしむ心から生まれているのです。

（「いけばな入門　基本と実技」による。）

問題は，次のページに続きます。

2022(R4) 広島県公立高
K 教英出版

三　次の文章を読んで、あとの問いに答えなさい。

【漢文】

伏スコト久シキ者ハ、①飛ブコト必ズ高ク、開クコト先ナル者ハ、謝スルコト独リ早シ。知ラバレ此(これ)ヲ、可三以(もつ)テ免(まぬか)ル二蹭(そう)[注1]蹬(とう)之(の)憂ヒヲ一、可三シ以テ消ス二躁(さう)[注2]急(きふ)之念ヲ一。

【書き下し文】

伏すこと久しき者は（長く地上に伏せて力を養っていた鳥は）、飛ぶこと必ず高く、開くこと先なる者は（他よりも先に咲いた花は）、謝することと独り早し（散ってしまうこと）。［　　］、以て蹭蹬の憂ひを免るべく（避けることができ）、以て躁急の念を消すべし（消すことができる）。

（「菜根譚(さいこんたん)」による。）

（注1）蹭蹬　＝　足場を失ってよろめくこと。

（注2）躁急　＝　あせって、気持ちがいらだつこと。

1　［　　］に当てはまる書き下し文を書きなさい。

2　①飛ブコト必ズ高ク　とあるが、次の文は、これが何を例えているかを述べたものです。空欄Ⅰに当てはまる適切な表現を、現代の言葉を用いて十字以内で書きなさい。

> 人が（　Ⅰ　）を、「鳥が高く飛ぶ」という表現で例えている。

3　田中さんの学級では、国語の時間に、【漢文】の内容を踏まえて、新聞の「お悩み相談」に掲載された記事の投稿者に返事を書くという課題に取り組むことになりました。次の【記事】は、新聞の「お悩み相談」に掲載された記事で、【生徒の会話】は、この課題に取り組む過程で、田中さんの班が行ったものです。これらを読んで、あとの(1)・(2)に答えなさい。

【記事】

中学生　十四歳

私は中学校に入学して、陸上競技部に入りました。特に力を入れて取り組んだ種目は走り幅跳びです。毎日休まず練習したけれど、三年生になってからは、走り幅跳びの自己ベスト記録を一度も更新することができませんでした。先週の中学校での最後の大会でも、私は自己ベスト記録を更新することができませんでした。大会が終わると、引退の寂しさとともに、悔しさで涙があふれました。そして、このまま高校で陸上競技部を続けても、結果は出せないのではないかと思うようになりました。でも、先日の放課後、グラウンドの近くを通りかかり、陸上競技部の後輩たちが一生懸命に練習している姿を見ると、やっぱり私は陸上競技が好きだと思いました。だから、今は、高校でも陸上競技部を続けるのか、他のスポーツにチャレンジしてみるのかを悩んでいます。高校に入学するまで、しっかり考えてみようと思うのですが、よいアドバイスがあればお願いします。

【生徒の会話】

田中：新聞の「お悩み相談」に掲載された記事の投稿者へのアドバイスは、どんな風に書いたらいいのかなあ。【漢文】の内容を踏まえて、書くんだよね。

木村：【漢文】の筆者が伝えたいことは、（　Ⅱ　）ということだよね。だから、高校でも陸上競技部を続けるかどうかについては、（　Ⅲ　）という内容を伝える返事を書きたいな。

(1)　空欄Ⅱに当てはまる適切な表現を、現代の言葉を用いて三十字以内で書きなさい。

(2)　空欄Ⅲについて、あなたならどのような内容を伝えますか。空欄Ⅲに当てはまるように、【漢文】の内容と【記事】の内容を踏まえ、現代の言葉を用いて七十字以内で書きなさい。

四　青木さんの班では、技術・家庭科の時間に実施される保育実習に向けて「絵本の読み聞かせ」の準備を行っています。次の【ノート】は、保育実習に関する説明を聞いて、青木さんがまとめたもので、【資料1】・【資料2】は、青木さんたちが、読み聞かせに使う絵本を選ぶために、調べて準備したものです。また、【生徒の会話】は、青木さんの班が、読み聞かせに使う絵本を選ぶ過程で行ったものです。これらを読んで、あとの〔問い〕に答えなさい。

【ノート】

保育実習での絵本の読み聞かせについて

1 目的「幼児との触れ合い方の工夫を学ぶ」

2 読み聞かせを行う対象　年中（4歳児）クラス

3 読み聞かせを行う時間　20分間

4 絵本を決定するために

（1）年中（4歳児）の特徴について

・話し言葉がほぼ完成し，想像力が豊かになる。

・知的好奇心が増す。

・想像する力や思考する力の土台が育まれる。

・コミュニケーション能力を育む上で、重要な時期である。

（2）事前の打ち合わせで，保育士さんから聞いたこと

・絵本で知ったことや見たことを，実際に見たり，体験したりすることが大好きである。（「ホットケーキ作り」，「シャボン玉遊び」等）

・「現実には起こりそうに無い、あっと驚くような出来事が起こる物語の絵本」や「いろいろな生き物が出てくる図鑑のような絵本」に興味がある。

【資料1】

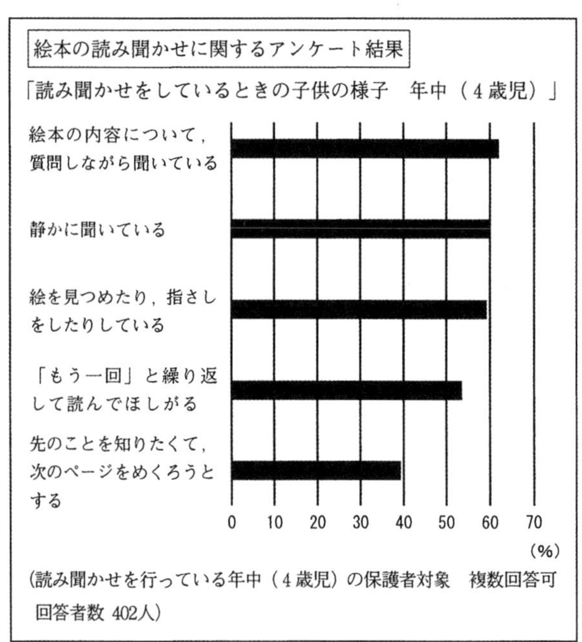

（ベネッセ教育総合研究所　「幼児期の家庭教育調査」（2018）により作成。）

【資料2】

年中クラスの今後の主な行事予定	
九月下旬	芸術鑑賞（劇「ピノキオ物語」）
十月中旬	遠足（水族館）
十二月上旬	園で育てたサツマイモの芋掘り・焼き芋の会
二月下旬	発表会（音楽劇「かぐや姫」）

【生徒の会話】

青木：九月上旬に行われる保育実習の中で、私たちは子供たちに絵本の読み聞かせをすることになっているね。図書館で本を選ぶ前に、【ノート】や、みんなで調べた【資料1】・【資料2】を参考にして、どんな種類の絵本を読み聞かせたらよいかを決めていこう。

野村：いい考えだね。私たちの担当する年中（四歳児）の子供たちは、「現実には起こりそうに無い、あっと驚くような出来事が起こる物語の絵本」や「いろいろな生き物が出てくる図鑑のような絵本」に興味があるということだったよね。読み聞かせをしてあげられる時間が二十分間しかないから、この二種類のうちのどちらの種類の絵本がよいかを決めて、その後、実際に図書館に行って、具体的な絵本をみんなで選んだらいいと思わない？

青木：そうしよう。では、まず、どちらの種類の絵本がいいか、みんなの意見を言ってみてよ。

和田：私は、絵本の読み聞かせの時に、絵本の内容について質問しながら聞いている子供が多いみたいだし、四歳児は知的好奇心が増すと技術・家庭科の時間に習ったから、生き物や植物を題材とした図鑑のような絵本を、クイズ形式にして読み聞かせをしたらいいと思うな。

野村：なるほど……。今後、子供たちは芸術鑑賞で劇を鑑賞したり、遠足で水族館に行ったりする予定だよね。だから、私はわくわくするような冒険の物語や、海の生き物が主人公の物語などを、役に合わせて声色を変えて読んだらきっと盛り上がっていいと思うなあ。

本田：私も野村さんと同じよ。子供たちは芸術鑑賞も近々あるみたいだし。想像力が豊かになったり、初めて知る物語の世界に好奇心が高まったりする時期だから、何回も読みたくなる、わくわくするような物語の絵本がいいな。青木さんはどう？

青木：（　　Ⅰ　　）

〔問い〕　青木さんは話し合いの中で、読み聞かせに使う絵本は、物語の絵本がよいか、図鑑のような絵本がよいか、どちらがよいか意見を求められました。青木さんは、【生徒の会話】を踏まえて、「図鑑のような絵本がよい」という意見を述べようとしています。あなたが青木さんなら、班員の間で合意を形成するために、どのような発言をしますか。次の条件1・2に従って、空欄Ⅰに当てはまる発言を書きなさい。

条件1　【ノート】・【資料1】・【資料2】の内容を参考にして、合意を形成できるように書くこと。

条件2　二百五十字以内で書くこと。なお、解答は、実際に話すときに使う言葉で書いてもよい。

※ 左の枠は、下書きに使っても構いません。解答は必ず解答用紙に書きなさい。

250

2022(R4) 広島県公立高
K 教英出版

社

第　1　日
社　　　会
（10：40～11：30）

注　　　意

1　検査開始のチャイムがなるまで開いてはいけません。 2　問題用紙の１ページから14ページに，問題が[1]から[4]まであります。 これとは別に解答用紙が１枚あります。 3　問題用紙と解答用紙に受検番号を書きなさい。 4　答えはすべて解答用紙に記入しなさい。

受検番号	第　　　　番

1 ある学級の社会科の授業で，「私たちの生活と交通の発達」というテーマを設定し，班ごとに分かれて学習しました。次の会話はそのときのものです。あとの1～5に答えなさい。

中山：先週，親戚の家に行ったのだけど，新しく①高速道路ができていて，以前は渋滞していた道路を通らずに行くことができたから，とても早く着いたよ。
池田：高速道路が整備されると便利になるよね。
西村：便利と言えば，この前，父が，②新幹線もずいぶん整備されて，日帰りできる都市が増えたって言ってたよ。
池田：早く移動できるというだけではなく，自動車や鉄道，③航空機，船舶といったそれぞれの④移動手段の特徴を生かした使い分けによって，さらに便利に移動できるよね。
中山：そうだね。資料を集めて整理し，⑤「私たちの生活と交通の発達」について，現在どのような取り組みが行われているか，考えていこうよ。

1 下線部①に関して，中山さんの班では，高速道路について調べ，次の地形図Ⅰを見付けました。中山さんの班では，この地形図Ⅰを見て，高速道路が扇状地で弧を描くように通っていることに興味をもち，調べて下のようにまとめました。中山さんの班のまとめの中の［　　　］に当てはまる適切な語は何ですか。地形図Ⅰを基に書きなさい。

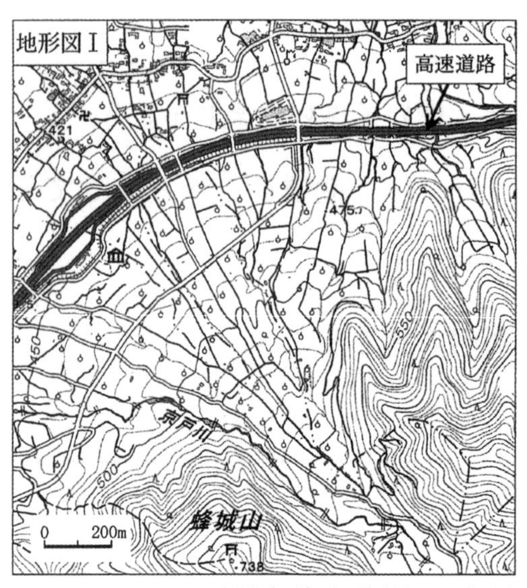

（国土地理院 地理院地図により作成。）

中山さんの班のまとめ
　地形図Ⅰ中の高速道路が扇状地で弧を描くように通っているのは，道路の高低差を小さくするために，扇状地の地形に合わせて，［　　　］に沿ってつくられているからである。

2　下線部②に関して，新幹線をはじめとする鉄道網の整備にともない，都市間の移動時間は大幅に短縮しました。右の地図Ⅰは，2010年までに開業している新幹線の路線を示しています。下の資料Ⅰは，2010年と2014年について，東京を起点に全国の各都市に到着するまでの鉄道による移動時間を，地図上の距離に置き換えて日本列島を変形させて示したものです。中山さんの班では，地図Ⅰと資料Ⅰを基に，2010年と2014年にかけて生じた，東京から山形，仙台，大阪，鹿児島までの鉄道の発達による移動時間の変化について，下のようにまとめました。中山さんの班のまとめの中の［　a　］に当てはまる都市名は何ですか。その都市名を書きなさい。また，［　b　］にはどのような内容が当てはまりますか。その内容を簡潔に書きなさい。

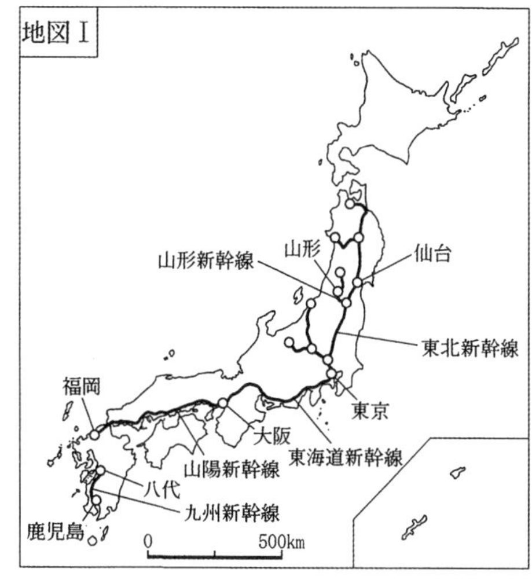

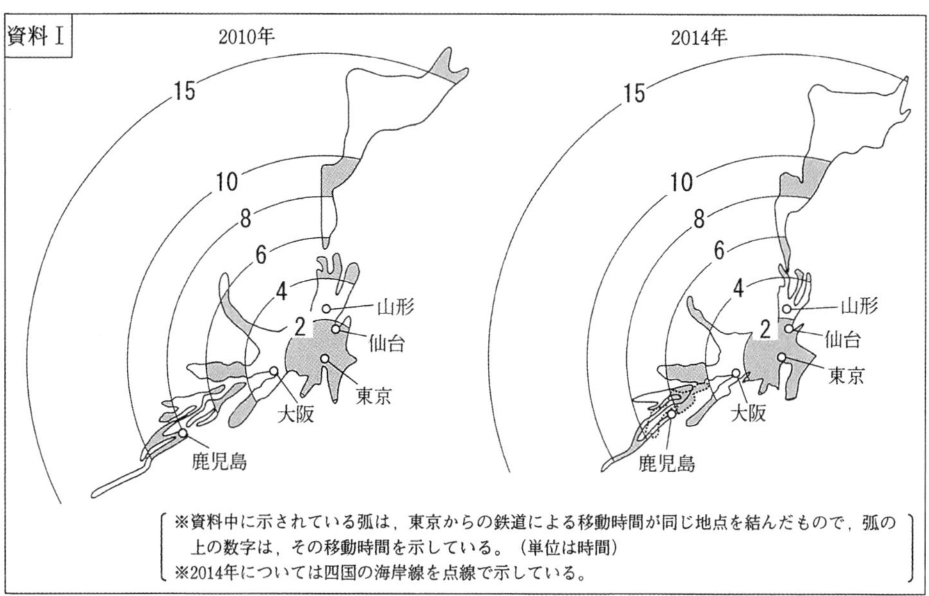

※資料中に示されている弧は，東京からの鉄道による移動時間が同じ地点を結んだもので，弧の上の数字は，その移動時間を示している。（単位は時間）
※2014年については四国の海岸線を点線で示している。

中山さんの班のまとめ

2010年から2014年にかけて生じた，東京から山形，仙台，大阪，鹿児島までの移動時間の変化を比較すると，［　a　］以外の三つの都市までの移動時間はあまり短縮していないのに，［　a　］までの移動時間は大きく短縮していることが読み取れる。この違いは，［　b　］ために生じたものであると考えられる。

3　下線部③に関して，中山さんの班では，ある航空会社の国際線の主な航空路線について調べ，次の資料Ⅱを見付けました。中山さんの班は，資料Ⅱを見て，この航空路線の往路と復路とでは，同じ経路で同じ距離を飛行しているのに，平均飛行時間に違いがあることに疑問をもち，さらに調べ，その理由を，地図Ⅱを基に，自然条件に触れて下のようにまとめました。中山さんの班のまとめの中の ＿＿＿＿ に当てはまる適切な語を書きなさい。

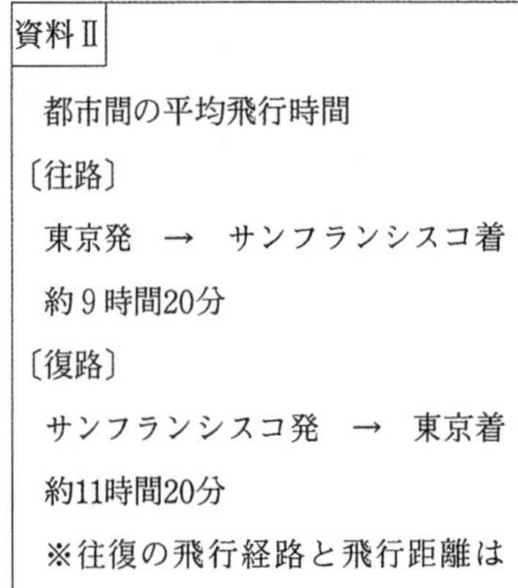

資料Ⅱ

都市間の平均飛行時間

〔往路〕

東京発　→　サンフランシスコ着

約９時間20分

〔復路〕

サンフランシスコ発　→　東京着

約11時間20分

※往復の飛行経路と飛行距離は同じものとする。

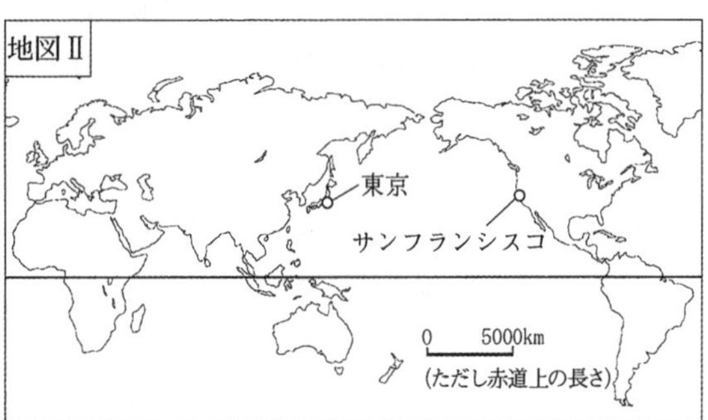

中山さんの班のまとめ

東京・サンフランシスコ間の航空路線の往路と復路の平均飛行時間に約２時間の違いがあるのは，自然条件として ＿＿＿＿ の影響があるためと考えられる。

4　下線部④に関して，中山さんの班では，2009年のアメリカ，ドイツ，日本のそれぞれの国において，人が国内を移動する際に利用する主な交通機関の割合を調べ，次のグラフⅠを作成しました。グラフⅠ中の A と B のうち，日本が当てはまるのはどちらですか。その記号を書きなさい。また，その記号を選んだ理由を，あとの地図Ⅲ・Ⅳを基に簡潔に書きなさい。

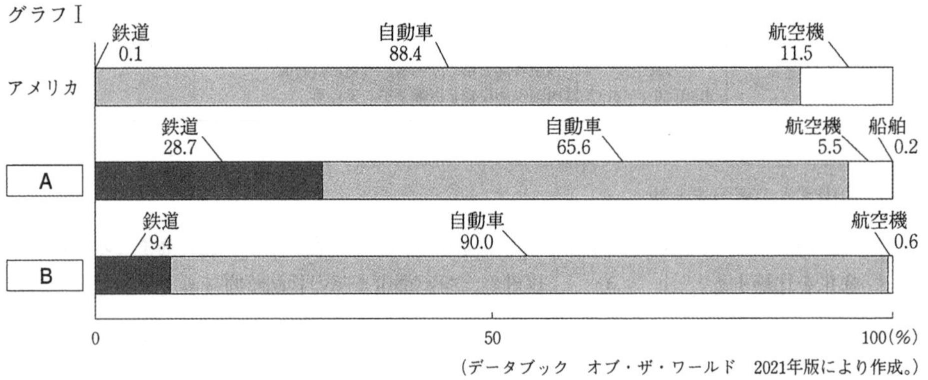

（データブック　オブ・ザ・ワールド　2021年版により作成。）

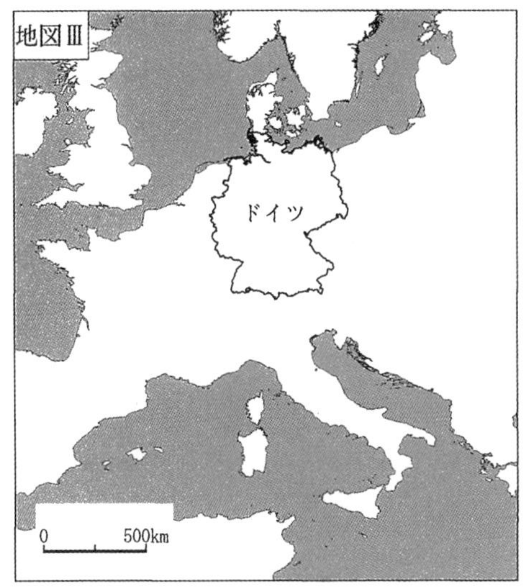

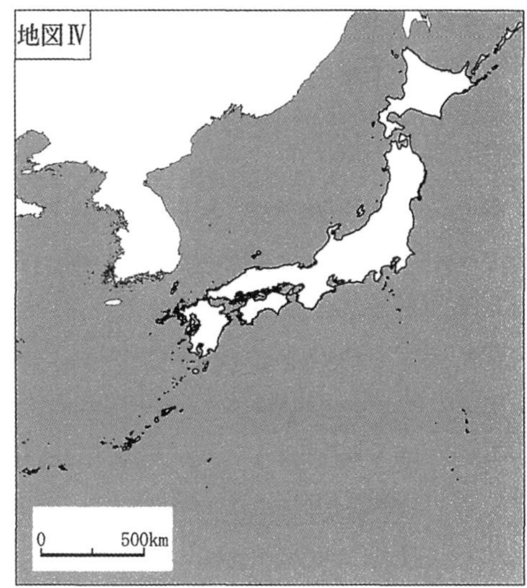

(地図Ⅲ・Ⅳは面積が正しくあらわされています。)

5　下線部⑤に関して，中山さんの班では，X市が，バスの運行に新しいしくみを取り入れることによって経済の活性化を目指していることについて調べ，次の表Ⅰと図Ⅰ・Ⅱを作成しました。バスの運行に新しいしくみを取り入れることによるバスの利用者と運行会社の，それぞれの立場からの利点は何ですか。表Ⅰと図Ⅰ・Ⅱを基に，利用者の立場からの利点は「便利」の語を用いて，運行会社の立場からの利点は「効率的」の語を用いて，それぞれ具体的に書きなさい。

表Ⅰ　バスの運行の従来のしくみと新しいしくみの比較

	バスの運行の従来のしくみ	バスの運行の新しいしくみ
運行経路	決まった経路で運行。	利用者の予約状況に応じて，AI(人工知能)が算出した経路で運行。
運行間隔	1日3便，決まった時刻に運行。	利用者の有無や利用区間に合わせて運行。
乗車方法	利用者は，22か所のバス停のうち，最寄りのバス停で乗車。	利用者は，スマートフォンや電話で予約し，希望時刻に，従来のバス停にバーチャルバス停を加えた185か所のバス停のうち，最寄りのバス停で乗車。

バーチャルバス停：実際のバス停はなく，予約すると乗り降りできる場所

利用者の自宅と通勤先の間の移動モデルの比較

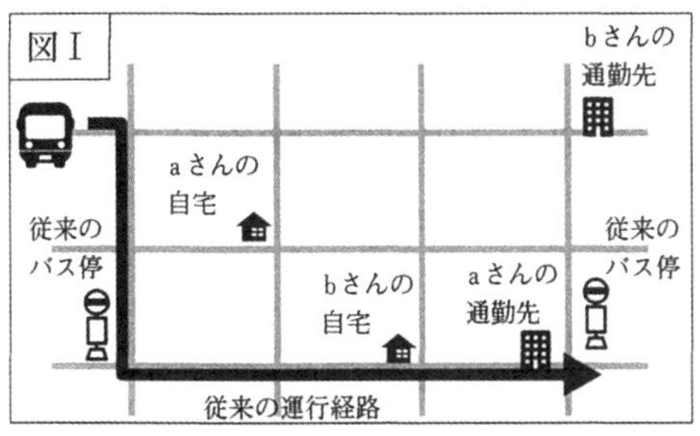

バスの運行の従来のしくみ

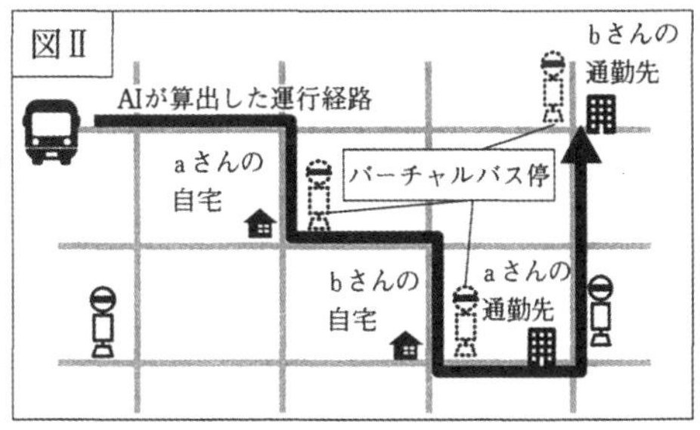

バスの運行の新しいしくみ

2 ある学級の社会科の授業で，「私たちの生活と経済との関わり」というテーマを設定し，班ごとに分かれて学習をしました。木下さんの班では，身の回りの財の価格やサービスの料金について話し合いました。次の会話はそのときのものです。あとの1～4に答えなさい。

> 木下：去年の12月にケーキを作ろうとしてイチゴを買ったのだけど，5月にイチゴを買ったときよりもずいぶん高くてちょっと驚いたよ。同じものなのに，どうしてこんなに価格が違うのだろう。
>
> 井上：イチゴはもともと春のものだから，季節が関係あるのかな。
>
> 中西：①イチゴの価格がどのように変化しているか調べて，その変化の理由を考えてみようよ。
>
> 木下：そうだね。でも，イチゴと違って季節と関係ないものもあるかもしれないよ。②様々な価格や料金の決まり方も調べてみようよ。
>
> 井上：それはいい考えだね。
>
> 中西：現実の社会では，価格を巡って様々な問題が生じていると聞くよ。③価格の決定にどんな問題があるのかについて考えると面白いと思うよ。

1 下線部①に関して，木下さんの班では，次のグラフⅠを見付け，それを基にイチゴの価格の変化について下のようにまとめました。木下さんの班のまとめの中の［ a ］と［ b ］に当てはまる語はそれぞれ何ですか。下のア～エの組み合わせのうちから最も適切なものを選び，その記号を書きなさい。

グラフⅠ　イチゴの卸売量と卸売価格（2020年）

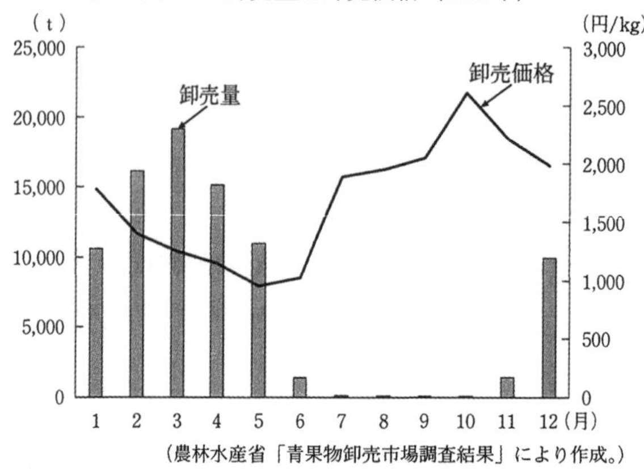

（農林水産省「青果物卸売市場調査結果」により作成。）

> 木下さんの班のまとめ
>
> イチゴの卸売量は，5月と12月で同じぐらいなのに，12月の卸売価格が高いのは，12月は5月よりもイチゴの［ a ］が［ b ］ためと考えられる。

ア［a 需要量／b 多い］　イ［a 需要量／b 少ない］　ウ［a 供給量／b 多い］　エ［a 供給量／b 少ない］

2　下線部②に関して，電気やガス，水道などの公共料金は，国や地方公共団体が認可や決定をしています。それはなぜですか。その理由を，簡潔に書きなさい。

3　下線部③に関して，木下さんの班では，企業による価格の決定にどのような問題点があるのかについて調べ，次の資料Ⅰを見付け，それを基に下のようにまとめました。木下さんの班のまとめの中の［　A　］と［　B　］に当てはまる適切な語をそれぞれ書きなさい。

資料Ⅰ

〔事例〕　アイスクリーム製造大手のX社は，小売店を巡回し，他の小売店よりも多く売ろうとして希望小売価格より安く売っている小売店に対し，X社の定める希望小売価格で売るように要請し，それに応じない小売店には，商品の出荷を停止していました。

木下さんの班のまとめ

市場経済では，小売店は様々な工夫をして消費者により評価される商品を販売しようと努力する。この事例では，小売店は，多くの消費者を獲得するために，商品の価格を下げて販売する努力をしていたが，X社がそれを拘束することによって，小売店間の［　A　］が阻まれ，結果として消費者は価格によって小売店を選べなくなる。

この事例について，独占禁止法に基づいて監視や指導を行う機関である［　B　］は，調査を行い，不公正であると判断した。

4　木下さんの班では，よりよい消費生活を送るためのお金の使い方について学び，次のようなまとめを作成しました。このまとめについて学級で説明するために，資料として漫画を使うこととしました。あとの**ア**～**エ**のうち，どの漫画を使うのが最も適切ですか。その記号を書きなさい。

> 木下さんの班のまとめ
> 　私たちのお金は有限な資源であるのに対して，私たちの欲求は無限であるから，私たちにとって，希少性のある財やサービスを選択することがよりよい消費生活につながると考えられる。

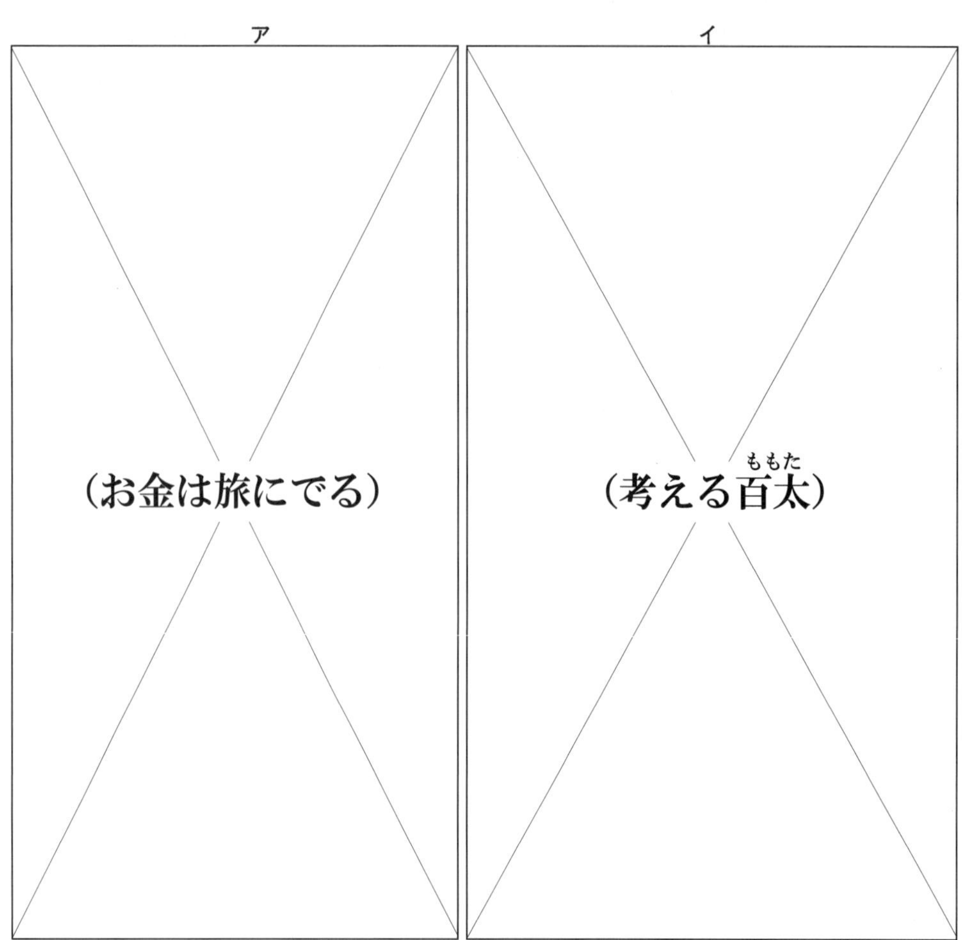

ウ

（魔法カード）

エ

（百太税金をはらう）

（金融広報中央委員会ウェブページにより作成。）

※お詫び：著作権上の都合により，マンガは掲載しておりません。
ご不便をおかけし，誠に申し訳ございません。　教英出版

3 ある学級の社会科の授業で，日本の各時代の食生活に注目して時代の特色を考える学習を行いました。村田さんの班では，和食がユネスコ無形文化遺産に登録されたことを知り，日本の各時代の食生活について調べ，次の表を作成しました。あとの１～６に答えなさい。

時代区分	日本の各時代の食生活に関する主なことがら
縄文時代	ドングリなどの木の実を土器で煮て食べるようになった。
弥生時代	①西日本から東日本へ稲作が広まった。
奈良時代	②貴族の食事に，全国の様々な特産物が使われた。
平安時代	貴族社会では，年中行事やもてなしのための料理が定着した。
鎌倉時代	③禅宗の影響により，魚や肉を用いない精進料理が発展した。
安土・桃山時代	南蛮貿易が始まり，パンやカステラなどが伝来した。
江戸時代	酒や④しょう油などの特産物が各地で生産され，流通した。
明治時代	都市を中心に⑤牛肉を食べることが広がった。
昭和時代	即席ラーメンなどのインスタント食品が開発・発売された。
平成時代	「⑥和食」がユネスコ無形文化遺産に登録された。

1　下線部①に関して，稲作が広まり，人々の生活や社会の様子も大きく変わりました。次のア～エのうち，弥生時代の日本の様子について述べた文として最も適切なものはどれですか。その記号を書きなさい。

ア　渡来人によって鉄製の農具や須恵器をつくる技術が伝えられた。

イ　豊かな自然のめぐみを祈るために，土偶がつくられ始めた。

ウ　王や豪族の墓として，前方後円墳がつくられた。

エ　奴国の王が漢に使いを送り，金印を与えられた。

2　下線部②に関して，村田さんの班では，なぜ奈良時代の貴族が食事に全国の様々な特産物を使うことができたのかについて調べ，次の資料Ⅰを作成し，資料Ⅰと当時の統治のしくみを関連付けて，その理由を下のようにまとめました。あとの（1）・（2）に答えなさい。

資料Ⅰ　都の跡から見付かった木簡には，現在の千葉県からアワビ，石川県からサバ，山口県から塩などの特産物が都に集められ貴族に送られたことが記されている。

村田さんの班のまとめ

奈良時代は，[a]。そのため，全国の特産物が[b]として都に集められたので，貴族が食事に使うことができたと考えられる。

（1）村田さんの班のまとめの中の[a]には，奈良時代の統治のしくみについて述べた内容が当てはまります。あとのア～エのうち，[a]に当てはまる内容として最も適切なものはどれですか。その記号を書きなさい。

ア　天皇と，天皇から高い位を与えられた中央の有力な豪族が全国を支配し，地方には国司が置かれていた

イ　天皇との血縁関係を深めた貴族が摂政・関白として権力を握り，地方政治は国司に任されていた

ウ　幕府と藩によって全国の土地と民衆を統治する政治が行われていた

エ　幕府が朝廷に迫って，国ごとに守護を，荘園や公領に地頭を置くことを認めさせていた

（2）村田さんの班のまとめの中の［ b ］には，税に関する語が当てはまります。［ b ］に当てはまる語として最も適切なものを，次のア～エのうちから選び，その記号を書きなさい。

ア　租　　イ　調　　ウ　庸　　エ　雑徭

3　下線部③に関して，村田さんの班では，この時代の禅宗の寺院でつくられていた料理について調べ，小麦を使う料理がつくられていたことを知り，このことに関わり，この時代の農業の特色について次のようにまとめました。村田さんの班のまとめの中の［　　］に当てはまる適切な語を書きなさい。

村田さんの班のまとめ
この時代は，農業の発達により，例えば，夏は米，冬は小麦というように，1年に二つの作物を異なった時期に同一の農地でつくる［　　］が広まった。

4　下線部④に関して，村田さんの班では，江戸時代のしょう油の流通について調べ，右の資料Ⅱを見付け，しょう油が右の資料Ⅱに示すようなびんに詰められてオランダを通じてヨーロッパに運ばれたことを知りました。下の地図Ⅰ中のア～エのうち，当時の日本からオランダにしょう油が運ばれた主な経路として最も適切なものはどれだと考えられますか。その記号を書きなさい。

資料Ⅱ

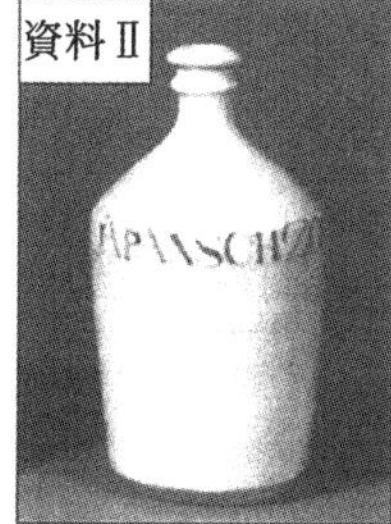

輸送の際，釜で沸かし，陶器のびんに詰めて密封することで，暑さによる腐敗や発酵を防ぎ，品質が落ちないようにした。
※びんに書かれているJAPANSCHZOYAは「日本のしょう油」の意味。

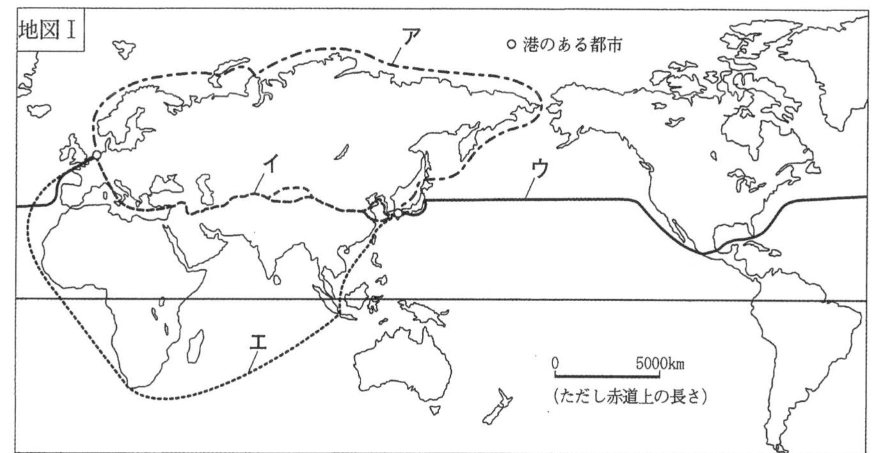

5　下線部⑤に関して，村田さんの班では，明治時代に生活様式が変化したことについて調べ，牛鍋を食べている様子を示した右の資料Ⅲを見付けました。このころ，生活様式が変化したことは，牛鍋のほかに，資料Ⅲのどのような点から読み取ることができますか。具体的に一つ書きなさい。

資料Ⅲ

牛鍋

6　下線部⑥に関して，村田さんの班では，日本の食文化である和食の価値が世界に認められたことを知り，和食について調べ，次の資料Ⅳ・Ⅴを見付け，和食を継承するための取り組みを提案することとしました。あなたならどのような取り組みを提案しますか。下の和食を継承するための取り組みの提案書を，条件1・2に従って完成しなさい。

資料Ⅳ

〔食文化としての和食の特徴〕

A　豊かな自然と食材に恵まれ，季節感を感じ，自然を尊重する精神を育んできた。

B　家族の食卓，地域の祭りや年中行事で，食を共にすることで，人のつながりが深まる。

C　体によいものを求め，健康的な食文化をつくりあげた。

D　風土の違いから，食材や調理法が変化し，食文化の多様性が生み出された。

（農林水産省ウェブページにより作成。）

資料Ⅴ

〔和食の危機の現状〕

・ファストフード店やファミリーレストランが各地に開店し，外食が日常化した。

・電子レンジの普及や冷凍食品，インスタント食品により，食生活は便利になったが，家庭内で調理をする機会が減った。

（農林水産省ウェブページにより作成。）

条件1　提案書中の和食の特徴の欄には，資料ⅣのA～Dのうち，提案する際に重点を置くものをいずれか一つ選び，その記号を書くこと。

条件2　提案書中の取り組みの欄には，条件1で選んだ和食の特徴に重点を置き，資料Ⅴの内容を踏まえて，取り組みを具体的に書くこと。

和食を継承するための取り組みの提案書	
和食の特徴	
取り組み	

4 ある学級の社会科の授業で,「持続可能な社会を目指して，自分たちにできることを考える」というテーマで班ごとに分かれて学習をしました。次の資料Ⅰは，この授業のはじめに先生が提示した持続可能な開発目標（ＳＤＧｓ）の17の目標であり，下の会話は，その資料を基に，山本さんの班が話し合ったときのものです。あとの１～３に答えなさい。

※お詫び：著作権上の都合により，イラストは掲載しておりません。　教英出版

資料Ⅰ

SUSTAINABLE DEVELOPMENT GOALS
1 貧困をなくそう
2 飢餓をゼロに
3 すべての人に健康と福祉を
4 質の高い教育をみんなに
5 ジェンダー平等を実現しよう
6 安全な水とトイレを世界中に
7 エネルギーをみんなにそしてクリーンに
8 働きがいも経済成長も
9 産業と技術革新の基盤をつくろう
10 人や国の不平等をなくそう
11 住み続けられるまちづくりを
12 つくる責任つかう責任
13 気候変動に具体的な対策を
14 海の豊かさを守ろう
15 陸の豊かさも守ろう
16 平和と公正をすべての人に
17 パートナーシップで目標を達成しよう

（農林水産省ウェブページによる。）

山本：持続可能な社会を目指す上で，世界にはどんな課題があるかな。

西川：右の図Ⅰのようなウェブページを見付けたよ。これを見ると，①世界には水道の設備がない暮らしをしている人や②衛生的なトイレが整っていない暮らしをしている人が多くいるのだね。

図Ⅰ

水道の設備がない暮らしをしている人は22億人です。
トイレがなく，道ばたや草むらなど
屋外で用を足す人は6億7300万人です。

（日本ユニセフウェブページによる。）

山本：じゃあ，私たちの班はＳＤＧｓの「6　安全な水とトイレを世界中に」を取り上げ，どんな課題があるかを調べてみようよ。

中野：課題が分かれば，自分たちにできることも考えられるかもしれないね。

1　下線部①に関して，山本さんの班では，世界の上水道の整備の様子を調べ，次のグラフⅠを見付けました。山本さんの班では，グラフⅠを見て，資料Ⅰ中の「6　安全な水とトイレを世界中に」の目標を達成するためには，資料Ⅰ中の「1　貧困をなくそう」の目標を達成することが必要ではないかと考え，その理由を説明しました。山本さんの班の説明はどのようなものだと考えられますか。グラフⅠを基に簡潔に書きなさい。

グラフⅠ　2017年のアジアの主な発展途上国の上水道の普及率と一人当たり国内総生産（ＧＤＰ）

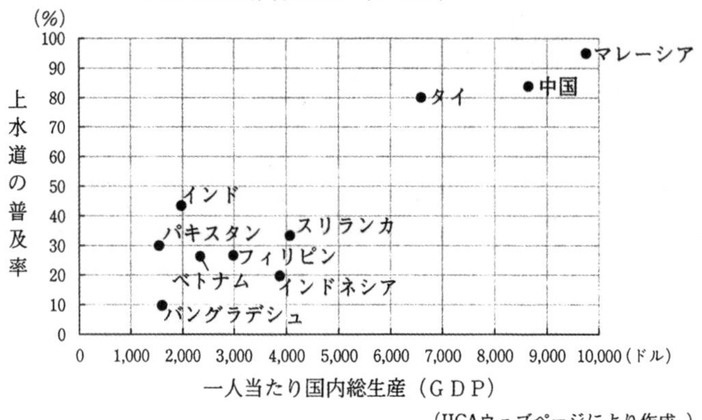

（JICAウェブページにより作成。）

2　下線部②に関して，山本さんの班では，日本の排水やトイレについて調べ，明治時代の初めの東京の様子について述べた次の資料Ⅱを見付けました。山本さんの班では，この資料Ⅱを見て，このころの日本が衛生的であったことを知り，その理由について考えるために，江戸時代の衛生の状況について調べ，江戸の市内の通りの様子を示した次の資料Ⅲを見付けました。そして，資料Ⅲを基に，江戸の市内の衛生について下のようにまとめました。山本さんの班のまとめの中の［　A　］と［　B　］に当てはまる適切な内容をそれぞれ書きなさい。

資料Ⅱ

東京の死亡率がボストンのそれよりもすくないということを知って驚いた私は，日本の保健状態について，多少の研究をした。それによると，日本には赤痢などは全く無く，（中略）我が国で悪い排水や不完全な便所その他に起因するとされている病気の種類は日本には無いか，あっても非常にまれであるらしい。

赤痢：病気の名称

（モース「日本その日その日」により作成。）

資料Ⅲ

（「江戸名所図会・上」により作成。）

山本さんの班のまとめ

江戸の市内の人々のし尿を［　A　］として利用するために，［　B　］ことから，江戸の市内は極めて清潔であった。このことにより，伝染病は少なかった。

3　山本さんの班では，世界の水資源について調べ，次のグラフⅡを見て，アフリカはヨーロッパに比べ，一人当たりの利用可能な水の量が大幅に少なくなっていることに気付き，さらに調べて，今後，アフリカの水不足が深刻になると懸念されていることについて，次のグラフⅢと表Ⅰを基に，下のようにまとめました。山本さんの班のまとめの中の［　a　］と［　b　］に当てはまる語はそれぞれ何ですか。あとの**ア**～**エ**の組み合わせのうちから最も適切なものを選び，その記号を書きなさい。また，山本さんの班のまとめの中の［　c　］にはどのような内容が当てはまると考えられますか。適切な内容を書きなさい。

グラフⅡ　アフリカとヨーロッパの一人当たりの利用可能な水の量の変化

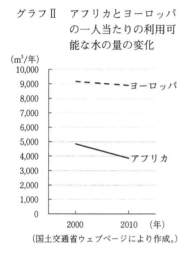

(m³/年)
10,000
9,000
8,000
7,000
6,000
5,000
4,000
3,000
2,000
1,000
0
ヨーロッパ
アフリカ
2000　2010　(年)

（国土交通省ウェブページにより作成。）

グラフⅢ　アフリカとヨーロッパの人口の変化

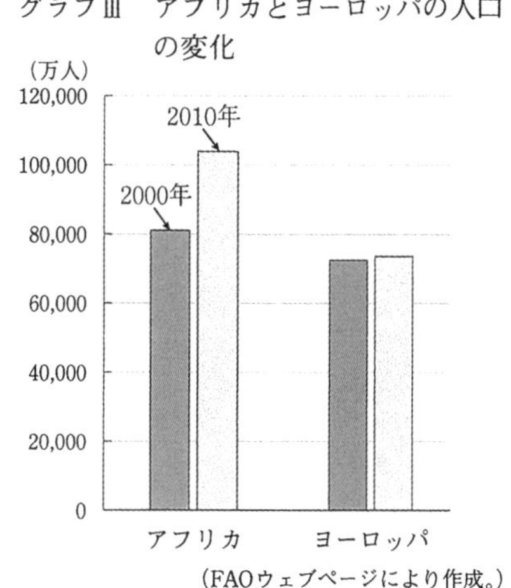

（FAOウェブページにより作成。）

表Ⅰ　アフリカとヨーロッパの国内総生産（ＧＤＰ）の変化とその増加率

	2000年（億ドル）	2010年（億ドル）	2000～2010年の増加率（%）
アフリカ	6,552	19,698	200.6
ヨーロッパ	97,012	198,896	105.0

（FAOウェブページにより作成。）

山本さんの班のまとめ

アフリカは，ヨーロッパに比べ，人口が大幅に［　a　］していることから，一人当たりの利用可能な水の量が少なくなっていることに加え，国内総生産が大幅に［　b　］しているので，［　c　］と予想されることから，今後，水不足が深刻になることが懸念される。

ア［a　増加／b　増加］　イ［a　増加／b　減少］　ウ［a　減少／b　増加］　エ［a　減少／b　減少］

数

第　1　日

数　　　学

（１１：５０～１２：４０）

注　　　意

1　検査開始のチャイムがなるまで開いてはいけません。
2　問題用紙の1ページから10ページに，問題が 1 から 6 まであります。 これとは別に解答用紙が1枚あります。
3　問題用紙と解答用紙に受検番号を書きなさい。
4　答えはすべて解答用紙に記入しなさい。

受検番号	第　　　　番

1 次の（1）～（8）に答えなさい。

（1）　$3 - 24 \div (-4)$ を計算しなさい。

（2）　$3(4x + y) - 5(x - 2y)$ を計算しなさい。

（3）　$\sqrt{45} - \sqrt{5} + \sqrt{20}$ を計算しなさい。

（4）　$x^2y - 4y$ を因数分解しなさい。

2022(R4) 広島県公立高
教英出版

(5)　右の図のように，2つの底面が△ＡＢＣと△ＤＥＦである三角柱があります。この三角柱において，辺ＡＢとねじれの位置にある辺を全て答えなさい。

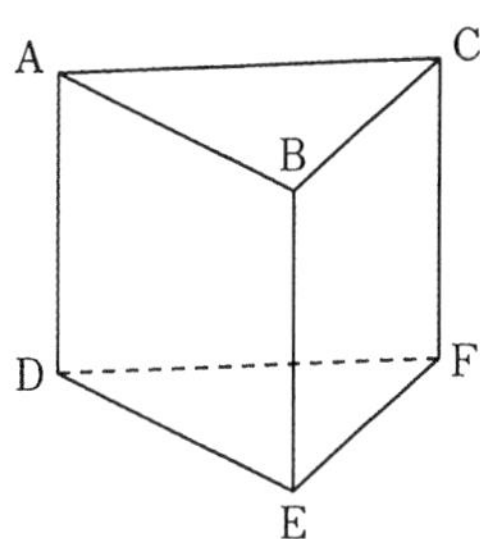

(6)　右の図のように，関数 $y = \frac{a}{x}$ のグラフがあります。このグラフが，点Ａ（－３，２）を通るとき，a の値を求めなさい。

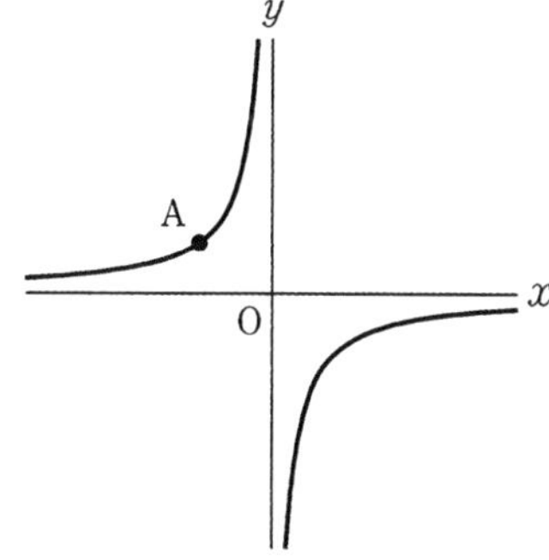

(7)　右の図のように，四角形ＡＢＣＤがあり，ＡＢ ＝ ＢＣ，ＣＤ ＝ ＤＡ です。∠ＢＡＤ ＝ 110°，∠ＣＢＤ ＝ 40° のとき，∠ＡＤＣの大きさは何度ですか。

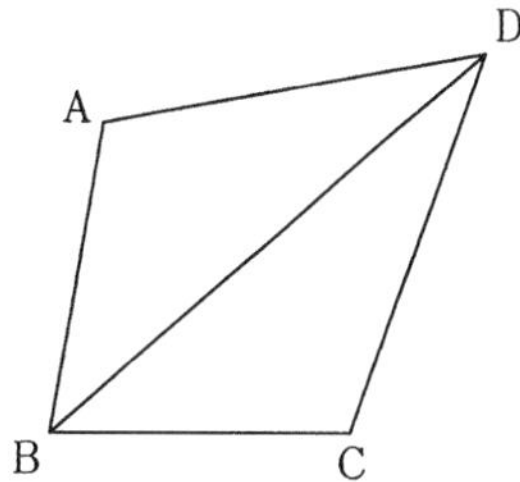

(8)　ある学級で，通学時間についてアンケート調査をしました。右の表は，その結果を度数分布表に整理したものです。40分以上50分未満の階級の相対度数を求めなさい。

階級（分）	度数（人）
以上　未満 0 ～ 10	2
10 ～ 20	6
20 ～ 30	4
30 ～ 40	9
40 ～ 50	14
50 ～ 60	5
計	40

2 次の（1）～（3）に答えなさい。

（1） 中川さんは，ミルクティーとコーヒー牛乳を作ろうと考えています。ミルクティーは，紅茶と牛乳を２：１の割合で混ぜ，コーヒー牛乳は，コーヒーと牛乳を１：１の割合で混ぜます。牛乳をちょうど 350 mL 使い，ミルクティーとコーヒー牛乳を同じ量だけ作るとき，紅茶とコーヒーはそれぞれ何 mL 必要ですか。

（2） 右の図のように，底面が，１辺の長さが 4 cm の正方形ＡＢＣＤで，ＯＡ ＝ ＯＢ ＝ ＯＣ ＝ ＯＤ ＝ 4 cm の正四角すいがあります。辺ＯＣ上に，ＯＰ ＝ 3 cm となるように点Ｐをとります。辺ＯＢ上に点Ｑをとり，ＡＱ ＋ ＱＰ が最小となるようにするとき，ＡＱ ＋ ＱＰ は何 cm ですか。

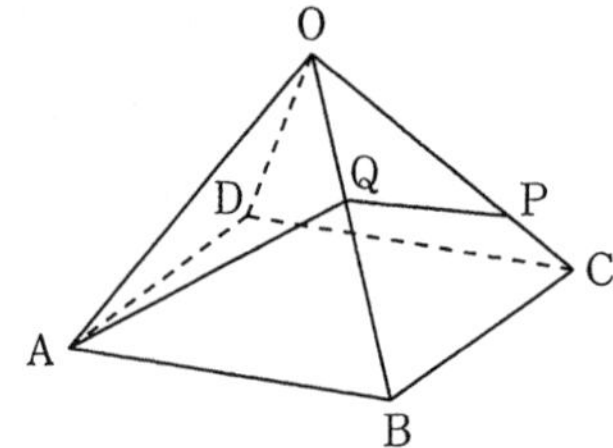

(3)　田村さんの住む町では，毎年多くのホタルを見ることができ，6月に最も多く観測されます。そこで，田村さんは，6月のホタルの観測数を2019年から2021年までの3年間について調べました。下の図は，それぞれの年の6月の30日間について，日ごとのホタルの観測数を箱ひげ図に表したものです。この箱ひげ図から読み取れることとして正しいものを，下の ①～④ の中から全て選び，その番号を書きなさい。

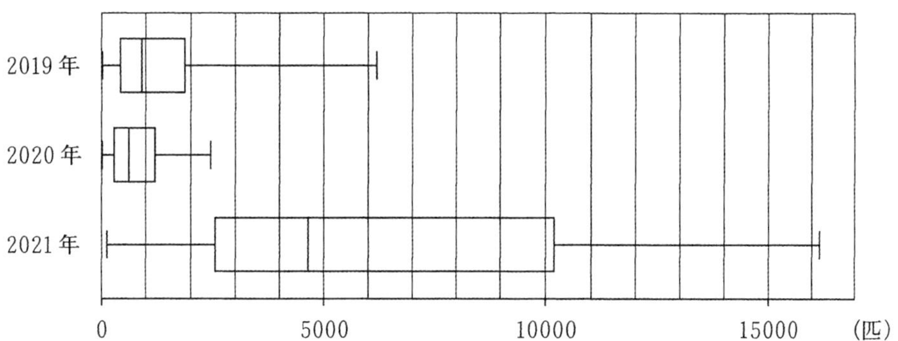

① 2019年の6月では，観測されたホタルの数が1000匹未満であった日数が15日以上ある。
② 6月に7000匹以上のホタルが観測された日が1日もないのは，2020年だけである。
③ 2021年の6月では，3000匹以上10000匹以下のホタルが観測された日数が15日以上ある。
④ 4000匹以上のホタルが観測された日数は，2021年の6月は2019年の6月の2倍以上ある。

3 下の図のように，関数 $y = \frac{1}{4}x^2$ のグラフがあります。また，方程式 $y = -3$ のグラフ上を $x > 0$ の範囲で動く点A，$x < 0$ の範囲で動く点Bがあります。点Aを通り y 軸に平行な直線と，関数 $y = \frac{1}{4}x^2$ のグラフとの交点をC，点Bを通り y 軸に平行な直線と，関数 $y = \frac{1}{4}x^2$ のグラフとの交点をDとします。

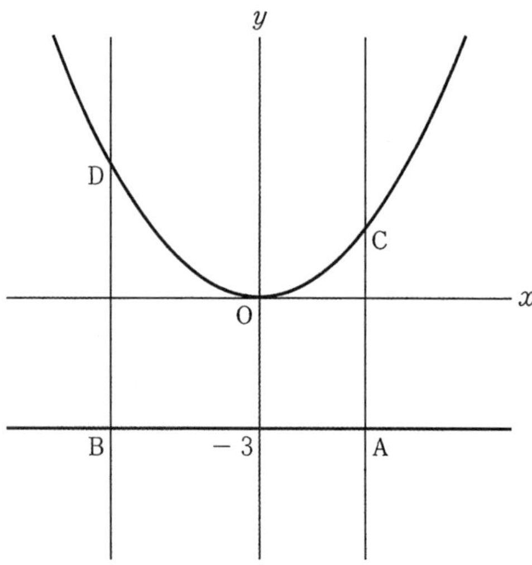

次の（1）・（2）に答えなさい。

（1） 点Aの x 座標が 4，△ＯＢＡの面積が 9 となるとき，点Bの x 座標を求めなさい。

（2） 四角形ＤＢＡＣが正方形となるような点Aの x 座標を全て求めなさい。

2022(R4) 広島県公立高
K 教英出版

4 下の図のように，線分ＡＢを直径とする半円があり，点Ｏは線分ＡＢの中点です。$\overset{\frown}{AB}$上に，ＡとＢとは異なる点Ｃをとります。$\overset{\frown}{BC}$上に ＡＣ // ＯＤ となるような点Ｄをとり，線分ＢＣと線分ＡＤとの交点をＥとします。このとき，△ＡＥＣ ∽ △ＡＢＤ であることを証明しなさい。

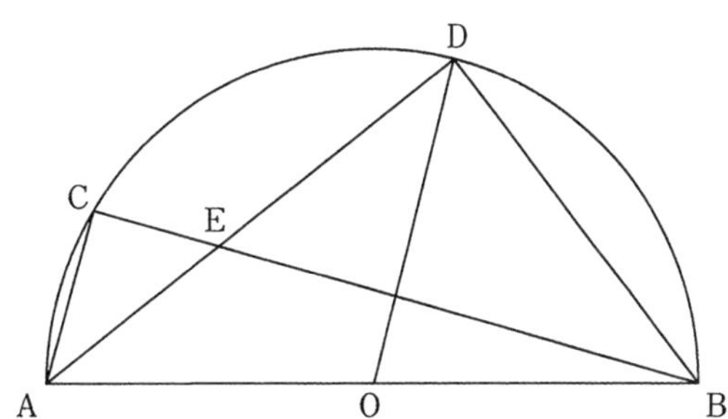

5 A社の中村さんと山下さんは，P市の港から12 km離れたQ島の港へのドローン（無人航空機）を使った宅配サービスを始めたいと考えています。そこで，A社の所有するドローンが，宅配サービスに使用できるかについて話をしています。

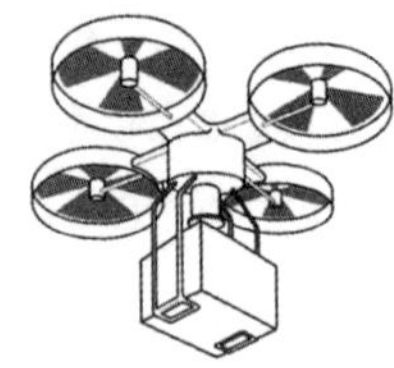

ドローンを使った宅配サービスのイメージ

中村「この宅配サービスでは，最大5 kgの荷物を運ぶことにしたいんだ。私たち，A社のドローンは，バッテリーを100 %に充電した状態で5 kgの荷物を載せてP市を出発し，Q島へ届けたあと，再充電することなくP市に戻ってこられるかな。」

山下「バッテリー残量が30 %以下になると，安全に飛行することが難しくなるよ。だから，宅配サービスに使用するためには，往復してもバッテリー残量が30 %以下にならないことを確かめないといけないね。」

中村「そうだね。それでは，荷物を載せない場合と，5 kgの荷物を載せる場合のそれぞれで，ドローンの飛行時間に伴うバッテリー残量の変化について調べてみようよ。」

2人は，荷物を載せない場合と，5 kgの荷物を載せる場合のそれぞれについて，A社のドローンのバッテリーを100 %に充電して，常に分速 1.2 km で飛行させ，1分ごとにバッテリー残量を調べました。そして，ドローンが飛び始めてから x 分後 のバッテリー残量を y % として，その結果をそれぞれ次のように表1，表2にまとめ，下の図1，図2に表しました。

表1　荷物を載せない場合

x（分）	0	1	2	3	4
y（%）	100.0	97.9	95.9	93.9	92.0

表2　5 kgの荷物を載せる場合

x（分）	0	1	2	3	4
y（%）	100.0	95.4	90.9	86.5	82.0

図1　荷物を載せない場合

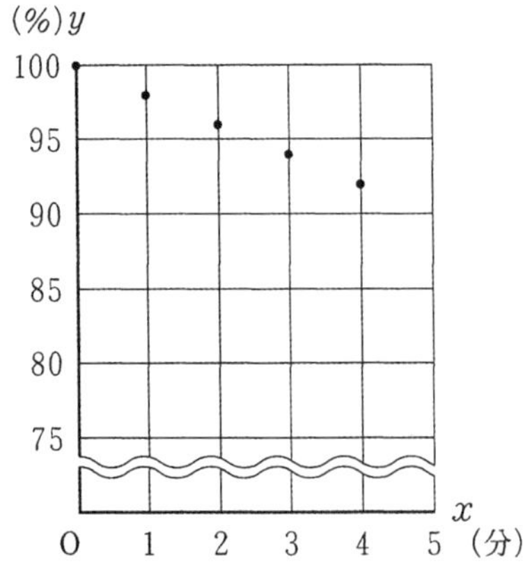

図2　5 kgの荷物を載せる場合

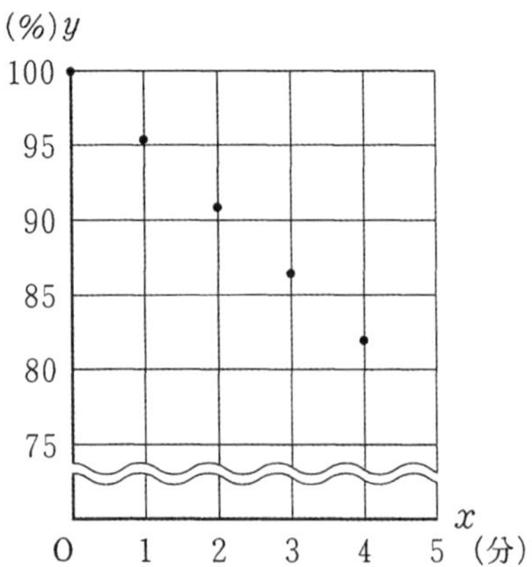

中村さんたちは，表１，表２と図１，図２を基に，Ａ社のドローンが宅配サービスに使用できるかを考えました。

中村「図１，図２を見ると，いずれの場合も５つの点がほぼ一直線上に並んでいるから，どちらも y は x の一次関数とみなして考えてみようよ。」

山下「それでは，荷物を載せない場合は，グラフが①<u>2点（0，100），（4，92）を通る直線</u>となる一次関数と考え，5kgの荷物を載せる場合は，グラフが2点（0，100），（4，82）を通る直線となる一次関数としよう。」

中村「この２つの一次関数を基に，②<u>5kgの荷物をＱ島に届けてＰ市に戻ってくるまでのドローンの飛行時間とバッテリー残量の関係を表すグラフ</u>をかくと，Ａ社のドローンが宅配サービスに使用できるか分かると思うよ。」

山下「では，グラフをかいて考えてみよう。」

次の（１）・（２）に答えなさい。

（１）　下線部①について，荷物を載せない場合において，y を x の式で表しなさい。

（２）　下線部②について，バッテリーを100％に充電したＡ社のドローンが，5kgの荷物を載せ，Ｐ市の港を出発してＱ島の港で荷物を降ろし，荷物を載せない状態でＰ市の港に戻ってくるまでの飛行時間とバッテリー残量の関係を表すグラフをかきなさい。また，グラフを基に，Ａ社のドローンがこの宅配サービスに使用できるか，使用できないかを，その理由とともに説明しなさい。ただし，ドローンの上昇・下降にかかる時間とそれに伴うバッテリー消費，およびＱ島の港で荷物を降ろす際にかかる時間は考えないものとします。

※　右の図は，下書きに使っても構いません。解答は必ず解答用紙にかきなさい。

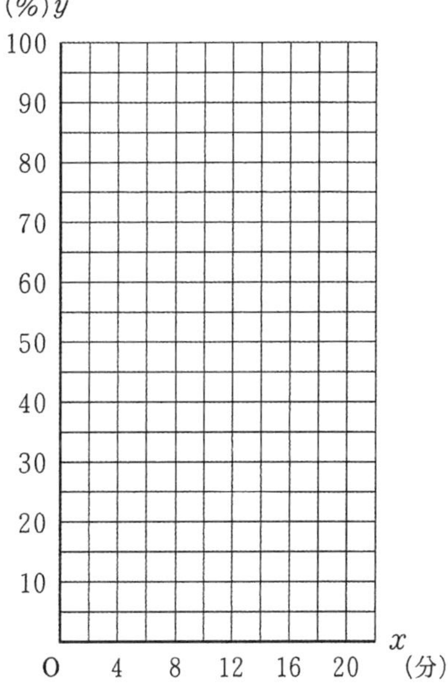

6 太郎さんと次郎さんは，次の【ゲーム】において，先にカードを取り出す人と，後からカードを取り出す人とでは，どちらが勝ちやすいかを調べることにしました。

【ゲーム】

右の図のように，１，２，３，４の数字が１つずつ書かれた４枚のカードが入った袋があります。下の図のように，正方形ＡＢＣＤの頂点Ａにコマを置きます。このコマを，太郎さんと次郎さんの２人が，下の<ルール>にしたがって，正方形ＡＢＣＤの頂点から頂点へ移動させ，勝敗を決めます。

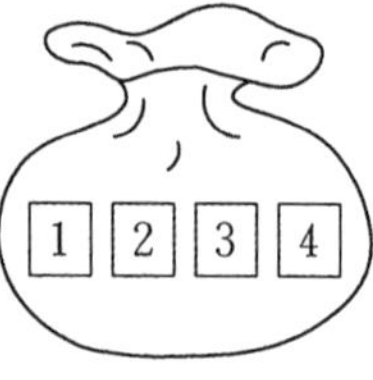

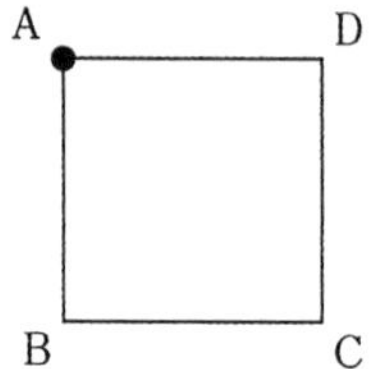

<ルール>

① 先に，太郎さんが袋の中のカードをよく混ぜ，そこから１枚取り出し，カードに書かれた数字の数だけ，正方形の頂点から頂点へ反時計まわりにコマを移動させる。

② 太郎さんは，取り出したカードを袋に戻し，次郎さんに交代する。

③ 次に，次郎さんが袋の中のカードをよく混ぜ，そこから１枚取り出し，①で移動させたコマが置いてある頂点から，カードに書かれた数字の数だけ，正方形の頂点から頂点へ反時計まわりにコマを移動させる。

④ それぞれが移動させた後のコマの位置によって，下の表の Ⅰ～Ⅳ のように勝敗を決めることとする。

	太郎さんが移動させた後のコマの位置	次郎さんが移動させた後のコマの位置	勝敗
Ⅰ	頂点Ｂ	頂点Ｂ	引き分け
Ⅱ	頂点Ｂ	頂点Ｂ以外	太郎さんの勝ち
Ⅲ	頂点Ｂ以外	頂点Ｂ	次郎さんの勝ち
Ⅳ	頂点Ｂ以外	頂点Ｂ以外	引き分け

例えば，太郎さんが２の数字が書かれたカードを取り出したとき，太郎さんはコマをＡ→Ｂ→Ｃと移動させます。次に次郎さんが１の数字が書かれたカードを取り出したとき，次郎さんはコマをＣ→Ｄと移動させます。この場合は，太郎さんが移動させた後のコマは頂点Ｃにあり，次郎さんが移動させた後のコマは頂点Ｄにあるので，Ⅳ となり引き分けとなります。

次の（1）・（2）に答えなさい。

（1）　この【ゲーム】において，太郎さんが移動させた後のコマの位置が，頂点Bである確率を求めなさい。

2人は，太郎さんが勝つ確率と，次郎さんが勝つ確率をそれぞれ求めました。その結果から，この【ゲーム】では，先にカードを取り出す人と，後からカードを取り出す人とでは，勝ちやすさに違いがないことが分かりました。

（2）　さらに，【ゲーム】中の<ルール>の②だけを下の②′にかえた新しいゲームでも，カードを取り出す順番によって勝ちやすさに違いがないかを調べることにしました。

②′ 太郎さんは，取り出したカードを袋に戻さず，次郎さんに交代する。

この新しいゲームにおいて，先にカードを取り出す人と，後からカードを取り出す人とでは，勝ちやすさに違いはありますか。下の**ア**～**ウ**の中から正しいものを1つ選び，その記号を書きなさい。また，それが正しいことの理由を，確率を用いて説明しなさい。

ア　先にカードを取り出す人と後からカードを取り出す人とでは，勝ちやすさに違いはない。
イ　先にカードを取り出す人が勝ちやすい。
ウ　後からカードを取り出す人が勝ちやすい。

理

第　2　日

理　　　科

（9：00～9：50）

注　　意

1　検査開始のチャイムがなるまで開いてはいけません。

2　問題用紙の1ページから13ページに，問題が**1**から**4**まであります。
　これとは別に解答用紙が1枚あります。

3　問題用紙と解答用紙に受検番号を書きなさい。

4　答えはすべて解答用紙に記入しなさい。

受検番号	第　　　　　番

1 科学部の平野さんたちは，呼吸や心臓の拍動について話し合っています。次に示したものは，このときの会話です。あとの1～3に答えなさい。

平野：運動をしたときに呼吸数や心拍数が変化することについて，考えてみようよ。
小島：それなら，まずは，①呼吸の仕組みと②血液循環の仕組みについてまとめてみよう。
平野：そうだね。図を示してまとめると分かりやすいんじゃないかな。
小島：それはいいね。それから，③実際に運動をしたときに呼吸数や心拍数がどのように変化するかを調べると，何か分かるんじゃないかな。
平野：おもしろそうだね。やってみよう。

1 下線部①について，右の表1は，ヒトの呼吸における吸う息とはく息に含まれる気体の体積の割合についてまとめたものです。また，下の図1は，ヒトの肺の一部を，図2は，肺胞の断面を，それぞれ模式的に示したものです。あとの（1）・（2）に答えなさい。

表1

	吸う息	はく息
気体A	20.79 %	15.25 %
気体B	0.04 %	4.30 %
水蒸気	0.75 %	6.18 %
窒素	78.42 %	74.27 %

図1

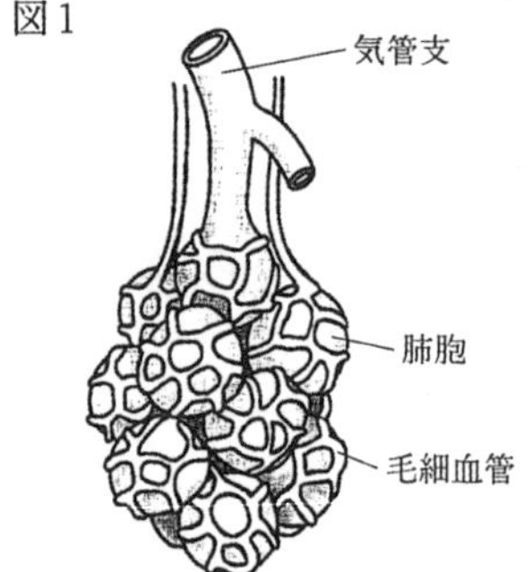

図2

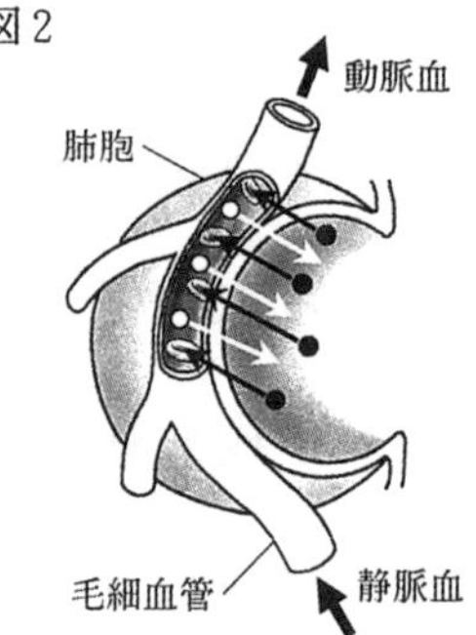

図2中の●は気体Xを，○は気体Yを示している。

（1）表1中の気体Aと気体B，図2中の気体Xと気体Yにおいて，二酸化炭素を示しているのはそれぞれどちらですか。次のア～エの組み合わせの中から適切なものを選び，その記号を書きなさい。

ア 気体Aと気体X　　**イ** 気体Aと気体Y
ウ 気体Bと気体X　　**エ** 気体Bと気体Y

（2）図1のように，ヒトの肺は，肺胞という小さな袋が多数集まってできています。このような肺のつくりになっていることにより，効率よく気体の交換を行うことができるのはなぜですか。その理由を簡潔に書きなさい。

2022(R4) 広島県公立高
教英出版

2　下線部②について，次に示したものは，平野さんたちが，血液循環の仕組みについて調べたことをノートにまとめたものです。下の（1）・（2）に答えなさい。

次の図3は，正面から見たヒトの心臓の断面を模式的に示したものである。図3に示すように，ヒトの心臓は，ア～エの4つの部屋に分かれており，アとイは心房，ウとエは心室とよばれる。図4は，血液がこれらの部屋をどのように循環しているかを模式的に示したものである。

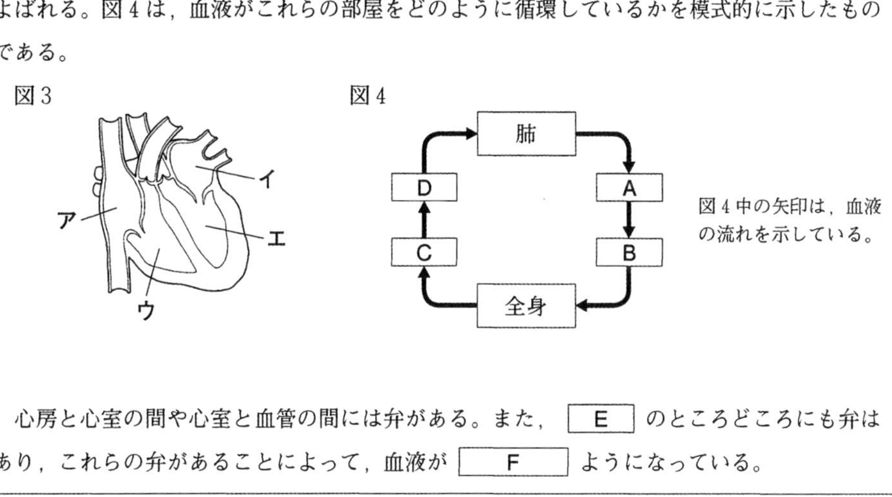

心房と心室の間や心室と血管の間には弁がある。また，［E］のところどころにも弁はあり，これらの弁があることによって，血液が［F］ようになっている。

（1）図4中の［A］～［D］には，図3中のア～エのいずれかの部屋が当てはまります。［A］～［D］には，それぞれどの部屋が当てはまりますか。図3中のア～エの中から適切なものをそれぞれ選び，その記号を書きなさい。

（2）文章中の［E］に当てはまる適切な語を，次のア・イから選び，その記号を書きなさい。また，［F］に当てはまる内容を簡潔に書きなさい。

ア　動脈　　　イ　静脈

3　下線部③について，平野さんたちは，運動したときの呼吸数や心拍数の変化について，右の図5のように，医療用の装置を使って調べました。この装置では，心拍数とともに，酸素飽和度が計測されます。酸素飽和度は，動脈血中のヘモグロビンのうち酸素と結び付いているものの割合が計測され，およそ96～99％の範囲であれば，酸素が十分足りているとされています。次の【ノート】は，平野さんが調べたことをノートにまとめたものであり，あとの【会話】は，調べたことについて平野さんたちが先生と話し合ったときのものです。【会話】中の［G］に当てはまる語を書きなさい。また，［H］・［I］に当てはまる内容をそれぞれ簡潔に書きなさい。

図5

【ノート】

〔方法〕

安静時と運動時の①酸素飽和度，②心拍数（1分間当たりの拍動の数），③呼吸数（1分間当たりの呼吸の数）の測定を行う。まず，安静時の測定は座って行い，次に，運動時の測定は5分間のランニング直後に立ち止まって行う。これらの測定を3回行う。

〔結果〕

	1回目			2回目			3回目		
	酸素飽和度〔％〕	心拍数〔回〕	呼吸数〔回〕	酸素飽和度〔％〕	心拍数〔回〕	呼吸数〔回〕	酸素飽和度〔％〕	心拍数〔回〕	呼吸数〔回〕
安静時	99	70	16	98	68	15	98	72	17
運動時	98	192	34	97	190	32	98	194	33

【会話】

平野：先生。運動すると，酸素飽和度の値はもっと下がると予想していましたが，ほぼ一定に保たれることが分かりました。

先生：なぜ，酸素飽和度の値はもっと下がると予想していたのですか。

平野：運動時，筋肉の細胞では，栄養分からより多くの［G］を取り出す必要があるので，より多くの酸素が必要だと思ったからです。でも，酸素飽和度が一定に保たれているということは，必要な酸素が供給されているということですね。

小島：そうだね。必要な酸素量が増えても［H］ことで，細胞に酸素を多く供給することができ，そのことによって，［G］を多く取り出すことができるのですね。

先生：そうですね。ヒトの場合，今回のような激しい運動時は，1分間に心室から送り出される血液の量は安静時の約5倍にもなるようです。また，安静時に1回の拍動で心室から送り出される血液の量は，ヒトの場合，平均約70 mLです。1分間に心室から送り出される血液の量は，1回の拍動で心室から送り出される血液の量と心拍数の積だとして，今回の運動について考えてみましょう。

2022(R4) 広島県公立高
K 教英出版

小島：今回の安静時では，心拍数を平均の 70 回とすると，1 分間で約 4.9 L の血液が心室から送り出されることになります。これを 5 倍にすると，1 分間に心室から送り出される血液の量は約 24.5 L になるはずです。

平野：今回の運動時では，心拍数の平均値は 192 回だよね。あれ？ 1 回の拍動で心室から送り出される血液の量を 70 mL として運動時の場合を計算すると，24.5 L には全然足りません。

先生：そうですね。今回のような激しい運動時に，1 分間に心室から送り出される血液の量が安静時の約 5 倍にもなることは，心拍数の変化だけでは説明ができないですね。

小島：運動時には安静時と比べて，心拍数の他にも何か変化が生じているのかな。

先生：そのとおりです。それでは，ここまでの考察から，何がどのように変化していると考えられますか。

平野：そうか。［ I ］と考えられます。

先生：そうですね。そのようにして生命活動を維持しているのですね。

2 ある学級の理科の授業で，田中さんたちは，金属と電解質の水溶液を用いてつくったダニエル電池で，電流を取り出せるかどうかを調べる実験をして，レポートにまとめました。次に示したものは，田中さんのレポートの一部です。あとの1～4に答えなさい。

〔方法〕

次のⅠ～Ⅳの手順で，右の図1のような，ダニエル電池にプロペラ付きモーターをつないだ回路をつくり，電流を取り出せるかどうかを調べる。

Ⅰ　ビーカーに①<u>硫酸亜鉛</u>水溶液と亜鉛板を入れる。

Ⅱ　セロハンを袋状にし，その中に硫酸銅水溶液と銅板を入れる。

Ⅲ　硫酸銅水溶液と銅板を入れた袋状のセロハンを，ビーカーの中の硫酸亜鉛水溶液に入れる。

Ⅳ　亜鉛板と銅板をプロペラ付きモーターにつなぐ。

図1

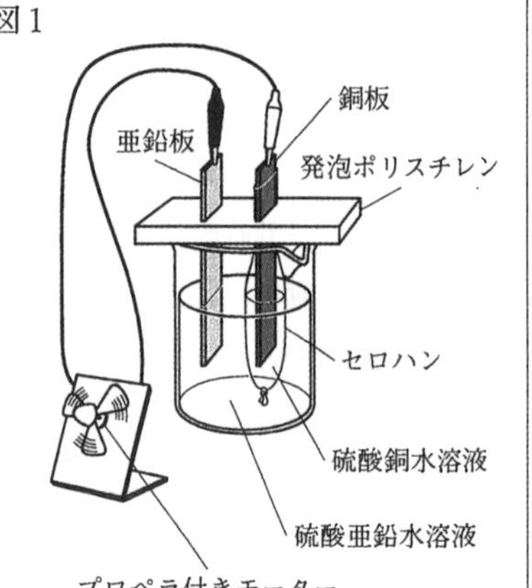

〔結果〕

モーターが回った。実験後，亜鉛板と銅板を取り出し，表面の様子を確認したところ，次の表1のようになっていた。

表1

亜鉛板	硫酸亜鉛水溶液に入っていた部分の表面がざらついていた。
銅　板	硫酸銅水溶液に入っていた部分の表面に赤い固体が付着していた。

〔考察〕

モーターが回ったことから，②<u>電池として電流を取り出せた</u>ことが分かる。

〔疑問〕

亜鉛板と銅板の表面が変化したのはなぜだろうか。

1　下線部①について，硫酸亜鉛のような電解質は水に溶けて電離します。次の文は，電離について述べたものです。文中の［A］・［B］に当てはまる語をそれぞれ書きなさい。

電解質が水に溶けて，［A］と［B］に分かれることを電離という。

2022(R4) 広島県公立高
K 教英出版

2　下線部②について，次の文は，ダニエル電池によるエネルギーの変換について述べたものです。文中の［C］・［D］に当てはまる語として適切なものを，下のア～オの中からそれぞれ選び，その記号を書きなさい。

ダニエル電池では，［C］が［D］に変換される。

ア　熱エネルギー　　**イ**　力学的エネルギー　　**ウ**　化学エネルギー

エ　核エネルギー　　**オ**　電気エネルギー

3　〔疑問〕について，次に示したものは，田中さんたちが，ダニエル電池において，亜鉛板と銅板の表面が変化したことを，電流が流れる仕組みと関連付けてまとめたものです。〔考察〕中の［E］に当てはまる内容を，「電子」，「イオン」，「原子」の語を用いて簡潔に書きなさい。また，ⓘ，ⓘⓘ の［　　］内の化学反応式を，イオンの化学式や電子1個を表す記号 e^- を用いて，それぞれ完成しなさい。

〔考察〕

右の図2において，モーターが回っているとき，亜鉛板の表面では，亜鉛原子が電子を失って亜鉛イオンになって溶け出す。このとき亜鉛板に残された電子は，導線を通って銅板に向かって移動する。そして，銅板の表面では，［E］。

また，亜鉛板の表面と銅板の表面で起こる化学変化を化学反応式で表すと，それぞれ次のようになる。

・亜鉛板の表面で起こる化学変化を表す化学反応式

［Zn →　　　　　　］………ⓘ

・銅板の表面で起こる化学変化を表す化学反応式

［　　　　　　→ Cu］………ⓘⓘ

図2

電流が流れる仕組みのモデル

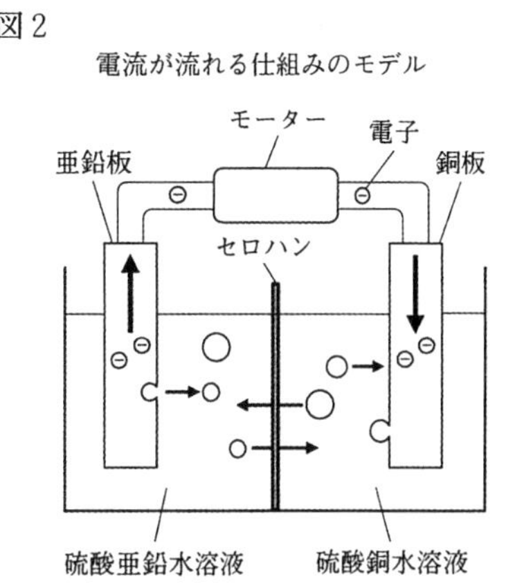

4　さらに，田中さんたちは，ダニエル電池の電圧を測定し，ダニエル電池の亜鉛板と硫酸亜鉛水溶液を，それぞれマグネシウム板と硫酸マグネシウム水溶液に変えた電池Ⅰの電圧について調べました。次の図3は，ダニエル電池の電圧を測定したときの様子を，図4は，電池Ⅰの電圧を測定したときの様子を，表2は，測定結果をそれぞれ示したものです。また，下に示したものは，そのときの田中さんたちの会話です。あとの（1）・（2）に答えなさい。

図3

〔ダニエル電池〕

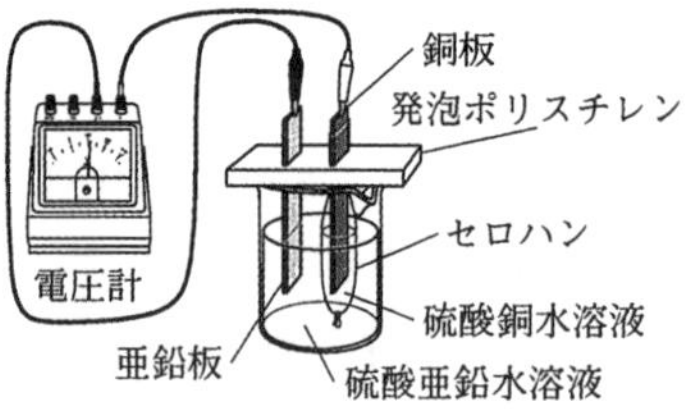

銅板
発泡ポリスチレン
セロハン
硫酸銅水溶液
電圧計
亜鉛板
硫酸亜鉛水溶液

図4

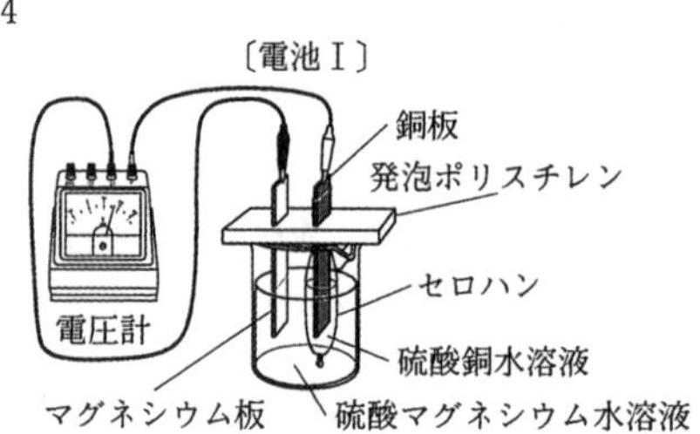

表2

	電圧〔V〕
ダニエル電池	1.08
電池Ⅰ	1.68

田中：先生。ダニエル電池では，亜鉛が電子を失って亜鉛イオンになって溶け出したとき，その電子が移動することによって電流が取り出せました。だから，電池の電圧の大きさは，電池に用いる金属の［F］が関係していると思います。

先生：よい気付きです。電池の電圧の大きさは，＋極と－極に，金属の［F］の違いが大きい金属どうしを組み合わせて用いた方が大きくなります。

川口：だから，表2のように電池Ⅰの方がダニエル電池よりも電圧が大きかったのですね。

田中：ということは，亜鉛，銅，マグネシウムの［F］の順番から考えると，右の図5のような，ダニエル電池の銅板をマグネシウム板に，硫酸銅水溶液を硫酸マグネシウム水溶液に変えた電池Ⅱの電圧は，電池Ⅰの電圧より［G］なると思うよ。

川口：そうだね。また，電池Ⅱは亜鉛板が［H］だね。

先生：そうですね。2人とも正しく理解できていますね。

図5

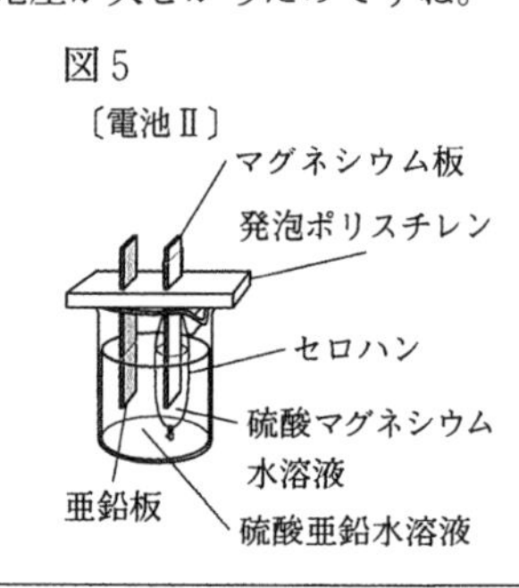

（1）会話文中の［F］に当てはまる内容を簡潔に書きなさい。

（2）会話文中の［G］・［H］に当てはまる語はそれぞれ何ですか。次のア～エの組み合わせの中から適切なものを選び，その記号を書きなさい。

ア 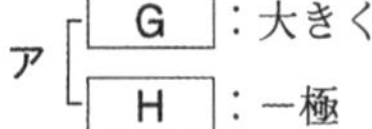

イ 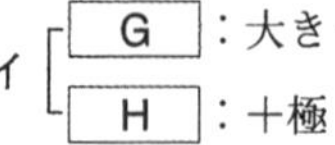

ウ 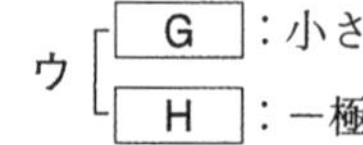

エ 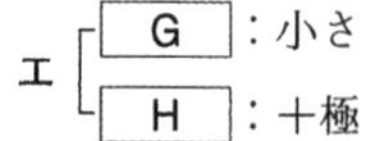

2022(R4) 広島県公立高
教英出版

3 木下さんは，次の写真１のように，太陽が地平線の近くを動いて，１日中沈まない現象が見られる地域が海外にあることに興味をもち，この現象が見られる都市Ｐについて調べました。次に示したものは，木下さんが調べたことをノートにまとめたものです。あとの１～４に答えなさい。

写真１

〔調べたこと〕

都市Ｐでは，夏のある期間，太陽が１日中沈まずに地平線の近くを動く日が続く。

〔日本との共通点や相違点〕

・都市Ｐでも，太陽が昇ったり沈んだりする期間では，日本と同じように，①太陽が東の空から昇り，南の空を通って西の空に沈む。また，②季節によって太陽の通り道が変化したり，気温が変化したりするのも共通している。

・都市Ｐと日本では，緯度の違いがあるため，同じ日の太陽の通り道や太陽の南中高度は異なる。

1　下線部①について，次の文章は，太陽の１日の見かけの動きについて述べたものです。文章中の □ に当てはまる語を書きなさい。

地球が１日１回，西から東へ自転することによって，太陽が東から西へ動いていくように見える。このような太陽の１日の見かけの動きを，太陽の □ という。

2　下線部②について，右の図１は，日本のある地点における秋分の日の太陽の通り道を，透明半球上に実線 ── で示したものです。次のア～エの中で，同じ地点における冬至の日の太陽の通り道を，この透明半球上に破線 ------ で示したものとして最も適切なものはどれですか。その記号を書きなさい。

図１

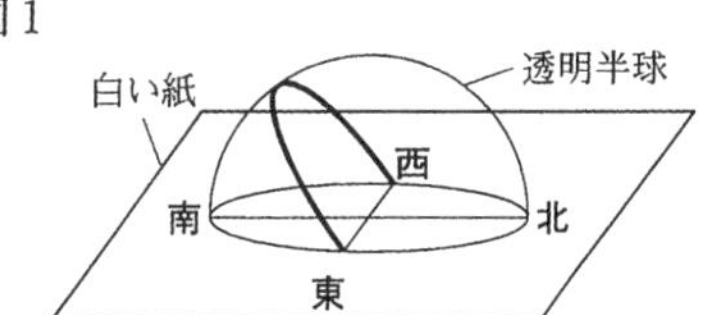

ア

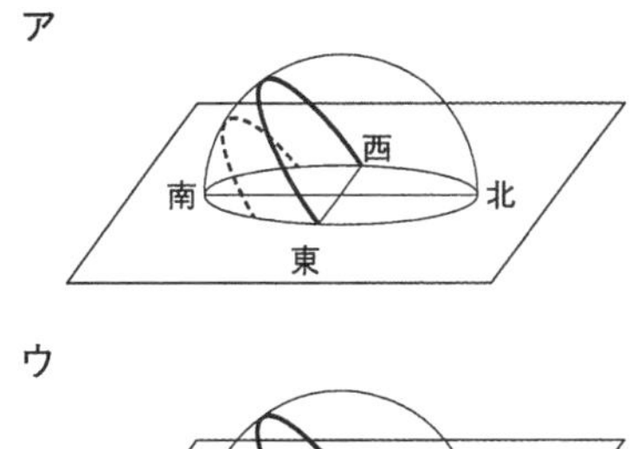

イ

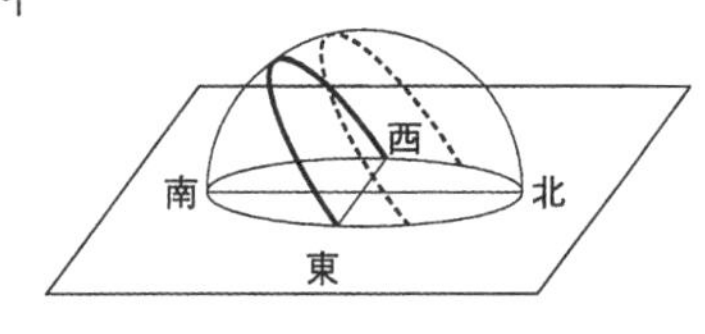

ウ

南　西　北　東

エ

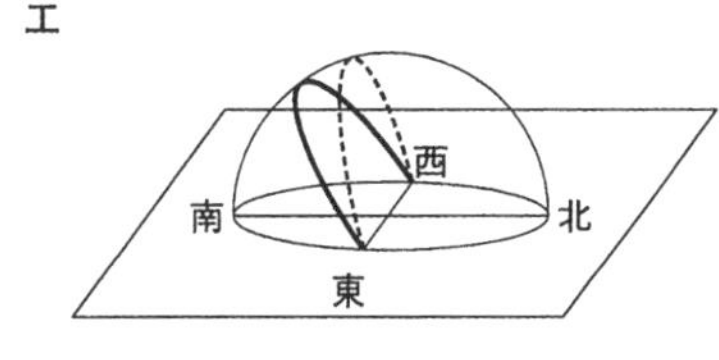

3　右の図2は，地球が公転軌道上の夏至の日の位置にあるときの太陽の光の当たり方を模式的に示したものです。次の（1）・（2）に答えなさい。ただし，地軸は地球の公転面に垂直な方向に対して23.4度傾いているものとします。

図2

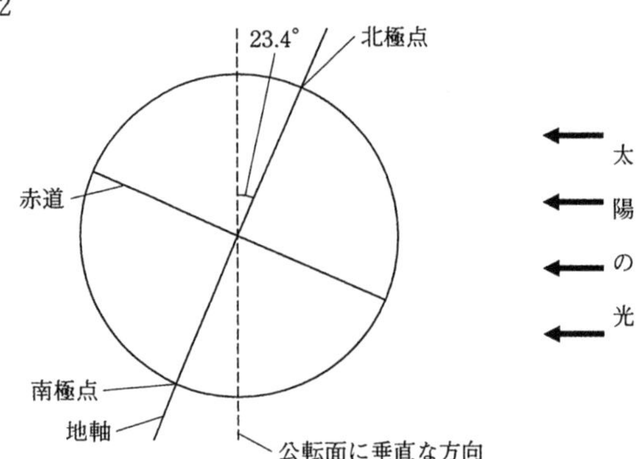

（1）次の文章は，木下さんが，図2を基に，地球上のどの地域であれば，太陽が1日中沈まない現象を見ることができるかについてまとめたものです。文章中の［A］に当てはまる値を書きなさい。また，［B］に当てはまる内容を簡潔に書きなさい。

> 夏至の日に，太陽が1日中沈まない現象を見ることができる地域と見ることができない地域の境目は，北緯［A］度であり，この北緯［A］度以北の地域でこの現象を見ることができる。一方で，同じ日の南極点では太陽が［B］と考えられる。

（2）右の図3は，木下さんが住んでいる日本の北緯34.2度の位置にある地点Aの，夏至の日における太陽の南中高度を調べるために，木下さんが，地点Aと地点Aにおける地平面を図2にかき加えたものです。夏至の日における，地点Aの太陽の南中高度は何度ですか。

図3

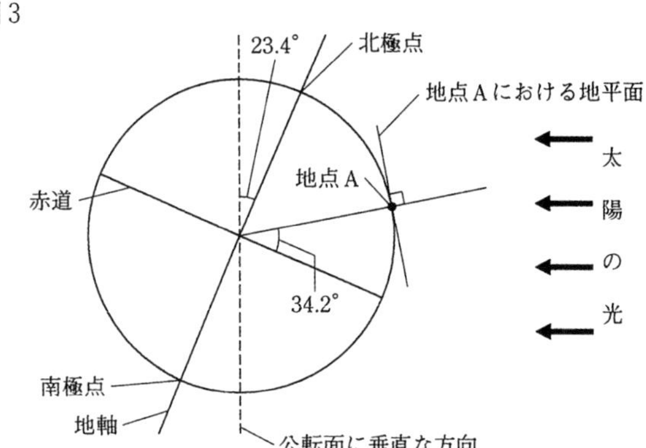

2022(R4) 広島県公立高
教英出版

4　木下さんは，都市Ｐで太陽が１日中沈まない現象が見られたある晴れた日の，都市Ｐと日本のある都市Ｑの気温を調べて，図４を作成しました。次に示したものは，木下さんが図４を見て，都市Ｐでは，太陽が１日中沈まないのに，気温があまり上がらないことに疑問をもち，実験をしてまとめたレポートの一部です。下の（１）・（２）に答えなさい。

図４

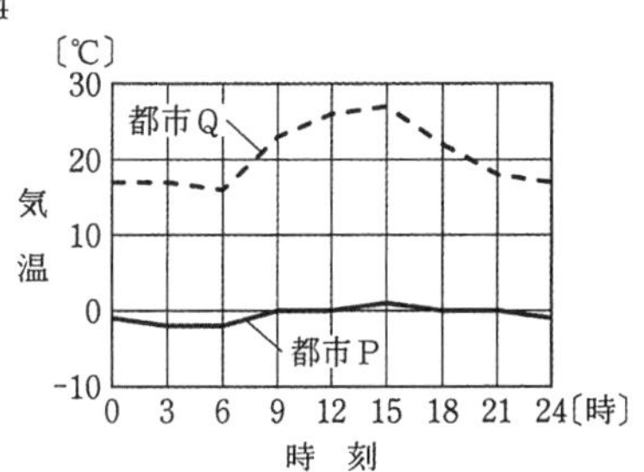

〔方法〕

性能が同じ光電池とプロペラ付きモーターをつないだものを３つ用意し，右の図５のように，光電池を板に取り付け，取り付けた板の面に円柱の棒を垂直に固定した装置を３つ作る。晴れた日の午後，下の図６の①のように，１つは光電池を，太陽の光が垂直に当たるように設置し，残り２つは②，③のように光電池の傾きを変えて設置し，モーターの回る様子を３つ同時に観察する。

なお，光電池に太陽の光が垂直に当たっていることは，光電池を取り付けた板の面に垂直に固定した棒の［　C　］ことによって確認できる。

図５

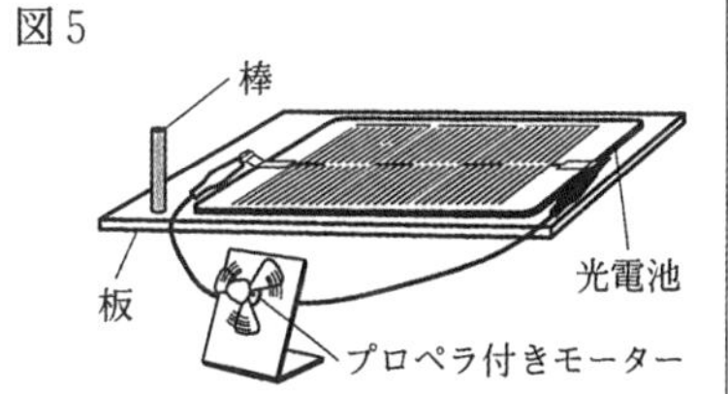

図６

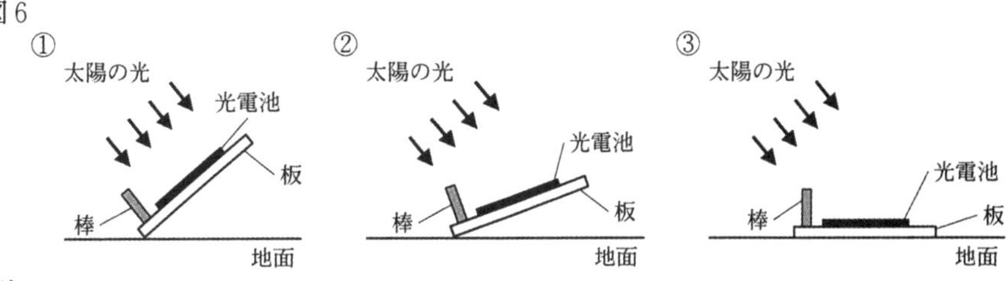

〔結果〕

モーターは，①が最も速く回り，次に②が速く回り，③はあまり回らなかった。

〔考察〕

〔結果〕から，太陽の光の当たる角度が垂直に近いほど，光電池が発電する電力が大きかったといえる。これは，太陽の光が当たる光電池の面積は同じであっても，太陽の光の当たる角度が垂直に近いほど，光電池が太陽から得るエネルギーは大きくなるためである。このことを基に考えると，都市Ｐで太陽が１日中沈まないのに，都市Ｑと比べて１日の気温があまり上がらないのは，都市Ｐは都市Ｑよりも，［　D　］ために，地面があたたまりにくいからだと考えられる。

（１）〔方法〕中の［　C　］に当てはまる内容を簡潔に書きなさい。

（２）〔考察〕中の［　D　］に当てはまる内容を，「南中高度」，「面積」の語を用いて簡潔に書きなさい。

4 科学部の山田さんは，音の伝わり方や光の進み方について興味をもち，実験をして調べました。あとの１～３に答えなさい。

1　次に示したものは，山田さんが音の伝わる速さを測定する実験を行い，ノートにまとめたものです。下の（１）・（２）に答えなさい。

〔方法〕

Ⅰ　同じ種類の２台の電子メトロノームＡとＢを，ともに 0.25 秒ごとに音が出るように設定し，同時に音を出し始め，ＡとＢから出た音が同時に聞こえることを確認する。

Ⅱ　下の図１のように，点Ｏで固定した台の上にＡを置き，Ｂを持った観測者が点Ｏから遠ざかる。

Ⅲ　観測者が点Ｏから遠ざかるにつれて，ＡとＢから出た音は，ずれて聞こえるようになるが，再び同時に聞こえる地点まで遠ざかり，そこで止まる。そのときのＢの真下の位置を点Ｐとする。

Ⅳ　点Ｏから点Ｐまでの直線距離を測定する。

図１

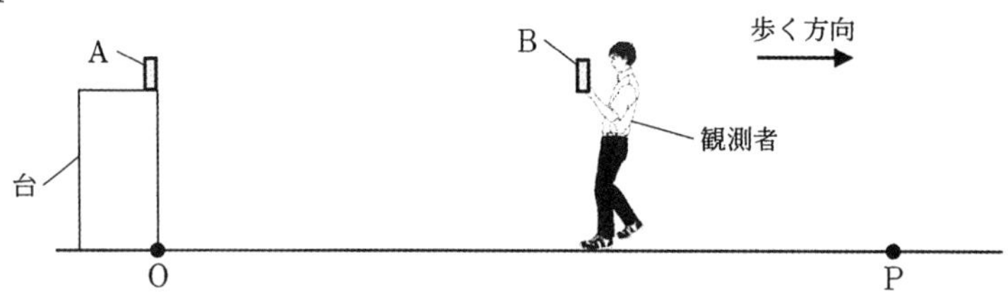

〔結果〕

点Ｏから点Ｐまでの直線距離は，86 m であった。

〔考察〕

音が空気を伝わるとき，空気の［ a ］が次々と伝わっている。

この実験では，観測者が点Ｏから遠ざかるにつれて，Ｂから観測者までの距離は変わらないのに対して，Ａから観測者までの距離は長くなる。ＡとＢから出た音は空気中を［ b ］で進むので，観測者が点Ｏから遠ざかるにつれて，Ａから出た音が観測者に届くまでの時間が，Ｂから出た音が観測者に届くまでの時間より長くなる。そのため，ＡとＢから出た音がずれて聞こえるようになる。

また，点Ｐは，ＡとＢから出た音が再び同時に聞こえた最初の位置である。このことから，音の伝わる速さは［ c ］m/s である。

（１）〔考察〕中の［ a ］に当てはまる語を書きなさい。また，［ b ］に当てはまる語句を書きなさい。

（２）〔考察〕中の［ c ］に当てはまる値を書きなさい。

2　次の写真１は，１匹の金魚がいる水を入れた水槽を正面から見たときの様子を撮影したもので，写真２は，写真１と同時に，この水槽を別の位置から見たときの様子を撮影したものです。写真２において，水槽の水面と側面からそれぞれ１匹ずつ見えている金魚は，金魚が実際にいる位置とは違う位置にそれぞれ見えています。

写真１

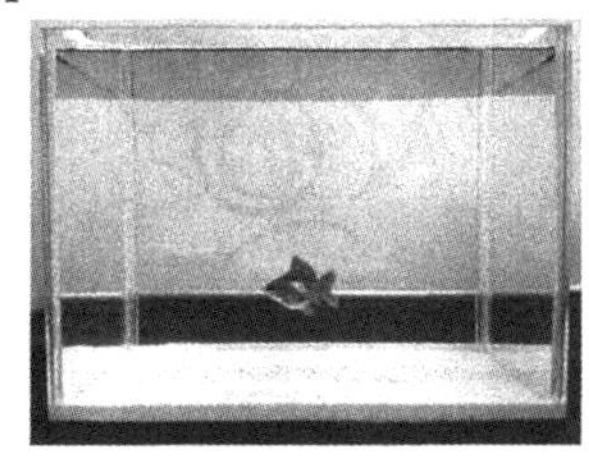

写真２

山田さんは，写真２の水槽の水面から見えている金魚について，金魚が実際にいる位置を点Ｃ，見る人の目の位置を点Ｄ，水面から金魚が見える位置を点Ｅとして，これらの点の位置関係を図２のように方眼紙上に模式的に示しました。点Ｃからの光が，水面を通って点Ｄまで進む道すじを，実線 ——— でかきなさい。

図２

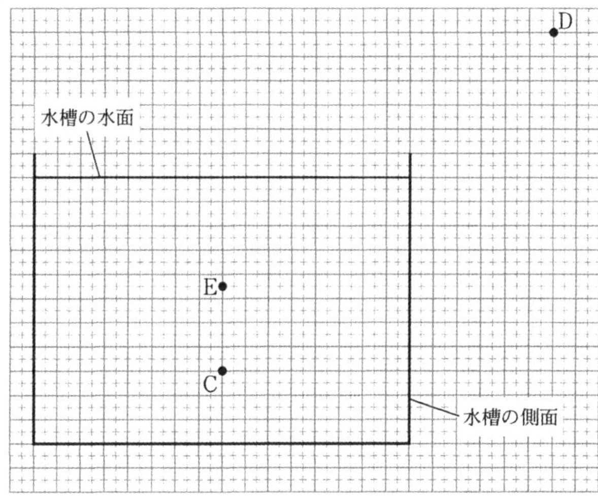

3　次の図3は，歯の裏側を見るために使われるデンタルミラーを模式的に示しており，デンタルミラーには，円形部分に鏡が付いています。山田さんは，図4のように，デンタルミラーと洗面台の鏡を使って，歯の裏側を観察しており，図5は，そのときの歯の裏側を口の内側から見た様子と，デンタルミラーで映した範囲を示したものです。下の（1）・（2）に答えなさい。

（1）山田さんは，図4でデンタルミラーに映っている歯の裏側の実際の位置を点F，山田さんの目の位置を点Gとして，図6のように，点F，点G，デンタルミラーの鏡，洗面台の鏡の位置関係を，方眼紙上に模式的に示しました。このとき，点Fからの光がデンタルミラーの鏡と洗面台の鏡で反射して点Gに届くまでの光の道すじを，実線 ——— でかきなさい。また，デンタルミラーの鏡に映って見える歯の裏側の見かけの位置は，デンタルミラーの鏡の奥にあります。この見かけの位置に●印をかきなさい。

図6

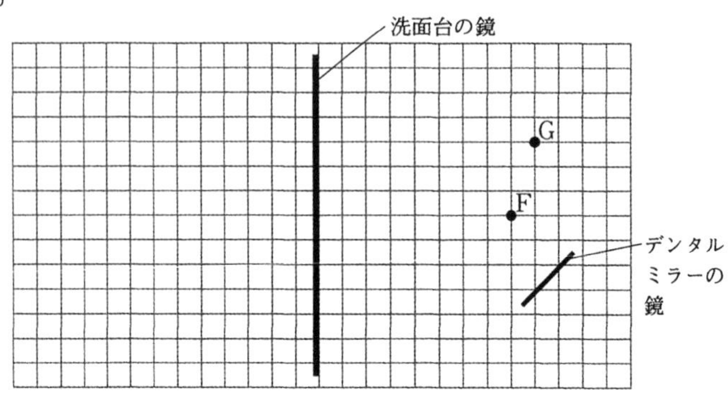

（2）図5でデンタルミラーに映っている歯の裏側の様子は，図4で山田さんが見ている洗面台の鏡にはどのように映っていますか。次の**ア**～**エ**の中から最も適切なものを選び，その記号を書きなさい。

ア
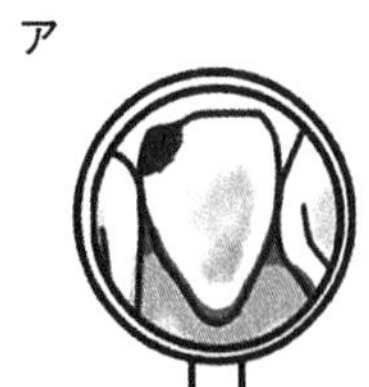
イ
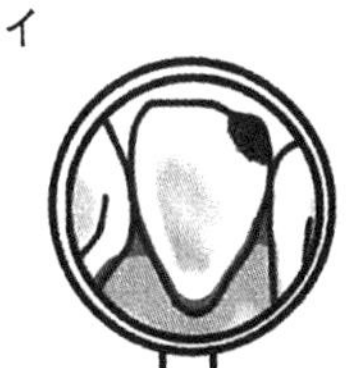
ウ
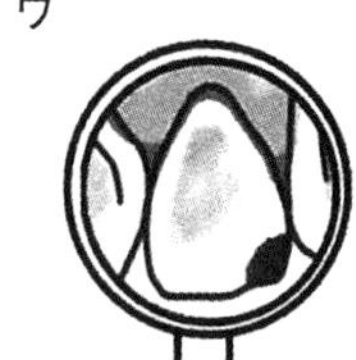
エ

2022(R4) 広島県公立高
K 教英出版

第　2　日
英　　語
（１０：１０～１１：００）

注　　意

1　検査開始のチャイムがなるまで開いてはいけません。

2　最初に，放送による聞き取りテストを行います。検査開始のチャイムがなったらすぐに 英—1 ページを開きなさい。

3　受検番号は，放送による聞き取りテストの終了後に，問題用紙と解答用紙の両方に記入しなさい。

4　問題用紙の1ページから12ページに，問題が 1 から 4 まであります。これとは別に解答用紙が1枚あります。

5　答えはすべて解答用紙に記入しなさい。

受検番号	第　　　　番

※教英出版注
音声は，解答集の書籍ＩＤ番号を
教英出版ウェブサイトで入力して
聴くことができます。

1 放送を聞いて答えなさい。

問題A　これから，No.1 ～ No.3 まで，対話を３つ放送します。それぞれの対話を聞き，そのあとに続く質問の答えとして最も適切なものを，ア～エの中から選んで，その記号を書きなさい。

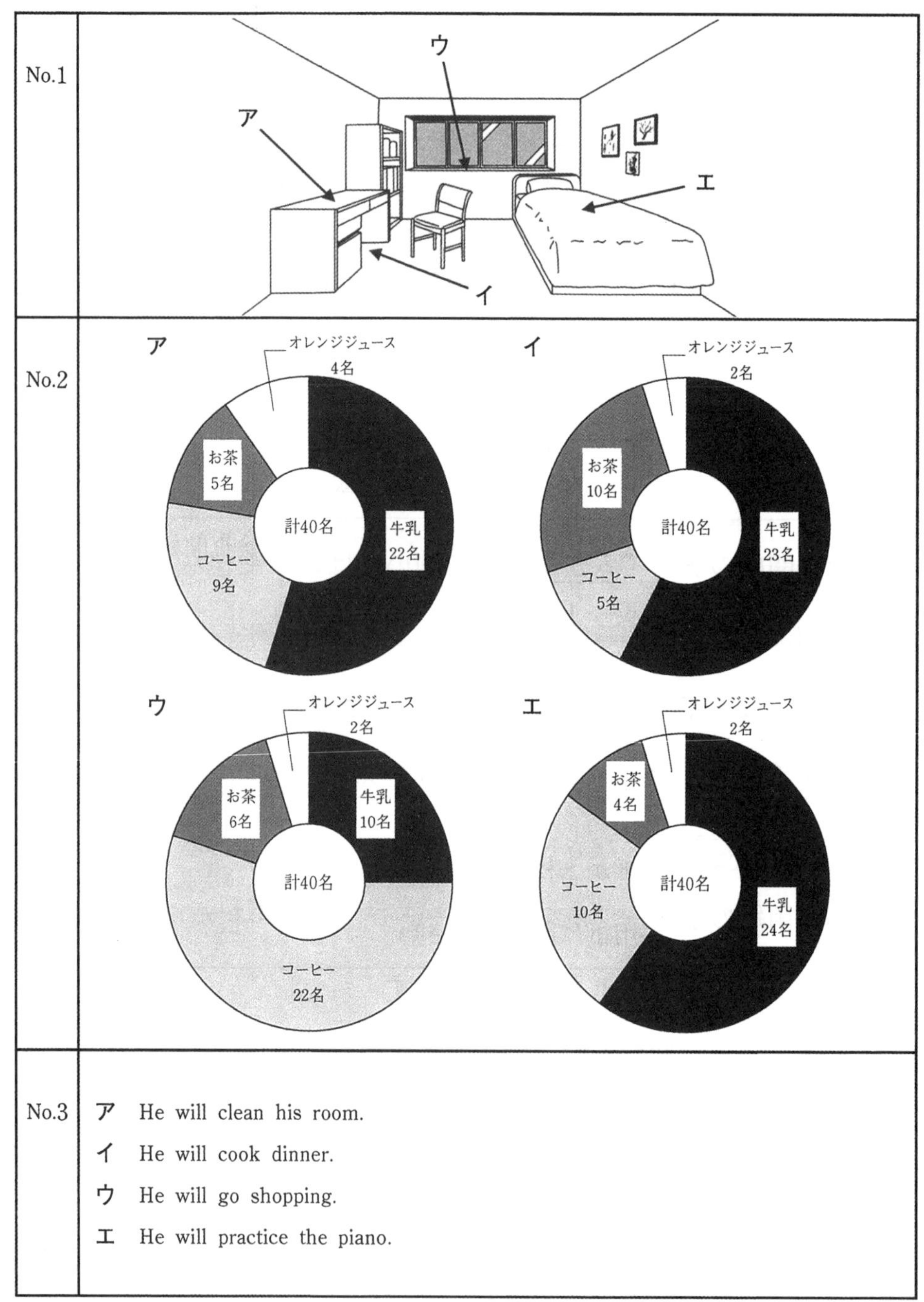

ア　He will clean his room.

イ　He will cook dinner.

ウ　He will go shopping.

エ　He will practice the piano.

2022(R4) 広島県公立高
教英出版

問題B　これから放送する対話は，留学生のマイクと高校生の広子がある話題に関して話したときのものです。下の【対話】に示されているように，まず①でマイクが話し，次に②で広子が話し，そのあとも交互に話します。⑤ではマイクが話す代わりにチャイムが１回鳴ります。あなたがマイクなら，この話題に関しての対話を続けるために，⑤で広子にどのような質問をしますか。⑤に入る質問を英文で書きなさい。

【対話】

Mike	：	①
Hiroko	：	②
Mike	：	③
Hiroko	：	④
Mike	：	⑤ チャイム

問題C　これから放送する英文は，留学生のキャシーが高校生の次郎に対して話したときのものです。キャシーの質問に対して，あなたならどのように答えますか。あなたの答えを英文で書きなさい。なお，２文以上になっても構いません。

2 次の対話は，もみじ市の高校生の京花と留学生のヘレンが，ヘレンのホームステイ先で話したときのものです。また，資料1はそのとき京花たちが見ていたウェブページの画面であり，資料2はヘレンの予定表の一部です。これらに関して，あとの1～5に答えなさい。

Kyoka : Helen, we are going to see a movie and visit the zoo this summer. Are there any other places you want to visit? [あ]

Helen : Yes. I'm interested in Japanese history, so I want to visit some historical places here in Momiji City. Do you have any ideas?

Kyoka : Yes, I can show you a website [A] in English. Look at this! [い]

Helen : I don't know which tour I should choose. Will you help me?

Kyoka : Of course, I'll help you.

Helen : Thanks. Here is my schedule.

Kyoka : OK. How about this tour? It is [B] for you, because you are interested in historical places. [う]

Helen : It looks nice, but I don't like eating meat.

Kyoka : Then how about this tour? You will visit the most historical place in the city. This is my favorite place. You will also learn about the history of our city. If I were you, I would choose this tour.

Helen : I like this tour the best, but I don't want to get tired on the last day before the second term starts.

Kyoka : OK. Then you can join the one on Sunday. [え]

Helen : But we have plans to go out together that day.

Kyoka : We can change our plans. If you don't want to change them, you can choose this tour. You can see beautiful flowers, trees, and stones. You will also wear traditional Japanese clothes. You are free on Tuesdays.

Helen : I like this tour too, but it's a little expensive. Is it OK to change our plans?

Kyoka : Sure. [C] ?

(注) historical 歴史的な　tour ツアー　schedule 予定表　meat 肉
term 学期　stone 石

2022(R4) 広島県公立高
K 教英出版

資料 1

Enjoy Momiji City!

We have some interesting tours for people from abroad. If you are interested in our one day tours, join us!

TOUR 1: Temples and Shrines

Momiji City has a lot of temples and shrines, and you can see some of them. If you are interested in Japanese history, you should choose this exciting tour.

Date: August 15 (Monday) / August 21 (Sunday) **Time**: 11:00 ～ 16:00

Fee : ¥3,000 (Lunch at a sukiyaki restaurant is included.)

TOUR 2: Kimono Photo Shoot

Would you like to wear a beautiful kimono? You can choose your favorite one at a kimono rental shop. Your tour guide will take pictures of you in a very old Japanese garden.

Date: August 16 (Tuesday) / August 23 (Tuesday) **Time**: 14:00 ～ 17:00

Fee : ¥5,000 (The rental fee for a kimono is included.)

TOUR 3: Momiji City Museum and Momiji Castle

This city has a long history, and Momiji City Museum teaches it to you. You will also visit Momiji Castle. If you are interested in the history of the city, this tour is the best choice for you.

Date: August 25 (Thursday) / August 28 (Sunday) **Time**: 10:00 ～ 14:00

Fee : ¥2,500 (Lunch is not included.)

(注) date 日付　fee 料金　include 含む　shoot 撮影　rental レンタルの
guide 案内人　choice 選択

資料 2

8 August	
15 Monday	
16 Tuesday	
17 Wednesday	Practice volleyball (10:00～11:00)
18 Thursday	
19 Friday	Watch the soccer game (13:00～)
20 Saturday	Go to the summer festival with my host family (16:00～)
21 Sunday	See a movie and have lunch with Kyoka (9:00～14:00)
22 Monday	
23 Tuesday	
24 Wednesday	Practice volleyball (10:00～11:00)
25 Thursday	
26 Friday	The beginning of the second term
27 Saturday	Go out for dinner with my host family (18:00～)
28 Sunday	Visit the zoo and have lunch with Kyoka (9:00～14:00)

（注）host family　ホームステイ先の家族

1　本文中の [A] に当てはまる最も適切な語を，次のア～エの中から選び，その記号を書きなさい。

ア　write　　イ　wrote　　ウ　written　　エ　writing

2　本文中の [B] に適切な語を1語補って，英文を完成しなさい。

3　次の英文は，本文中から抜き出したものです。この英文を入れる最も適切なところを本文中の ［　あ　］～［　え　］ の中から選び，その記号を書きなさい。

There are three tours.

4　ヘレンが参加することに決めたツアーを次のア～ウの中から選び，その記号を書きなさい。また，ヘレンがそのツアーに参加するのは8月の何日ですか。その日にちを数字で書きなさい。

ア　TOUR 1: Temples and Shrines

イ　TOUR 2: Kimono Photo Shoot

ウ　TOUR 3: Momiji City Museum and Momiji Castle

5　本文中の [C] に当てはまる最も適切な英語を，次のア～エの中から選び，その記号を書きなさい。

ア　What do you want to do after seeing a movie

イ　What do you want to do after visiting the zoo

ウ　When do you want to see a movie with me

エ　When do you want to visit the zoo with me

3 次の英文は，日本の職人を海外に紹介するウェブページに，家具職人として活躍する和子が取り上げられたときの記事の一部です。これに関して，あとの１～６に答えなさい。

Kazuko's father was a furniture maker and had a furniture studio. When Kazuko was a child, she was very excited to see how her father made furniture. He made a wooden chair for Kazuko when she entered elementary school. She was very happy and sat in it every day. She liked her father's furniture.

Kazuko started to work at her father's furniture studio after she graduated from high school. She learned about the kinds of wood used for making furniture. For example, she learned how hard or soft they are. Her father always said to her, "①<u>I (furniture to people my use want) for many years.</u> So, I always choose the best wood for my furniture." Kazuko liked his idea and tried to work like him. But when she made furniture, she felt something was missing.

One day in 2010, a man visited their studio. His name was Alfred, a furniture maker in Denmark. Kazuko showed him around the studio and said to him, "I always think about the warmth of the wood when I make furniture." Alfred saw her furniture and said, "②<u>Your idea</u> is good, but we also think about the warmth of the design. Your furniture is nice, but it can be better." Then he said, "Would you like to come to my studio?" A week later, Kazuko decided to [　　　　] about making the furniture of Denmark for three months.

In December 2010, Kazuko went to Denmark and started to work with other furniture makers at Alfred's studio. They knew a lot about wood and design. Their furniture had beautiful curved lines, so she felt the design was warm. When she was talking with them, she noticed one thing. Many people spend a lot of time at home, because winter is very cold and long in Denmark. They try to have a comfortable life in cold places. So they want furniture which makes them feel warm.

When Kazuko talked about it to Alfred, he asked Kazuko, "Do you know the word hygge?" "No, I don't." Kazuko answered. Alfred said, "You can use this word when you feel warm and comfortable. For example, I feel hygge when I sit in a chair in front of a fireplace with my family. We think hygge is very important in our lives. So, when we choose furniture, we think about it very much." Kazuko liked the word hygge. She remembered her wooden chair made by her father. Its design was simple, but when she sat in it, she always felt comfortable. She thought that her father's way of thinking was similar to hygge though he did not know this word.

Kazuko came back to Japan in spring. She always thought about the word hygge when she made furniture. One day, Kazuko's father said to her, "Your furniture looks warm. I like it." She said to him, "The experience in Denmark has changed me."

Question No.1: Where is Tom' s key?

No.2
A: Mr. Jones, look at this graph. I asked my classmates what they drink with breakfast.
B: Milk is the most popular, right?
A: Yes. I didn' t think milk would be so popular.
B: Kana, what do you drink?
A: I drink tea, but coffee is more popular than tea. What do you drink?
B: I drink orange juice.
A: In my class, only two students drink orange juice.
B: I see.

Question No.2: Which graph are Mr. Jones and Kana looking at?

No.3
A: James, have you finished your homework?
B: No, I haven' t, but I will finish it soon.
A: Do you have any plans after that?
B: Yes, I' m going to clean my room. Then I' m going to practice the piano. What' s the matter, Mom?
A: I' m cooking dinner and need more eggs. Can you go shopping?
B: Sure. I' ll go soon after I finish my homework. Is there anything else you need?
A: Yes. I also need some apples.
B: OK. I' ll buy them, too.

Question No.3: What will James do first after he finishes his homework?

これで，問題Aを終わります。

次に問題Bに入ります。これから放送する対話は，留学生のマイクと高校生の広子がある話題に関して話したときのものです。下の【対話】に示されているように，まず①でマイクが話し，次に②で広子が話し，そのあとも交互に話します。⑤ではマイクが話す代わりにチャイムが１回鳴ります。あなたがマイクなら，この話題に関しての対話を続けるために，⑤で広子にどのような質問をしますか。⑤に入る質問を英文で書きなさい。

問題B
Mike : I saw you at the station yesterday. Where did you go?
Hiroko: I went to the library, because I like reading books.
Mike : How often do you go there?
Hiroko: I go there every week. I borrowed a lot of books yesterday.
Mike : (チャイム１点)

もう１回くりかえします。

問題B
Mike : I saw you at the station yesterday. Where did you go?
Hiroko: I went to the library, because I like reading books.
Mike : How often do you go there?
Hiroko: I go there every week. I borrowed a lot of books yesterday.
Mike : (チャイム１点)

これで，問題Bを終わります。30秒後に問題Cに入ります。

問題Cに入ります。これから放送する英文は，留学生のキャシーが高校生の次郎に対して話したときのものです。キャシーの質問に対して，あなたならどのように答えますか。あなたの答えを英文で書きなさい。なお，２文以上になっても構いません。

問題C
It' s my father' s birthday soon. I' d like to give him something, but I don' t know what he wants. So I asked one of my friends what I should give him. She said, “You should ask him what he wants for his birthday.” What do you think about this idea? And why do you think so?

もう１回くりかえします。

問題C

It's my father's birthday soon. I'd like to give him something, but I don't know what he wants. So I asked one of my friends what I should give him. She said, "You should ask him what he wants for his birthday." What do you think about this idea? And why do you think so?

これで，１番の問題の放送を全て終わります。

受検番号を問題用紙と解答用紙の両方に記入しなさい。このあとは，２番以降の問題に進んでも構いません。

（チャイム１点）

国解

国語解答用紙

受検番号
第　　番

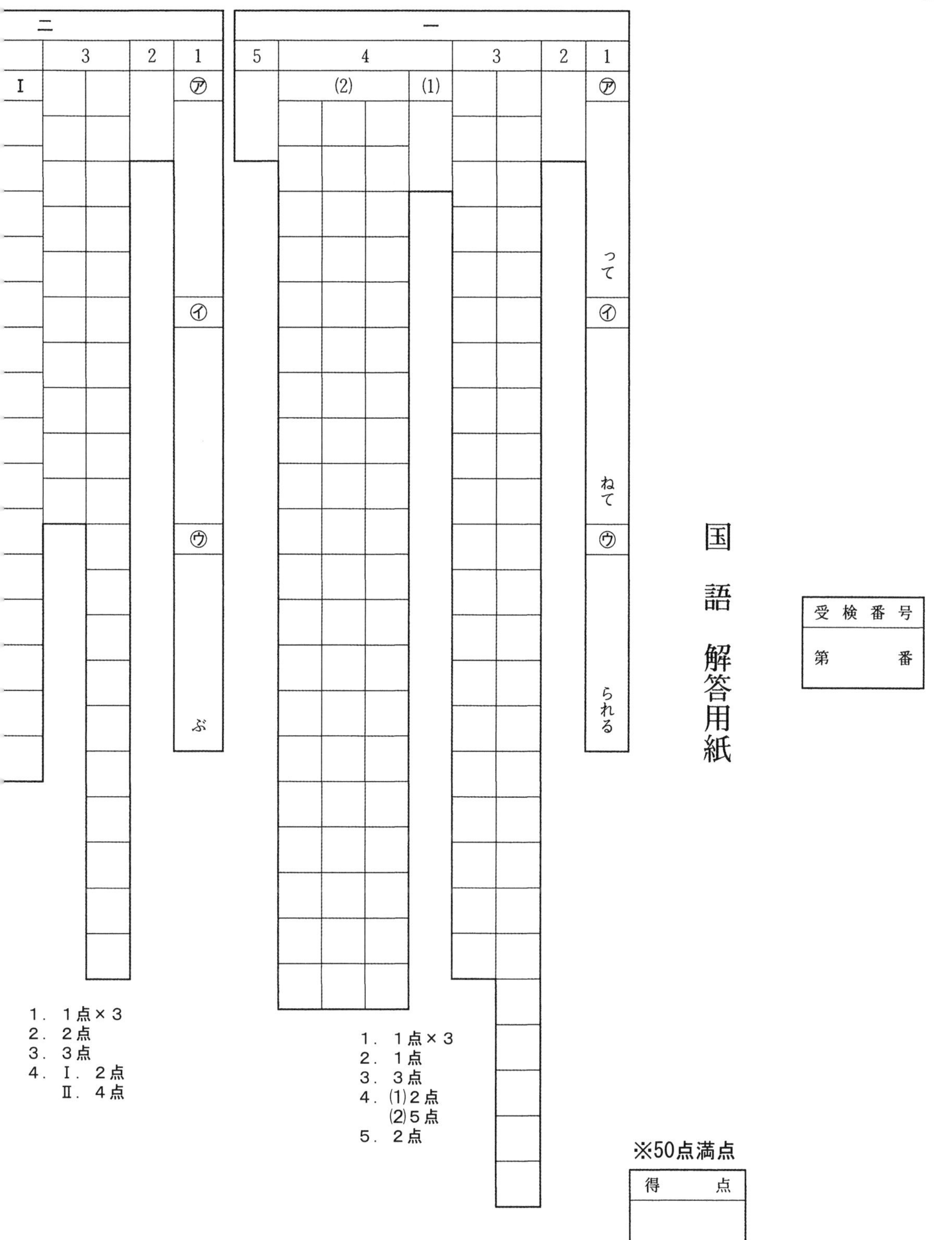

一

1 ㋐ って ㋑ ねて ㋒ られる
2
3
4 (1) (2)
5

二

1 ㋐ ㋑ ㋒ ぶ
2
3
Ⅰ

1．1点×3
2．1点
3．3点
4．(1)2点
　　(2)5点
5．2点

1．1点×3
2．2点
3．3点
4．Ⅰ．2点
　　Ⅱ．4点

※50点満点

得点

	4	

3	1		
	2	(1)	
		(2)	
	3		
	4		
	5		
	6	和食の特徴	
		取り組み	

1．１点
2．⑴２点
⑵１点
3．２点
4．２点
5．２点
6．３点

4	1		
	2	A	
		B	
	3	記号	
		c	

1．３点
2．２点×２
3．記号…２点
c．３点

4	〔証　明〕

5点

6	(1)	
	(2)	〔記　号〕 〔理　由〕

(1) 3点
(2) 4点

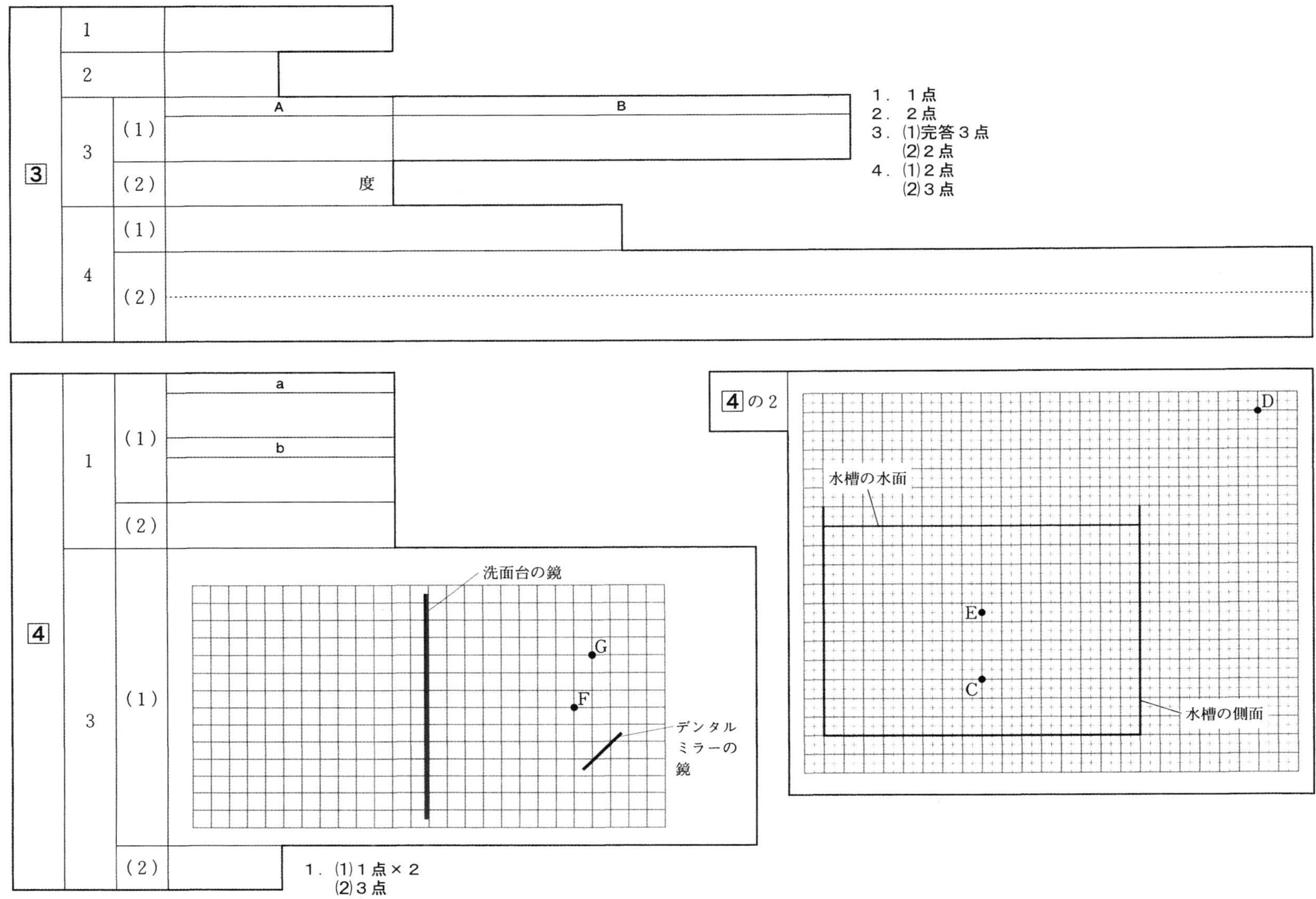

1．(1)1点×2
(2)3点
2．3点
3．(1)3点
(2)2点

3	1	(1)	
		(2)	
	2		I ( ) for many years.
	3		
	4		
	5		
	6		

1．２点×２
2．２点
3．２点
4．２点
5．３点
6．３点

4	問題A	ア	
		イ	
	問題B	記号	
		理由	

問題A．ア．２点
　　　　イ．３点
問題B．４点

受検番号	第 番

英 語 解答用紙

※50点満点

得点	

1	問題A	No.1		問題A． ２点×３ 問題B． ３点 問題C． ４点
		No.2		
		No.3		
	問題B			
	問題C			

2	1			１． ２点 ２． ２点 ３． ２点 ４． 完答３点 ５． ３点
	2			
	3			
	4	記号		
		日にち	日	

【解答

受検番号	第　　　　番

理　科　解答用紙

※50点満点

得点	

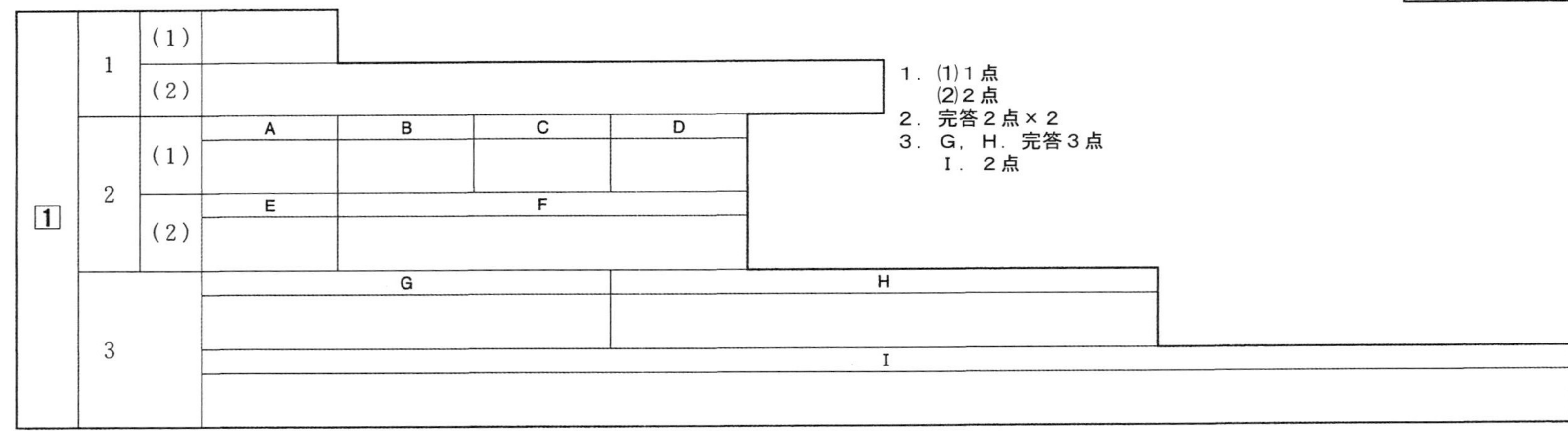

1					
1	(1)				
	(2)				
2	(1)	A	B	C	D
	(2)	E	F		
3		G	H		
		I			

1．(1) 1点
　(2) 2点
2．完答2点×2
3．G，H．完答3点
　I．2点

2			
1	A	B	
2	C	D	
3	E		
	ⓘ Zn →	ⓘⓘ → Cu	

1．完答1点
2．完答1点
3．E．2点
　ⓘ，ⓘⓘ完答3点
4．(1) 2点
　(2) 3点

【解答

受検番号	第　　　番

数　学　解答用紙

※50点満点

得点	

1	(1)		2点×8
	(2)		
	(3)		
	(4)		
	(5)		
	(6)		
	(7)	度	
	(8)		

2	(1)	紅茶　　mL	コーヒー　　mL	
	(2)	cm		(1)3点 (2)4点 (3)3点
	(3)			

5	(1)		(1)3点 (2)4点
	(2)	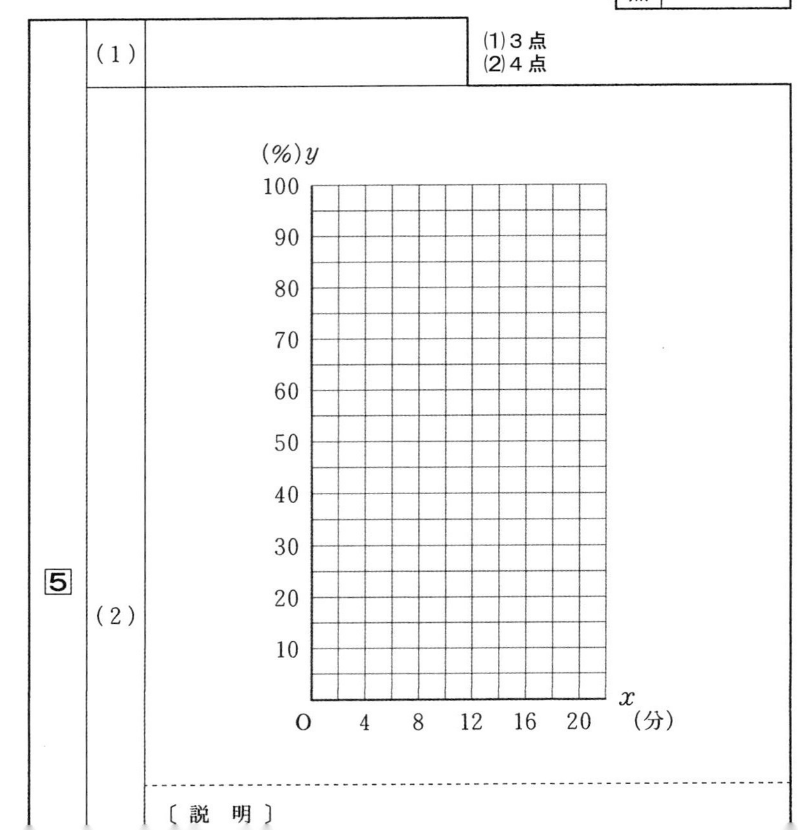	

〔説　明〕

【解答

(1)2点

受検番号	第　　　　番

社　会　解答用紙

※50点満点

得点	

1．１点
2．a．１点　b．２点
3．２点
4．３点
5．２点×２

1	1		
	2	a	
		b	
	3		
	4	記号	
		理由	
	5	利用者の立場からの利点	
		運行会社の立場からの利点	

1		
2		

【解答

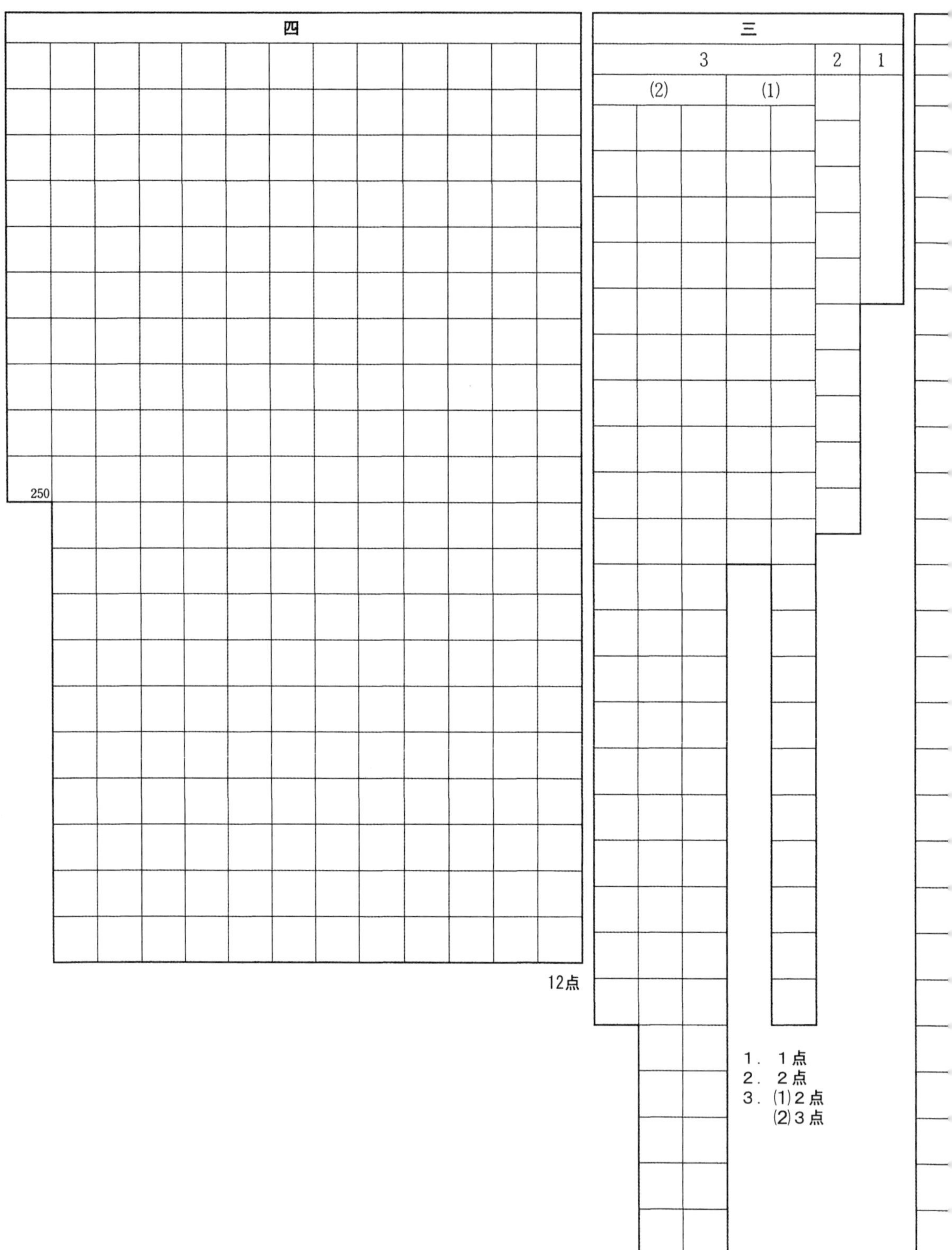

四
250
12点
三
3
2
1
(2)
(1)
1． 1点
2． 2点
3．(1) 2点
(2) 3点

英語聞き取り検査台本

※教英出版注
音声は，解答集の書籍ＩＤ番号を教英出版ウェブサイトで入力して聴くことができます。

（チャイム２点）

英語の検査を開始します。問題用紙の１ページを開きなさい。
１番の問題は放送による問題です。
はじめに，１番の問題についての説明を行います。
１番の問題には，問題Ａ，問題Ｂ，問題Ｃの３種類の問いがあります。
問題Ａは対話と質問，問題Ｂは対話，問題Ｃは英文を放送します。これらはすべて２回ずつ放送します。メモをとっても構いません。
では，問題Ａを始めます。

（チャイム１点）
問題Ａ
これから，No. 1～No. 3まで，対話を３つ放送します。それぞれの対話を聞き，そのあとに続く質問の答えとして最も適切なものを，ア～エの中から選んで，その記号を書きなさい。

No. 1
A: Tom, what are you looking for?
B: I' m looking for my key. I usually put it on the desk, but it' s not there.
A: Well, I have seen it on the bed or by the window before.
B: I have already checked those places.
A: Look. There is something under the desk. What' s that?
B: Oh, it' s my key! Why is it there?

Question No. 1: Where is Tom' s key?

No. 2
A: Mr. Jones, look at this graph. I asked my classmates what they drink with breakfast.
B: Milk is the most popular, right?
A: Yes. I didn' t think milk would be so popular.
B: Kana, what do you drink?
A: I drink tea, but coffee is more popular than tea. What do you drink?
B: I drink orange juice.
A: In my class, only two students drink orange juice.
B: I see.

Question No. 2: Which graph are Mr. Jones and Kana looking at?

No. 3
A: James, have you finished your homework?
B: No, I haven' t, but I will finish it soon.
A: Do you have any plans after that?
B: Yes, I' m going to clean my room. Then I' m going to practice the piano. What' s the matter, Mom?
A: I' m cooking dinner and need more eggs. Can you go shopping?
B: Sure. I' ll go soon after I finish my homework. Is there anything else you need?
A: Yes. I also need some apples.
B: OK. I' ll buy them, too.

Question No. 3: What will James do first after he finishes his homework?

もう１回くりかえします。

問題Ａ
No. 1
A: Tom, what are you looking for?
B: I' m looking for my key. I usually put it on the desk, but it' s not there.
A: Well, I have seen it on the bed or by the window before.
B: I have already checked those places.
A: Look. There is something under the desk. What' s that?
B: Oh, it' s my key! Why is it there?

（注）furniture　家具　　studio　工房　　wooden　木製の　　enter　入学する
graduate from ～　～を卒業する　　wood　木　　hard　かたい
soft　やわらかい　　missing　欠けている　　Denmark　デンマーク
warmth　あたたかさ　　design　デザイン　　curved line　曲線　　notice　気付く
comfortable　心地よい　　hygge　ヒュッゲ　　fireplace　暖炉　　simple　簡素な
be similar to ～　～に似ている

1　次の（1）・（2）に対する答えを，英文で書きなさい。

（1）Did Kazuko's father make a wooden chair for Kazuko when she was a child?

（2）Where did Kazuko start to work when she went to Denmark?

2　下線部①が意味の通る英文になるように，（　　）内の語を並べかえなさい。

3　下線部②について，その内容を表している最も適切な英文を，次のア～エの中から選び，その記号を書きなさい。

ア　Asking her father how to make furniture is important.
イ　Being careful about design is important.
ウ　Thinking about the warmth of the wood is important.
エ　Using wood from Denmark is important.

4　本文中の［　　　］に適切な語を1語補って，英文を完成しなさい。

5　次のア～エの中で，本文の内容に合っているものを全て選び，その記号を書きなさい。

ア　Kazuko liked to see how her father made furniture when she was a child.
イ　Alfred thought that Kazuko's furniture could be better when he saw it.
ウ　Kazuko felt hygge when she bought a wooden chair in Denmark.
エ　Kazuko came back to Japan from Denmark in December.

6　次の対話は，和子がデンマークから帰国したあとに開催された家具の展示会で，海外から来た客に話しかけられたときのものです。あなたが和子ならどのように答えますか。和子のデンマークでの経験を踏まえて，次の ＿＿＿＿ にあなたの考えを 10 語程度の英語で書きなさい。

Customer	: I like your furniture. This is great! Could you make a chair for me?
Kazuko	: Sure. Where would you like to put it?
Customer	: Well, I'd like to put it in my room. I read books there every evening.
Kazuko	: I see. I will make a chair which ＿＿＿＿ .

2022(R4) 広島県公立高
K 教英出版

問題は，次のページに続きます。

4 あとの問題A・Bに答えなさい。

問題A　次のイラストと英文は，留学生のボブがボランティア部に所属している高校生の洋子に話しかけたときのものです。①～⑥ の順に対話が自然につながるように，［ア］・［イ］にそれぞれ適切な英語を書いて，対話を完成しなさい。

Yesterday...

① Yoko, your club did volunteer work for elderly people living in a nursing home yesterday. What did you do for them?

② ［ア］. They enjoyed listening to our music online.

③ That's nice. I want to join you. What are you going to do for them next time?

④ We are going to make sweets for them. You should come! However, we haven't decided what sweets we should make.

⑤ How about sweets that were popular when they were young?

⑥ That's a good idea. But I don't know much about those sweets, so ［イ］.

（注）elderly　年配の　　nursing home　高齢者介護施設　　online　オンラインで
　　sweets　甘い菓子

問題Ｂ　高校生の健太はある日曜日の午後に，駅前で２人の外国人観光客から宿泊予定のホテルへの行き方を尋ねられました。あなたが健太なら，次の【地図】中の，ア と イ の道順のうち，どちらを案内しますか。下の【２人の外国人観光客から得た情報】も参考にして，どちらか１つを選び，その記号を書きなさい。また，それを選んだ理由を20語程度の英文で書きなさい。なお，２文以上になっても構いません。

【地図】

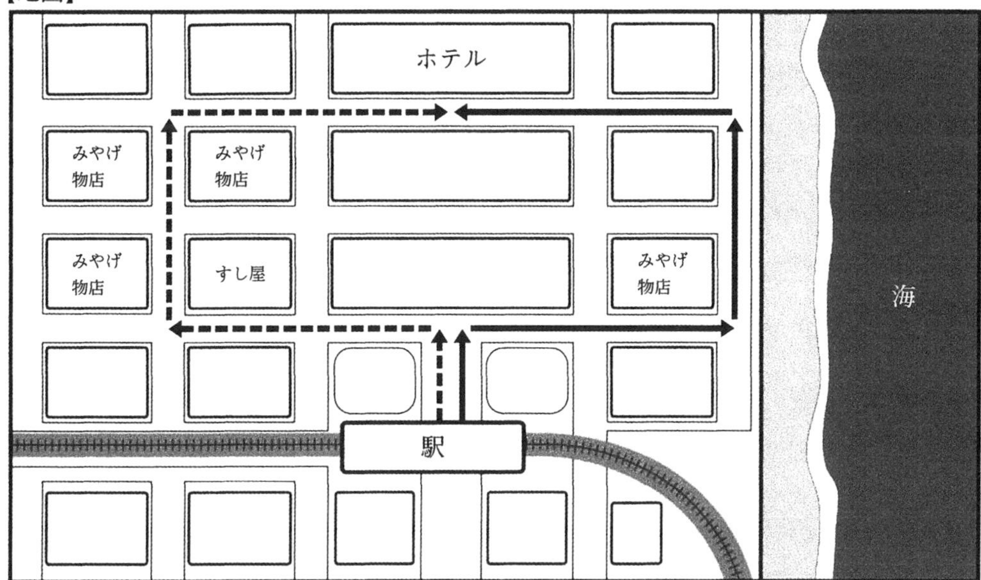

(注) みやげ物店　souvenir shop

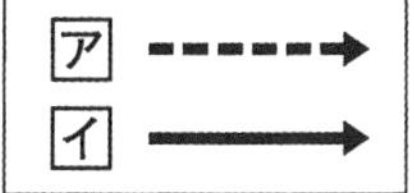

【２人の外国人観光客から得た情報】

・ホテルまでは徒歩で移動する。
・この町を訪れるのは初めてである。
・ホテルへの到着時刻は決めておらず，途中で観光などをしたい。

2022(R4) 広島県公立高
K 教英出版

2022(R4) 広島県公立高
K 教英出版